本书是 2016 年度教育部人文社会科学重点研究基地重大项目"阳明心学的历史渊源及其近代转型研究"（项目编号：16JJD720014）的部分成果。

从心性到政治

欧阳祯人◎著

中国社会科学出版社

图书在版编目（CIP）数据

从心性到政治／欧阳祯人著．—北京：中国社会科学出版社，
2017.9（2018.9重印）
ISBN 978-7-5203-0892-2

Ⅰ.①从…　Ⅱ.①欧…　Ⅲ.①儒学—研究　Ⅳ.①B222.05

中国版本图书馆 CIP 数据核字（2017）第 210437 号

出 版 人	赵剑英
特约编辑	文　方
责任编辑	凌金良
责任校对	郝阳洋
责任印制	张雪娇

出　　版	中国社会科学出版社
社　　址	北京鼓楼西大街甲 158 号
邮　　编	100720
网　　址	http：//www.csspw.cn
发 行 部	010-84083685
门 市 部	010-84029450
经　　销	新华书店及其他书店

印刷装订	北京鑫正大印刷有限公司
版　　次	2017 年 9 月第 1 版
印　　次	2018 年 9 月第 2 次印刷

开　　本	880×1230　1/32
印　　张	9.5
插　　页	2
字　　数	229 千字
定　　价	48.00 元

凡购买中国社会科学出版社图书，如有质量问题请与本社营销中心联系调换
电话：010-84083683

版权所有　侵权必究

自　序

　　《从心性到政治》即将出版，对我来说，是一个安慰。

　　按照出版社的要求，审读了最后一遍之后，我觉得有必要提纲挈领地说几句话作为自序。因为我在这个研究领域花了太多的时间，耗费了大量的精力。从1999年开始撰写《先秦儒家性情思想研究》，到2012年《从简帛中挖掘出来的政治哲学》出版，其实我始终都是在围绕着"从心性到政治"这一核心逻辑思考问题。无数的长夜漫漫，无数的风霜雨雪，我一直在叩问苍天。山河阻隔，层峦叠嶂，烟云渺茫，其实早就已经遮蔽了我们通向孔曾思孟与陆王心学的历程。但是，我们立足于当今现实，寻寻觅觅，上下求索的真正用意，究竟为哪般？知我者谓我心忧，不知我者谓我何求，悠悠苍天，曷其有极！

　　孔子心性学的核心，是"与命与仁"（《论语·子罕》）。"与命"，就是天、命、性、情的下贯，就是"天生德于予，桓魋其如予何"（《论语·述而》），是天地之撰、神明之德赋予我的，不可予夺的使命。不论是山重水复的列国之路，还是世俗名利的滚滚红尘，不论是在金声玉振的杏坛树下，还是陈蔡缺粮的饥寒交迫，君子固穷，敏于事而慎于言，就有道而正焉，虽百折千回，历尽磨难，忙忙如丧家之狗，不丧失我的操守，不放弃我的追求。造次必于是，颠沛必于是。子曰："儒有忠信以为甲胄，礼义以为干橹；戴仁而行，抱义而处，虽有暴政，不更其所。其自立有如此者。"（《礼记·儒行》）这是底线，是操守，是我们的生命线，更是我们每一个人的性命之源，这就是命。

人之所以为人，人生的历程，就是"立命"的过程。通俗地讲，"立命"，就是立志。立志，其实是一个非常艰难的过程。它有三个途径，第一，世世代代，良好的家风家教。第二，与中国古代经典为伴，与世界名著、经典为伴。第三，在第一、第二基础之上，独特的人生经历，千锤百炼，建立起来的世界观。王阳明的人生经历，就是这三个方面最好的诠释。王阳明置身于明代正德年间，皇帝昏庸，宦官当权，文武百官，贪赃枉法。矛盾重重，危机四伏而民怨沸腾。王阳明的人生大起大落，跌宕起伏，学问更是多次转向，他用生命诠释了孔子"三十而立"思想，就是"立志"。王阳明世世代代，书香门第，低调内敛而志气高昂，寻寻觅觅，上下求索，直到三十多岁，才真正找到自己生命的归宿。现在阅读王阳明于戊辰年（1508）在贵州龙场撰写的《何陋轩记》《君子亭记》《远俗亭记》《象祠记》《卧马冢记》《宾阳堂记》《重修月潭寺建公馆记》等多篇文章，我们深深地感受到了王阳明君子固穷，坚定不移的信念、立场和世界观。这是他祖祖辈辈千里伏脉的最终结果，更是他慷慨的人生，努力追求的成就。在奔赴贵州龙场千难万险的旅途中，王阳明诗作写道："险夷原不滞胸中，何异浮云过太空！夜静海涛三万里，月明飞锡下天风。"（《泛海》）这是何等的辽阔胸襟，何等的超迈情怀，何等的一往无前！走笔至此，我们仿佛看到，500年前的王阳明，挺立在苍茫的万山丛中，百折不挠的决心。这样的人生境界，只能用孟子的话，才能为之概括：

尽其心者，知其性也。知其性，则知天矣。存其心，养其性，所以事天也。殀寿不贰，修身以俟之，所以立命也。（《孟子·尽心上》）

可惜，我们现在已经离经典太远，遭受了明代清朝专制主义的荼毒，又遭受了各种政治运动的扭曲，我们现在绝大多数学者已经无法冷静、客观地解读孔子、孟子的思想了。尽心知性知天，存心养性事天，曾经是中国人在天与人的摩荡之中，在即凡即圣的超越境界之中，界定人的本质，追寻人的幸福，认识人的成功，实现人的价值，安身立命的精神归宿。

"与仁"，也是不好理解的。因为，在孔子、孟子生活的年代，这个"仁"字并非从人从二的左右结构，而是从身从心、上身下心的上下结构：

在 1993 年，郭店楚墓竹简发掘整理出版的时候，这个字曾经引起了学术界的不小的震动。阅读先秦经典，我们必须以文字的训诂为本。这个字一出来，我们就知道，用从人从二的"仁"字，无法匹配《论语》《孟子》中一系列的思想表达。例如，孟子曰："居天下之广居，立天下之正位，行天下之大道"（《孟子·滕文公下》），依据历代注疏，第一句指的是仁，第二句指的是礼，第三句指的是义，三位一体。但是，从从人从二的"仁"字中，是无论如何都是感受不到"居天下之广居"的精神的。

所以，只有从从身从心上下结构的 字中，我们才能够结合

《论语》《孟子》的整体思想，读出"与命与仁"的真谛来。从身从心上下结构的多字，有三个意涵导向：第一，身与心的关系。第二，人与我的关系（群己关系）。第三，天与人的关系。第一层讲的是"忠"，第二层讲的是"恕"，第三层讲的是"命"。《论语》开篇第一章，按照朱熹的分析，其实就是讲的这三个字：

> 子曰："学而时习之，不亦说乎？有朋自远方来，不亦乐乎？人不知而不愠，不亦君子乎？"（《论语·学而》）

所以，这一章，不仅是孔子一生人生历程的总概括，而且是孔子仁学的总概括。首先，身心关系的层面，并不仅仅只是视听言动的诚实、身心一致，它讲的是"天命之谓性"（《礼记·中庸》）背景下的"明明德"（《礼记·大学》），是"诚者，天之道也；诚之者，人之道也"（《礼记·中庸》），它讲的是人之所以为人的大本大源，是孟子所说的"君子所性，虽大行不加焉，虽穷居不损焉，分定故也。君子所性，仁义礼智根于心。其生色也睟然，见于面、盎于背。施于四体，四体不言而喻"（《孟子·尽心上》）。其次，人我关系、群己关系的层面，讲的是五达道、三达德，讲的是如切如磋，如琢如磨。是由"亲亲而仁民"，然后"仁民而爱物"的推演过程。最后，拓展成了张载的"民胞物与"和程颢、王阳明的"天地万物一体之仁"。《礼记·大学》引《诗》云："桃之夭夭，其叶蓁蓁；之子于归，宜其家人。""瞻彼淇澳，菉竹猗猗。有斐君子，如切如磋，如琢如磨。"都是在用艺术化的语言来描述文质彬彬的人格境界中，境由心造的诗情画意。再次，天人关系的层面，是金声玉振的

"践形"，是"下学而上达"（《论语·宪问》）的内在超越。在先秦儒家那里，不论是"三句教""三大纲领"，还是"八大条目"，全部都是忠恕之道，一以贯之。从政治哲学的角度来看，它在"天命之谓性""明明德"和"格物、致知"的论证上，花费了太多的文字，使之产生了巨大的人性力量。根据笔者的研究，"格物、致知"的思想，具有整个中华民族上古时期万物有灵文化的背景，其中隐藏着非常深远和极其强大的人学思想。没有格物、致知，就不可能具有来自上天的启示，就不可能确认自己的性命之根，进而也就不可能诚意、正心。诚意、正心，是修身、齐家、治国、平天下的前提。就是"主忠信"人格力量。正是在这样的基础上，"修身、齐家、治国、平天下"，就成了一种巨大的人格呈现、显发的过程，而且完全把人格的力量与现实的社会管理彻底打通，一以贯之。

这种伟大的政治哲学通过陆王心学的努力，形成了心即理、致良知，最后知行合一，落实到了天下苍生身上。这是一个由天到人，再由人到天的循环过程，但是，这中间，经历了一个谁也绕不过去的阶段。那就是孟子引《尚书·泰誓》曰："天视自我民视，天听自我民听。"（《孟子·万章上》）①根据笔者的研究，孟子的性善论，说的是人之所以为人，有别于禽兽的"善端"。孟子曰："言人之不善，当如后患何？"（《孟子·离娄下》）所以，孟子的"善端论"，其实是一种信仰，是对人性自尊的呼唤，是对天下苍生的悲悯，是一种对人类政治哲学深谋远虑的设

---

① 《尚书·商书·泰誓中》："天视自我民视，天听自我民听。"类似的表达还有《尚书·皋陶谟》："天聪明，自我民聪明；天明畏，自我民明威。达于上下，敬哉有土！"后者的表达比前者更加彻底、深远。

计。"善端论"的理论归宿必然是"自由论",是善、信、美、大、圣、神的境界提升和自我实现。但是,在信仰与人生的精神归宿之间,还有一个辽阔无边的地带,那就是"与百姓同乐"的政治实践与努力。也就是说,如果老百姓还在遭受着倒悬之苦,我们进德修业的工夫就永远没有止境。

陆九渊与王阳明的心学思想之最大的成就,就是在融合了儒释道三教合一的学术成果,形成了一套非常精致的践履工夫理论,在先立乎其大、心即理、致良知的基础上,彻底实行知行合一的主张。王阳明的"知行合一"思想,不仅是针对明代中叶之际社会各个方面问题开出的一帖起死回生的良药,而且也进一步完善了孔子"知行观"的各种论述,使之画龙点睛,在道德践履的层面,落到了实处。"知行合一"的灵魂是"致良知"的工夫。"成人成己""合外内之道",成就天下苍生的同时,也就成就了自己。

不论现代的政治理论如何发展,不论什么时代,什么国度,什么意识形态,政治领导人都不可能不需要人格修养,都不能不面对天下苍生,是对现代民主、法治政治理论的一个重要的补充。从这个角度上来讲,先秦儒家哲学,特别是它的政治哲学,永远都不可能过时,它是放之四海而皆准的真理。一册在手,读者如果能够领略到这部著作的撰写初衷,那么,作者也就得到了真正的安慰。

是为序。

欧阳祯人于珞珈山麓

2017年芒种

目　　录

第三部分　《孝经》的性质与演变

第四部分　儒家在较量中前进

第一部分　从心性到政治

从对《韶》乐的态度看孔子的政治思想

《论语》中，总共有三次谈到了《韶》乐。表面上看，这只是一个"乐"的审美问题、教化问题，而实际上这涉及了孔子非常深远的人学理想和政治理想。纵观中国政治理论的源远流长，深刻体察中国当下的政治理论建设，笔者深以为，这个问题，依然历久弥新。它不仅涉及个人的人性修养、性情打造、审美净化、人格塑造、人的价值实现和社会的诚信建设等问题，而且还关涉政治权力更替的方式问题，其中隐藏着深刻的政治哲学理论，值得我们深入研究。

一 孔子的乐教与人学理想

《论语》三次提到《韶》乐的原文如下：

> 子谓《韶》："尽美矣，又尽善也。"谓《武》："尽美矣，未尽善也。"（《论语·八佾》）
>
> 子在齐闻《韶》，三月不知肉味。曰："不图为乐之至于斯也！"（《论语·述而》）
>
> 颜渊问为邦。子曰："行夏之时，乘殷之辂，服周之冕，乐则《韶》舞。放郑声，远佞人。郑声淫，佞人殆。"

（《论语·卫灵公》）①

从这三章我们明显看到，孔子是非常喜欢《韶》乐的。其实，在先秦时期相关典籍中，类似的对《韶》乐推崇备至的文字，是比较多的。例如：

> 以乐舞教国子。舞《云门》、《大卷》、《大咸》、《大韶》、《大夏》、《大濩》、《大武》。以六律、六同、五声、八音、六舞、大合乐，以致鬼神示，以和邦国，以谐万民，以安宾客，以说远人，以作动物。（《周礼·大司乐》）②
>
> 《大章》，章之也。《咸池》，备矣。《韶》，继也。《夏》，大也。殷周之乐，尽矣。（《礼记·乐记》）③

这两条史料已经说明，中国上古时期有一个伟大的经典"乐"的传统，从黄帝到尧、舜、禹三代，再到周文王、周公、周武王，各个时代都有代表性的大乐。从艺术发展的规律来讲，任何一种艺术的形式，都只能是从民间的诞生逐步发展提升而来，我们在这里通过上述史料中所展列出来的内容，可以想见，中华民族上古时期"乐"的盛况。其历史之源远流长、博大精深，不可想象。

但是到后来，它被提升到了政治的层面。上文所引《周礼》说得很清楚，它有它的政治目的："以致鬼神示，以和邦国，以

---

① 本文所引《论语》原文，皆出自阮元校刻《十三经注疏》，中华书局1980年版。

② 阮元校刻：《十三经注疏》（上册），中华书局1980年版，第787—788页。

③ 阮元校刻：《十三经注疏》（下册），中华书局1980年版，第1534页。

谐万民，以安宾客，以说远人，以作动物。"这种表述说明：
"乐"已经在中华民族的精神传统中被政治化、神化了。好像是
一种图腾性的、被崇拜的对象。这应该是有一个相当长的历史过
程。下面的史料也更进一步地说明了这一点：

> 箫韶九成，凤皇来仪。夔曰："於！予击石拊石，百兽
> 率舞，庶尹允谐。"（《尚书·虞夏书·益稷》）①
>
> 禹乃兴《九韶》之乐，致异物，凤凰来翔。天下明德
> 皆自虞帝始。（《说苑·修文》）②

"箫韶九成""九韶"，可能是指《韶》乐有九章，或是有九场，
是九幕连续歌舞剧。它的场面非常宏大，因为它可以导致"击
石拊石，百兽率舞"。其音乐应该也是非常空灵、神奇，犹如天
籁之音："致异物，凤凰来翔。天下明德皆自虞帝始"。那就是
惊天地、泣鬼神，可以明明德于天下，可以"庶尹允谐"。也就
是说，整个世界的人，不论他是官员还是庶民，全部被这种伟大
的"乐"（诗乐舞三位一体的歌舞剧）给感动了、震撼了，"乐"
唤起了他们的良知、和蔼与诚信（"允谐"），沟通了天与人的关
系，不仅可以"致异物"，世界上的一切都被吸引来了，甚至感
动上苍，"凤皇来仪""凤凰来翔"，无以复加了。在这些表述
中，我们看到，上古时期的"乐"，是政治稳定的反映，是安邦
定国的方式，也是从根本上净化人的性情、打造人的品格的

---

① 阮元校刻：《十三经注疏》（上册），中华书局 1980 年版，第 144 页。

② 刘向撰，赵善诒疏证：《说苑疏证》，华东师范大学出版社 1985 年版，第
572 页。

手段。

关于《韶》乐更加精妙绝伦的、带有哲理性描述的文字，来自《左传》：

> （季札）见舞《象箾》、《南籥》者，曰："美哉！犹有憾。"见舞《大武》者，曰："美哉！周之盛也，其若此乎！"见舞《韶濩》者，曰："圣人之弘也，而犹有惭德，圣人之难也。"见舞《大夏》者，曰："美哉！勤而不德，非禹，其谁能修之？"见舞《韶箾》者，曰："德至矣哉，大矣！如天之无不帱也，如地之无不载也。虽甚盛德，其蔑以加于此矣，观止矣。若有他乐，吾不敢请已。"（《左传·襄公二十九年》)①

季札是春秋时期的一位政治家、预言家，精通历史和艺术。他在观看了《韶箾》乐舞之后，感叹之极，认为它贯通天人，"如天之无不帱也，如地之无不载也"，像辽阔的天空一样笼罩着世界，像大地一样承载着、生养着万物。无以复加，登峰造极，叹为观止。因为这是"德至矣哉，大矣"！季札把所有的乐都视为"德"的体现，而《韶》则是所有乐中之至善至美者。②这样的一种观念，是我们理解孔子思想的基础。把这样的文字阅读之后，我们就知道《论语》中为什么记载了孔子对《韶》乐如醉如痴、超乎寻常喜欢的原因：

---

① 杨伯峻编著：《春秋左传注》（三），中华书局1990年版，第1165页。

② 《韶》是虞帝大舜的大德的体现，上文所引《说苑·修文》所说的"天下明德皆自虞帝始"就是这个意思。

> 子在齐闻《韶》，三月不知肉味。曰："不图为乐之至于斯也！"（《论语·述而》）

无以复加，推崇备至的观点，与季札毫无二致。由文献学家刘向根据上古史料编纂的《说苑》还非常生动地记载了孔子专程到齐国去观欣赏《韶》乐的具体过程：

> 孔子至齐郭门之外，遇一婴儿挈一壶，相与俱行，其视精，其心正，其行端，孔子谓御曰："趣驱之，趣驱之。"《韶》乐方作，孔子至彼，闻《韶》三月不知肉味。故乐非独以自乐也，又以乐人；非独以自正也，又以正人矣哉！于此乐者，不图为乐至于此。（《说苑·修文》）①

这里展现的孔子，是一位非常具有童心的学者，趣味盎然。他看到一个小孩子拿着一只壶，孔子在这个孩子的精神气质上感受到了《韶》乐独特的艺术魅力："其视精，其心正，其行端"，九个字，厚重凝练，精妙绝伦，把《韶》的审美净化作用和巨大的感召力描述出来了：凝聚人的精神，净化人的良知，端正人的视听言动。而且，《说苑》在这里的意思是，《韶》乐对这个国家的所有人，包括小孩子的人格塑造、性情打造都有非常深远的效果。通过对《韶》乐的欣赏，孔子还对"乐"的作用、审美方法参悟出了一系列的规律：第一，单独一个人欣赏乐，不如与他人一起欣赏。第二，不仅仅是单独一个人享受到乐的美，而且

---

① 刘向撰，赵善诒疏证：《说苑疏证》，华东师范大学出版社 1985 年版，第 584 页。

应该让大家都享受到乐的美。第三，真正的传统经典大乐不仅可以正己，而且可以正人。"乐"具有巨大的教化意义。因为它的根本是"道"。也就是乐以载道。第四，欣赏乐就是与乐的作者的思想交流与对话，就是与古人对话，就是与古代文化传统的对话。第五，人与乐交流的最终结果是人与天的对话与融合。这就是《乐记》所说的"大乐与天地同和"。孔子真正是一位闻一而知十，一叶知秋，非常具有洞察力的人物。

所以，孔子的乐教可能由此而形成了强大的体系：

子曰："兴于《诗》，立于礼，成于乐。"（《论语·泰伯》）

如果我们对上述关于《韶》的强大魅力没有知识性的背景的话，我们就无法理解孔子"成于乐"的思想深度。"其视精，其心正，其行端"，指的是欣赏古典雅乐之后的精神状态，那是净化的结果。在孔子的思想体系中，这是说的"忠"。"乐非独以自乐也，又以乐人；非独以自正也，又以正人矣哉"，这是说的"恕"。忠恕之道，一以贯之。如果把它与《礼记·乐记》结合起来理解，我们就知道，在孔子看来，"乐"的审美过程不仅是人自己的净化过程，人与人的沟通过程，而且是人与"天"交流沟通的过程，是人之所以为人的、天人合一的人格得以打造的过程，是一个诚信和谐、讲信修睦的社会得以建立、逐步完善的过程。

所以，孔子认为《韶》乐是治理国家的重要工具：

颜渊问为邦。子曰："行夏之时，乘殷之辂，服周之冕，乐则《韶》舞。放郑声，远佞人。郑声淫，佞人殆。"（《论语·卫灵公》）

在这里，我们看到，孔子是一位传统文化的坚定捍卫者。他好像对他所面对的礼崩乐坏的现实世界的一切都是看不惯的和否定的。因为他要"行夏之时，乘殷之辂，服周之冕，乐则《韶》舞"。各个方面，似乎只有古代的才是经典的。因为现实的艺术状态，实在是令人不堪："放郑声，远佞人。郑声淫，佞人殆。"只有夏、商、周三代的乐，才是好的。我们知道，虽然三代的文化具有主流性的传承性，但是，毕竟它们也有彼此之间的巨大不同。因此，我们由此而看到了孔子思想来源的复杂性。"乐则《韶》舞"四个字，更是把《韶》推向了经典，推向了极端，它是对三代之"乐"的一个总结，也是其中最优秀的代表。乐教，在后来整个孔子的学术体系、教化体系中，都是施行德性教化的重要手段：

> 大乐与天地同和，大礼与天地同节。和故百物不失，节故祀天祭地，明则有礼乐，幽则有鬼神。如此，则四海之内，合敬同爱矣。礼者殊事，合敬者也；乐者异文，合爱者也。礼乐之情同，故明王以相沿也。故事与时并，名与功偕。
>
> ……
>
> 及夫礼乐之极乎天而蟠乎地，行乎阴阳而通乎鬼神，穷高极远而测深厚。乐著大始，而礼居成物。著不息者天也，著不动者地也。一动一静者，天地之间也。故圣人曰礼乐云。（《礼记·乐记》）①

《乐记》将礼与乐结合起来，收拾人心欲望，建立诚信和睦，塑

---

① 阮元校刻：《十三经注疏》（下），中华书局1980年版，第1530—1532页。

造性情世界，这是对上古以来的乐教深谋远虑的改造与提升。《乐记》虽然出自孔子后学，①但是，其思想源自孔子，当然是毫无疑问的。它最精深的思想在于，把政治的诚信与社会的和谐完全建立在打造人之所以为人的艺术境界之上。这是千古不易的人学理论。这种传统一直影响孟子、荀子及其百万的后学，这也是不言而喻的：

孟子曰："仁言不如仁声之入人深也，善政不如善教之得民也。善政，民畏之；善教，民爱之。善政得民财；善教得民心。"（《孟子·尽心上》）②

荀子曰："夫声乐之入人也深，其化人也速。"（《荀子·乐论》）③

由此我们可以看到，孔、孟、荀所面临的社会问题与我们当今有惊人的相似，他们提倡乐教的目的，第一，要把老百姓团结起

---

① 孔颖达《礼记正义》引《艺文志》云："黄帝以下至三代，各有当代之乐名。孔子曰：'移风易俗，莫善于乐也。'周衰礼坏，其乐尤微，以音律为节，又为郑、卫所乱，故无遗法矣。汉兴，制氏以雅乐声律，世为乐官，颇能记其铿锵鼓舞而已，不能言其义理。武帝时，河间献王好博古，与诸生等共采《周官》及诸子云乐事者，以作《乐记》事也。其内史丞王度传之，以授常山王禹，成帝时，以谒者数言其义，献二十四卷《乐记》。刘向校书，得《乐记》二十三篇，与禹不同，其道浸以益微。"《乐记》的作者有很多种说法，其实都是猜测，真正靠得住的还是这段文字［阮元校刻：《十三经注疏》（下册），中华书局 1980 年版，第 1527 页］。

② 本文所引《孟子》文字，皆出自《孟子疏证》，见阮元校刻《十三经注疏》（下册），中华书局 1980 年版。

③ 本文所引《荀子》文字，皆出自王先谦撰《荀子集解》，中华书局 1988 年版。

来。整个国家要有向心力、凝聚力，这是建立社会诚信的前提与基础（"得民"）。第二，化解官府与老百姓之间的情绪上的对立。民"畏之"的结果，只能是引发一连串的社会矛盾，最终不可开交。第三，"得民心"的结果，就是政治局面的长治久安。这里的长治久安，不是建立在枪杆子之上，而是建立在老百姓安居乐业、幸福美满、具有审美追求的基础之上的。个人的自足圆满与社会的诚信和谐，完全是相统一的。

二　孔子深远的政治理想

但是，走笔至此，笔者要说，本章真正要说的话现在还完全没有下笔。因为，孔子的思想非常深远。在《论语》中，孔子最有震撼力的话是：

> 子谓《韶》："尽美矣，又尽善也。"谓《武》："尽美矣，未尽善也。"（《论语·八佾》）

《韶》是三代时期大舜的乐舞，而舜的国家权力是尧禅让给他的，不是大舜通过武装征伐夺取的。而且舜又尊崇尧的传统，最后将他自己手中的国家最高权力禅让给了十分勤勉、做出了巨大贡献的大禹。这种禅让制最大的好处，在于政权交接的过程是平稳过渡的，没有流血事件，因而也就没有仇恨。没有仇恨也就没有阶级的对立，和由此而来的一系列的阶级斗争。

孔子说，《韶》乐"尽善尽美"，什么是"善"？什么是"美"？美，当然是指的形式之美。而善，则是指的内容。"善"的根基是"仁"。这是历代注家的共识。仁者，恻隐之心也。这就是为什么季札在观看了《韶》乐以后大加赞赏，称《韶》乐为"德至矣哉，大矣！"的原因。孔子当然是与季札一脉相承的。后代的注家都走了这条诠释的道路。①

为什么《武》就"尽美矣，未尽善也"呢？原来，由于《武》是历代大型经典乐舞的总结性乐舞，所以，做到"尽美"是可能的，但在孔子看来，《武》"未尽善也"。因为周武王是靠武力夺取政权，推翻商纣王的统治建立王朝的。此乐舞号称《武》，其中必然充满杀伐征战之声。我们在这里，应该沉思片刻，对孔子的话做一个深沉厚重的思考。把先秦儒家所有的原典结合起来，整合起来，我们会发现一个铁打的事实，那就是：孔子推崇禅让制，反对武装夺取政权。虽然即便是在《论语》中，孔子自己也没有落实，②在孟子的理论体系中，孟子也是提倡在广大的老百姓生活在水深火热之中，暴君草菅人命、骄奢淫逸、倒行逆施的时候，豪杰之士都可以像武王一样"一怒而安天下之民"（《孟子·梁惠王下》）。③

但是，现实与理想，具有非常遥远的距离。孔子的理想是什

---

①　《论语补疏》曰："武王未受命，未及制礼作乐，以致太平，不能不有待后人，故云未尽善。善，德之建也。"（参见程树德撰《论语集释》，中华书局1990年版，第223页）这是直接在批评武王没有把社会之德建立起来。

②　《论语·阳货》载："佛肸召，子欲往。子路曰：'昔者由也闻诸夫子曰："亲于其身为不善者，君子不入也。"佛肸以中牟畔，子之往也，如之何？'子曰：'然。有是言也。不曰坚乎，磨而不磷；不曰白乎，涅而不缁。吾岂匏瓜也哉？焉能系而不食？'"孔子在政治上一直有特别的想法，这是很明显的。

③　《孟子·梁惠王下》载："《书》曰：'汤一征，自葛始。'天下信之，东面而征，西夷怨；南面而征，北狄怨，曰：'奚为后我？'民望之，若大旱之望云霓也。归市者不止，耕者不变，诛其君而吊其民，若时雨降，民大悦。《书》曰：'徯我后，后来其苏。'今燕虐其民，王往而征之，民以为将拯己于水火之中也，箪食壶浆以迎王师。"这是孟子碰到的特殊时代必然寻求的解脱之道。

么呢？我们在《论语》中可以找到证据：

> 子贡曰："如有博施于民而能济众，何如？可谓仁乎？"
> 子曰："何事于仁，必也圣乎！尧、舜其犹病诸！夫仁者，
> 己欲立而立人，己欲达而达人。能近取譬，可谓仁之方也
> 已。"（《论语·雍也》）

长期以来，人们只是注意到了"夫仁者，己欲立而立人，己欲
达而达人。能近取譬，可谓仁之方也已"，"己所不欲，勿施于
人"（《论语·颜渊》）这类德行修养训诫，而没有注意到前面的
话。对于"博施于民而能济众"，孔子的评价是："何事于仁，
必也圣乎！尧、舜其犹病诸。"这是一个至高至大至上的境界，
这是一个以"天"为楷模，公平正义的境界：

> 子曰："巍巍乎！舜、禹之有天下也，而不与焉。"
> （《论语·泰伯》）
> 子曰："大哉！尧之为君也！巍巍乎！唯天为大，唯尧
> 则之！荡荡乎，民无能名焉！巍巍乎！其有成功也！焕乎！
> 其有文章。"（《论语·泰伯》）

这不是我们置身于功利主义的时代、处于目前的人性水平能够企
及的政治境界和人的性情境界。这样的状态，让孔子高山仰止，
而且是"唯天为大，唯尧则之"，简直就找不到更美好的词语来
形容那个时代的公正公平了。因为，在这种社会里，完全没有贪
污腐败，更没有不公正，像"天"一样，不仅周流六虚，而且
无私不覆。它由此带来的是整个社会人文主义、人道主义的巨大

发展（"巍巍乎！其有成功也！焕乎！其有文章"）。这其实就是孔子"天下为公""世界大同"的理想：

> 孔子曰："大道之行也，与三代之英，丘未之逮也，而有志焉。"大道之行也，天下为公。选贤与能，讲信修睦，故人不独亲其亲，不独子其子，使老有所终，壮有所用，幼有所长，矜寡孤独废疾者，皆有所养。男有分，女有归。货恶其弃于地也，不必藏于己；力恶其不出于身也，不必为己。是故谋闭而不兴，盗窃乱贼而不作，故外户而不闭，是谓大同。（《礼记·礼运》）

在中国思想史上，这是非常有名的文字。但是，怎么才能够达到这样的政治、文化的境界呢？在孔子的知识世界和政治理想中，唯一的办法，只有禅让制。笔者通过认真思考，坚定认为，这是唯一的一条道路。孟子深刻领悟孔子的思想，曾经也有十分经典的表达：

> 孟子曰："行一不义，杀一不辜，而得天下，皆不为也。"（《孟子·公孙丑上》）
> 孟子曰："争地以战，杀人盈野；争城以战，杀人盈城，此所谓率土地而食人肉，罪不容于死。故善战者服上刑，连诸侯者次之，辟草莱、任土地者次之。"（《孟子·离娄上》）

因为孔子、孟子都已经看到，从纯理论上来讲，武装夺取政权，会给人性的修养、诚信的建立、社会的安定等相关问题带来无法言状的各种弊端：

第一，从儒家的思想体系来讲，它提倡"礼"。即便商纣王草菅人命，骄奢淫逸，倒行逆施，人民生活在水深火热之中，周武王有一百个、有一千个理由推翻商纣王的暴政，一怒而安天下之民。但是，儒家的理论是"夫孝，天之经也，地之义也，民之行也。天地之经而民是则之，则天之明，因地之利，以顺天下，是以其教不肃而成，其政不严而治。先王见教之，可以化民也。是故先之以博爱，而民莫遗其亲；陈之以德义而民兴行；先之以敬让而民不争；导之以礼乐而民和睦；示之以好恶而民知禁。《诗》云：'赫赫师尹，民具尔瞻。'"（《孝经·三才章》）如果进行了武装夺取政权，就开了以臣犯君、逆天造反的先河，违反了天尊地卑、天人合一、移孝于忠的基本常态。从此以后，国家政权在领导老百姓的时候，就不能够真正地、彻底地自圆其说。

第二，武装夺取政权的真正危害，是人为地制造了敌人。固然，在统治集团内部很多人是既得利益者，但是，他本人也是制度、政权的受害者，他未必是作恶多端的人。当新的政权建立之际，他自然而然就会遭到镇压。旧时代把人变成鬼，新时代把鬼变成人。冤冤相报，没完没了，永无宁日。对于被压迫者，仇恨永远存放在心灵的深处。对于压迫者，处处草木皆兵。党锢之祸、文字狱，由此而比比皆是，人们长期生活在恐惧与反恐惧之中。阶级斗争成了整个国家的常态。但是，真正的罪魁祸首，是武装夺取政权。

第三，武装夺取政权，根本的问题是社会政治与经济成本投入太大。因为战争一起，兴师动众，生灵涂炭，玉石俱焚，民不聊生。孙子曰："凡兴师十万，出征千里，百姓之费，公家之奉，日费千金。内外骚动，怠于道路，不得操事者，七十万家。"①一将功成万骨枯！战争所制造的真正的苦难承受者，不是既得利益者和操纵战争的人，而是广大的黎民百姓。无数的生命卑贱如草芥，历尽磨难，生不如死，这都不在话下。对于国家来说，一切经济建设，一切固有的、传统的价值观念，一切理想与生活梦想，全部推倒重来。进而是对历史彻底地推翻重来，甚至进入彻头彻尾的历史虚无主义。

第四，武装夺取天下的你死我活的性质，从根本上决定了新的政权始终摆脱不了以武力管理天下的噩梦。秦始皇以文化弱小之国，以强悍的兵马力量战胜了东方六国之后，难道他不知道实施仁义，推行仁政，"攻守之势异也"②的道理吗？情势所必然也。中国社会几千年来，一直就没有摆脱这个噩梦，其实是中国人的灾难。因为以武力、以暴力来管理天下，最后必然的结果，就是真理的沦丧，进而是道德的沦丧。为了权力，有识之士无所不用其极，愚夫愚妇，因为权力而低三下四，像猪狗一样生活，没有任何尊严。衣冠楚楚者，脑满肠肥者，满嘴仁义道德，满肚子男盗女娼。而社会的弱势群体，胁肩谄笑，为了生存，笑贫不笑娼。一切为了权力，成了这个国家唯一的真理。在一个毁灭了人性的国度里，是不能够在夸耀其他的任何成就的。

第五，武装夺取政权和由此而带来的、不得不施行的武力管

---

① 国学整理社：《诸子集成·孙子十家注》（第六册），中华书局1954年版，第226页。

② 贾谊曰："秦以区区之地，致万乘之势，序八州而朝同列，百有余年矣。然后以六合为家，殽函为宫。一夫作难而七庙隳，身死人手，为天下笑者，何也？仁义不施，攻守之势异也。"（贾谊：《过秦论》上，见阎振益、钟夏撰《新书校注》，中华书局2000年版，第3页。）

理、暴力管理，真正的危害是严重压抑人性，忽视人的个性，
摧毁人的尊严。最终，人的价值被忽视，进而彻底摧毁了人之
所以为人的性情世界那彩云追月般的艺术境界、幸福境界、天
人境界，以及能够真正体现人类"天地之德，阴阳之交，鬼神
之会，五行之秀气也"（《礼记·礼运》）的创造力。整个社会
处于物质的醉生梦死之中，好死不如赖活着。在这个时候，这
个国家绝大多数人对于人之所以为人的真正的崇高价值闻所未
闻，对整个人类辉煌壮观的传统经典、世界名著，对整个的精
神文化传承闻所未闻。人，仅仅作为物质的奴隶而存在，"与
物相刃相靡，其行尽如驰，而莫之能止，不亦悲乎"①，完全被
物质所异化，生活在短暂的几十年的肉欲贪婪之中。在这样的
社会里，人根本不知道真正的人的概念是历史文化的传承，是
几千年里文化的结果；他的生命本来可以穿越几千年，成为一
个站在巨人肩膀上的人。"子在川上曰，逝者如斯夫，不舍昼
夜。"（《论语·子罕》）这些观念，对暴政下的臣民来讲，真
是夏虫不可以语冰。

对于武装夺取政权的危害，作为圣人的孔子，怎么可能不深
入地思考呢？江熙《论语集解》曰："孔曰：《韶》，舜乐名也。
谓以圣德受禅，故曰尽善也。《武》，武王乐也。以征伐取天下，
故曰未尽善也。"古代注家在这一点上，观点非常一致，他们完
全理解孔子的心。这样的注释，几乎俯拾即是，已经无须讨
论。②其实这在《礼记·乐记》中也是有明确阐述的："乐者，天
地之和也。礼者，天地之序也。和，故百物皆化。序，故群物皆

---

① 郭庆藩：《庄子集释》（一），中华书局 1961 年版，第 56 页。
② 程树德：《论语集释》，中华书局 1990 年版，第 222—223 页。

别。乐由天作，礼以地制。过制则乱，过作则暴。明于天地，然后能兴礼乐也。论伦无患，乐之情也。欣喜欢爱，乐之官也。中正无邪，礼之质也，庄敬恭顺，礼之制也。若夫礼乐之施于金石，越于声音，用于宗庙社稷，事乎山川鬼神，则此所与民同也。王者功成作乐，治定制礼。其功大者其乐备，其治辩者其礼具。干戚之舞，非备乐也，孰亨而祀，非达礼也。五帝殊时，不相沿乐；三王异世，不相袭礼。乐极则忧，礼粗则偏矣。及夫敦乐而无忧，礼备而不偏者，其唯大圣乎？"①这段引文长了一些，但是，只有长引文才能说明问题。也就是说，天地之和，百物之化，论伦无患，欣喜欢爱，敦乐不忧，礼备不偏，这样的人性敦厚，社会诚信境界，只有靠礼乐文明为教化途径的仁政，才能够实现。而且它还直接指出，"干戚之舞，非备乐也"，《乐记》作者的意思是，在乐舞中炫耀武力，奖励征伐之胜，唤起治国者的穷兵黩武，助长老百姓的霸道行为，因而与实现这种"仁政"的社会境界背道而驰。

也就是说，武装夺取政权之后，后患无穷。当然，孔子生于武王之后，当时的诸侯贪欲无穷，连年征战，已经一发而不可收拾。孔子的禅让之梦，最终没有实现。但是，孔子的问题已经提出来了。面对经典，我们发现，孔子提出来的问题是，诸侯大权在握，无法无天，贪婪狠毒，草菅人命，已经失去了反思和忏悔的能力，我们到底怎样才能够制约他们？否则官逼民反，就会恶性循环，再次故伎重演，走向梁山。在政权的更替上，我们怎么才能够使政权的更替随着时代的进步而进步，而又不再次落入农民揭竿而起的窠臼之中？

---

① 　阮元校刻：《十三经注疏》（下册），中华书局1980年版，第1530页。

儒家的原罪意识与基督教的原善质素

长期以来，儒家的性善论和基督教的原罪论已成为学术界普遍的共识。儒家的人性论以其积极有为的人文精神和救世济俗的入世态度突出人之"性善"的一面，被冠以"乐感文化"；基督教以其浓郁悲观的宗教情怀和仁慈谦卑的救赎特质凸显人之"原罪"的一面，被称为"罪感文化"。然而，需要指出的是，人性是一个尤为复杂和矛盾的概念。人性既不是纯粹的善，亦不是单纯的恶，毋宁说，性善和性恶，如同银币的两面一样，是人性的一体两面。故此，任何单从性善或性恶中的任何一个侧面来解读人性，都是缺少深度和不足为议的。儒家思想作为中华民族的精神瑰宝，其博大精深的思想不仅仅存在于它的人文精神，同时也存在于它的宗教特质中。与之相应，具有宗教性的儒家必然有原罪意识，否则，就不可能拥有宗教性，因此，儒家的性善论并非排斥"罪感文化"的意识；同样，基督教作为西方文化的基石，其思想的伟大之处不仅局限于它超越的宗教性中，也同样存在于它的人文性中和内在性中，否则，基督教就不可能成为世俗生活的精神支柱。因此，基督教的原罪论也并未放弃"乐感文化"的意趣。所以，我们讨论的问题应该是："儒家思想中的原罪意识和基督教思想中的原善质素是以何种形式表现出来的"，而不是"儒家思想中有没有原罪意识或基督教思想中有没有原善质素"。鉴于孟子和使徒保罗（Apostle Paul）各自在儒耶思想史中的核心地位和承前启后的作用，本文谨以两人的思想为例，详细解读先秦儒家中的原罪意识和基督教中的原善质素。

一 人性论的双重特质

德国哲学家康德（Immanuel Kant，1724—1804）曾经指出，人性中同时具有向善的原初禀赋和趋恶的原始禀赋，前者包括"作为一种有生命的存在物，人具有动物性的禀赋；作为一种有生命同时又有理性的存在物，人具有人性的禀赋；作为一种有理性同时又能够负责的存在物，人具有人格性的禀赋"，后者包括"第一，人心在遵循已被接受的准则方面一般的软弱无力，或者说人的本性的脆弱；第二，把非道德的动机与道德的动机混为一谈的倾向，即不纯正；第三，接受恶的准则的倾向，即人的本性或者人心的恶劣"①。其观点虽然不能完全符合儒家和基督教对人性论的界定，但是它向我们阐明了一个重要的事实，那就是：人性具有两重面相。可以说，"人是什么"这个问题对于人类仍是个斯芬克斯之谜。如同法国哲学家帕斯卡尔（Blaise Pascal，1623—1662）所言："人对于自己，就是自然界中最奇妙的对象；因为他不能思议什么是肉体，更不能思议什么是精神，而最为不能思议的则莫过于一个肉体居然能够和一个精神结合在一起。这就是他那困难的顶峰，然而这就是他自身的生存。"② 毋

---

① ［德］康德：《单纯理性限度内的宗教》，李秋零译，中国人民大学出版社2003年版，第9—14页。

② ［法］帕斯卡尔：《思想录：论宗教和其他主题的思想》，何兆武译，商务印书馆2009年版，第39页。

庸置疑，人是矛盾的统一体。人既属于自然，存在着同其他生物一样的自然属性，服从于自然规律。同时他又超乎自然，拥有其他生物所没有的精神追求。他既是自然之子，又是自由之子；他既是历史的，又是超越历史的；他既是自由的，又是受限的。因此，准确地理解和定义人性，必须制衡于这两种彼此对立又相互联系的两个方面。

对于先秦儒家而言，人性或性情之"性"是一个非常关键的核心概念。先秦儒家长期以来就有"生之谓性"的传统。在古代汉语中，"生""性"是同源字，从字源看，"性"是从"生"派生而来的。在甲骨文中，"性"写作"生"。在早期儒家经典中，例如《诗经》《尚书》都是相沿成习的。而且后来的从心从生的"性"字，也是建立在对人的自然之性的改造基础之上的。① "生"或"性"字在古代汉语中有着十分丰富的含义，有生命及与生命有关的出生、生长、发展、变化及欲望等含义，它表示生命的趋向性、动态性的发展过程。总体而言，先秦儒家对于人性并非盲目乐观。孔子比较冷静的说法是"性相近也，习相远也"（《论语·阳货》）。他认为人性具有相似性，后天的成长、修养和教育决定了人的根本性的走向。在这里，孔子只是点题而已，并没有明确说明人性为何物，也没有说明人性的来源或善恶。但"吾未见好德如好色者也"（《论语·子罕》）这一句话，流露出孔子对人性的失望之情。到了孟子这里，"人禽之辩"的提出赋予了"性"这个词以特殊的意涵。在与告子的争辩中，孟子以其强烈的社会责任感和雄辩口才突破了"生

---

① 欧阳祯人：《先秦儒家性情思想研究》，武汉大学出版社 2005 年版，第一章"说性"一节。

之谓性"的传统观点，创造性地提出了性命之分。孟子言"性"最大的特色即在于摆脱了以生物的、自然的角度来识别人性，而是凸显了人之为人的特殊之处。他指出"君子所性，仁义礼智根于心"（《孟子·尽心上》），对于有德性的君子而言，应该以仁义礼智等德性作为本性，而食色之欲并不能成为"性"的全部。"人之所以异于禽兽者几希"（《孟子·离娄下》），孟子正是从这"几希"处，即仁义发端处，赋予了人性以道德的含义。因此，诚如牟宗三所言，孔孟儒学的根本意义在于"挺立道德主体，开辟价值之源"①。然而，以往学者往往只是关注孟子思想中人禽之"别"的一面而片面地强调孟子的性善论，却常常忽视了孟子思想中的人禽之"同"的一面，即人的自然属性——"食色之性"。张岱年先生曾指出："'人之所以异于禽兽者几希'，则孟子以为人之与禽兽，所异不若所同者之多，是孟子并不否认人有不善的性质即与禽兽相同的性质。又谓'无教，则近于禽兽'，便更可以见了。然则何以仍讲性善？此由于孟子所谓性者，实有其特殊意谓。孟子所谓性者，正指人之所以异于禽兽之特殊性征，人之所同于禽兽者，人不可谓之性；所谓人之性，乃专指人之所以为人者，实即是人之'特性'。"② 由此可知，孟子所言性善之性，比"生之谓性"的范围要小得多。孟子以性善说人，但他并没有因此否认人的自然之性。他认为，道德之性与自然之性不应该是彼此对立的，而应该是"大体"与"小体"（《孟子·告子上》）、低级需求和高级需求的递进关系。

---

① 牟宗三：《中国哲学十九讲》，上海古籍出版社1997年版，第60页。

② 张岱年：《中国哲学大纲》，中国社会科学出版社1982年版，第184—185页。

故此，孟子承认统治者的个人利益，只是要求他们推其所爱，"与民偕乐"（《孟子·梁惠王上》）。他也肯定人民物质利益的合理性和必要性，提出要治民以恒产、恢复井田等经济措施使人民"养生丧死无憾"（《孟子·梁惠王上》），并在此基础上对之加以礼乐教化。只是对于敬德修道的君子而言，应该"以仁存心，以礼存心"（《孟子·离娄下》），做到"无恒产而有恒心"（《孟子·梁惠王上》），从而存养人异于禽兽的"几希"之性，甚至有必要的时候"杀身成仁""舍生取义"（《孟子·告子上》）。可见，孟子的性善论并非所谓的"性本善"论，而只是人之所以为人者，有善端，可以通过后天的进德修业进入善性的境界。这是孟子在民不聊生、诸侯争霸的战国时代，基于礼坏乐崩、道德沦丧的残酷现实，心中油然升起的一种忧患意识，是对人之道德良知的一种呼吁和呐喊，因此孟子的"道性善，言必称尧、舜"（《孟子·滕文公上》），其实只是性善论的一种宣传和推崇，有其特殊的言说意义，而不同于普遍意义上对性的直言判断。

不同于先秦儒家的人禽之辨，基督教思想中的人性论是在人神之辨的范式下展开的。如美国神学家尼布尔（Reinhold Niebuhr，1892—1971）所言："我们应该主要从上帝的观点，而不是从理性能力的独特性或他与自然的关系来理解人。"[①] 从"性"的字源来看，希腊文 phusis 来源于 phuo，意为"I grow"，即"我生长"；拉丁文 natura 来源于 nascor，意为"I am born"，即"我出生"。这里我们看到儒、耶人性论中的相似之处，即都有

---

① ［美］尼布尔：《人的本性与命运》，成穷、王作虹译，贵州人民出版社 2006 年版，第 12 页。

"生之谓性"的传统。在《圣经·创世记》故事中，我们看到，人类的始祖亚当（Adam）和夏娃（Eva），是上帝照着自己的形象和样式用泥土创造的。人被造的双重因素象征了人性的双重性。人的物质材料——泥土，象征着人的自然性；而人身上所拥有的上帝形象则象征了人的精神性。在伊甸园中，人与上帝同行，人性表现出最初的纯然之善，如帕斯卡尔在《思想录：论宗教和其他主题的思想》中所写的："我（上帝）创造的人是神圣的、无辜的、完美的，我使他充满光明和智慧，我把我的光荣和奇迹传给他。那时候人的眼睛看见过上帝的庄严，他那时候还没有陷入使他盲目的种种黑暗之中，也没有陷入使他痛苦的那种死亡和种种可悲之中。然而他却不能承受这样大的光荣而不沦于虚妄。他想使自己成为自己的中心而不靠我的帮助，他躲避了我的统辖。"① 使徒保罗在《罗马书》② 中说道："这就如罪是从一人入了世界。"（《罗马书》5∶12）这里的"一人"即人类的始祖亚当。在蛇的诱惑之下，亚当和夏娃公然违背上帝的诫命而偷吃了善恶树上的果子，从而显出人类的骄傲、悖逆，这就是人类之罪的最初起源。这在基督教神学术语中被称为"原罪"（Original Sin）。罪的希腊文是 Hamartia，原意是"射箭未射中"，人偏离了上帝的标准或诫命就是"罪"，如中世纪的神学家奥古斯丁（Aurelius Augustinus，354—430）所言："我们享有的一切善的根源是上帝的善；而众恶的根源则是具有可变之善的受造物离弃

---

① ［法］帕斯卡尔：《思想录：论宗教和其他主题的思想》，何兆武译，商务印书馆 2009 年版，第 209 页。

② 《罗马书》是使徒保罗写给罗马教会的一封书信，信中系统阐释了基督教的基本教义，是新约中最重要的书卷之一，其思想在整个教会历史上拥有深远的影响。

了创造者的不变之善——先是一天使，后是人类。"① 罪不仅仅
意味着道德的偏离，同时也意味着人和上帝之间和睦关系的破
裂。从人类始祖的堕落中，我们发现基督教原罪的辩证思维。正
是因为人被上帝赋予了意志自由，所以人才可能犯罪；人能犯
罪，恰恰表明人是自由的。上帝赋予人自由意志是为了让人正当
地生活，然而，有限的人错误地将自己有限的自由当作了绝对的
自由。因此罪的责任不在上帝，而在人本身。人不恰当地运用上
帝所赋予的自由意志去犯罪，从而证明了上帝审判的公义和合
理。在原罪的奴役之下，"世人都犯了罪，亏缺了神的荣耀"
（《罗马书》3：23）。人心中的自然属性和精神属性的矛盾和冲
突成为人类无可奈何的生存处境。使徒保罗以"二律交战"的
比喻形象地描述了这种情形："因为按着我里面的意思，我是喜
欢神的律；但我觉得肢体中另有个律和我心中的律交战，把我掳
去叫我附从那肢体中犯罪的律。"（《罗马书》7：22—23）在此，
使徒保罗的神学人类学向我们呈现了三种律：神的律、心中的律
以及罪的律。上帝的律是美善的，罪的律是与上帝之律相抗衡的
邪恶势力，而人心的律恰恰处于这两种律之间而左右摇摆。人是
灵魂体的存在，一方面，人的灵魂愿意为善，服从上帝的律；另
一方面，在罪的控制下，人的肉体又服从罪的律去违背上帝的
律。所以，"体贴肉体的，就是与神为仇，因为不服神的律法，
也是不能服。而且属肉体的人不能得神的喜欢"（《罗马书》8：
7—8）。人的堕落就在于顺从"肉体"的生命而悖逆了自己本真
的"灵性"生命。在使徒保罗看来，人类处于此两难处境中无

---

① ［古罗马］奥古斯丁：《论信望爱》中译本导言，许一新译，生活·读书·
新知三联书店 2009 年版，第 45 页。

力自救，唯有依靠上帝的恩典和耶稣基督的救赎才能脱离。需要指出的是，使徒保罗所谓的"肉体"，也并非泛指人的肉身及其相应的肉体需求，而是特指与灵相争的肉体而言，即肉体对灵性的阻拦或肉体犯罪的倾向。可见，与孟子类似，使徒保罗也不认为人的自然属性可以涵盖人性的全部，而是以人在上帝里面的精神性、灵性为人之为人的本质属性。如英国神学家麦奎利（John Macquarrie）所言："人总处于自我超越的过程之中，总在向着本真人性的理想，设计自己的种种可能性。我们把这叫做'真的'人性，以区别于一种非本真的或罪的实存之扭曲和阴暗的人性。"① 在这里，我们似乎看到使徒保罗对人性极其悲观的论调。然而，如果仔细考察使徒保罗关于原罪的阐述，我们可以发现他所说的罪人，也并非是指罪大恶极的坏人，而是从普遍意义上言说人对上帝之善的背离。因此，尼布尔指出："尽管基督教神学经常以夸张的语词来表达人的完全堕落这一观念，但它却从未忽视这个事实，即罪之损害人的本性尚未达到使他意识不到他之真实所是与实际所是之间对立的程度。"② 换言之，使徒保罗并非认为人已经堕落到无可救药的地步，在对人良心的肯定中，我们可以发现，他同样指出了人类存有的原善基质。使徒保罗指出："神的事情，人所能知道的，原显明在人心里，因为神已经给他们显明。"（《罗马书》1：19）他认为每个人心中都有自然之光的光照，即使对于外邦人，"他们是非之心"（《罗马书》2：15）也同样受到上帝的启示而拥有上帝的观念，是非之心即是

① ［英］麦奎利：《基督教神学原理》，何光沪译，上海三联书店2007年版，第140页。

② ［美］尼布尔：《人的本性与命运》，成穷、王作虹译，贵州人民出版社2006年版，第239页。

上帝刻在他们心里的律法。人的良心既然赋予了人得以认识上帝的能力，那么人可以选择去敬畏上帝，并借此可以在受造物之中领略上帝的神性而无推诿的理由。故此，德国神学家白舍客（Karl-Heinz Peschke）指出："良心从本质上具有宗教层面，在这个层面上，人被赋予了一种对天主负责的责任感。"①

二　人性论的神圣根源

神圣的天或上帝是人性的形而上根据与神圣根源，人性则是神圣的天或上帝在形而下世界的呈现。在上下同流和人神互动中，人性论得以提升和充实起来。作为神圣者的天或上帝，超越性与内在性是两个必不可分的方面。超越性使其超乎世俗，成为世俗的终极参照；而内在性使其与世俗相连，而不是超然物外。故此，对于神圣者的天或上帝的言说，必须兼顾超越性和内在性两个方面。

在中国传统儒学中，"天人合一"的概念一直是儒家传统的主流。《说文解字·天》曰：从一大，卜辞中有从二者。二即上字，大象人形，人所戴为天，天在人上也。"天"这个概念，可以说有无可替代的神圣地位，无限崇高的天是古人精神寄托和安身立命的终极所在。根据冯友兰先生的说法，中国文字中所谓天有"物质之天""主宰之天""人格的天""命运之天"和"义理之天"五义。众所周知，在先秦时期，天在殷周剧变之后，经历了一个去人格化的过程。所以，《孟子》除几处言及自然之

---

① ［德］白舍客：《基督宗教伦理学》，静也、常宏等译，华东师范大学出版社2010年版，第200页。

天外，天主要被表述为"主宰之天""命运之天"和"义理之天"。"诚"是了解孟子天人思想的一个核心概念，"是故诚者，天之道也；思诚者，人之道也"（《孟子·离娄上》）。可见，"诚"是联结天与人的纽带，这与《中庸》中"天命之谓性"的思想是一脉相承的。孟子这里的"天"具有超越的意涵，至高无上的神圣之天是宇宙存在的基础和根据。天的本质是"诚"，即真实无妄的纯然状态。天是人的活水源头，人从超越的天那里获得了一种先天的道德本性，据此人人可以通过自我反思的修身工夫来效法天道之诚。"诚"作为一种能动的精神状态，将高高在上的天与现实世界的人联系起来。因此可以说，诚是上接天道，下承人道的桥梁。"由于坚持天人之间的互动，人道一方面要求必须使人的存在具有一种超越的依据，另一方面也要求天的过程得到一种内在的确认。"① 于是，天的先验普遍性与绝对性和人的经验性和有限性有机地统一起来，即天—命—性贯通为一，人和天之间的相互关系就赋予了人类道德修养的动力和源泉，这也体现了儒家哲学的宗教性维度。可见，"诚"这个概念，同时具有心理学的、形而上学的和宗教学的指向。孟子正是以"诚"为基点，从天人相互关系出发论证了人所具有的善性。即人性既根植于每个人的天性之中，又是源自天道之诚。孟子据此心性论提出了"天爵"与"人爵"之说。"有天爵者，有人爵者。仁义忠信，乐善不倦，此天爵也；公卿大夫，此人爵也。"（《孟子·告子上》）仁义礼智，是人作为"天民"，从上天秉承的一种内在德性，也是人之不学而能、不虑而知的良能、

① ［美］杜维明：《论儒学的宗教性——对〈中庸〉的现代诠释》，段德智译，武汉大学出版社1999年版，第5页。

良知，这种道德本性不是后天的、经验的，而是天赋的、先验的。在孟子看来，人之本性自然天成，仁义内在，故曰"学问之道无他，求其放心而已矣"（《孟子·告子上》）。我们在赞赏孟子性善论对人心灵的有效启迪时，也应该注意到孟子"天人之分"思想。人之诚与天之诚之间有明显的差距，因为诚对于天道而言，是天之实然，天之"博也，厚也，高也，明也，悠也，久也"（《中庸》）是天本然的真实圆满状态。对于人道而言，诚只是一个应然，是人性的一种潜能或端倪。然而，应然之诚并非等于实然之诚，人道之诚不能与天道之诚相互等同。因此，天道之诚只是人道的终极目标。故孔子曰："大哉，尧之为君也！巍巍乎！唯天为大，唯尧则之。"（《论语·泰伯》）像尧这样的圣人也只有则天、法天，何况凡夫俗子呢？所以孟子认为"思诚者"才是"人之道"，要达到天道之诚的本真状态，人必须积极发挥"心之官则思"（《孟子·告子上》）的致思工夫，不断扩充心中的善端。"恻隐之心，仁之端也；羞恶之心，义之端也；辞让之心，礼之端也；是非之心，智之端也。"（《孟子·公孙丑上》）端，在古文中写作"耑"，像幼苗初生之形。《说文》："耑，物初生之题也，上象生形，下象其根。"端只是表明人之性善的萌芽、起始、根基，而不是意味着性善的完成和实现。四端之心只是就人内在的道德禀赋而言，是善的必要条件，但不是充分条件。孟子从来都没有讲过我们所有的人一生下来就是一个完全的、彻底的、地地道道的"善"人。孟子强调存养的工夫，认为"苟得其养，无物不长；苟失其养，无物不消"（《孟子·告子上》）。人倘若不能存养此善端之心，就会容易导致本性的丧失，即"放心"。这可以说是先秦儒家思想中关于人性"堕落"的描述。既然人的良心容易放失，那么必然是人性中存在的某种原罪因素使然。因此，先秦儒家特别重视修身的重要性。孟子指出："万物皆备于我矣。反身而诚，乐莫大焉。强恕而行，求仁莫近焉。"（《孟子·尽心上》）这就如同《中庸》中的所言的慎独工夫，在"戒慎乎其所不睹，恐惧乎其所不闻"中不断自反和省察，以唤起人心本真的觉醒和自我良知的澄明，从而不断提升自我德性以追求超越性的天道，这也许就是儒家所特有的忏悔意识。

　　基督教中对于"神人之分"的强调是不言而喻的。根据圣经，上帝是自有永有的，"万有都是本于他，依靠他，归于他"（《罗马书》11：36）。上帝是永恒、无限的，人是有限的、历史性的存在；上帝是造物主，人是上帝的被造物；上帝是救赎主，人是被救赎的对象；上帝是全地的审判主，人必按照自己所行的受审判。因此，人和上帝之间存在着本体论的差异。使徒保罗运用窑匠和器皿的比喻说明了上帝的绝对主权，"你这个人哪，你是谁，竟向神强词夺理？受造之物岂能对造他的说：'你为什么这样造我呢？'"（《罗马书》9：20）作为上帝的受造物，人出自上帝之手。在创世之初，其他自然万物都是上帝用他的圣言所造。唯有人类，是上帝照着自己的形象和样式所造的，并且上帝向人的鼻孔中吹入生气，因此，人就成了"有灵的活人"。上帝看着自己所造的一切都"甚好"（《创世记》第1—2章），可以说，整个基督教对于人性和历史的解说都是建立在这一假说之上的。然而，伊甸园中亚当、夏娃的天真质朴随着他们的堕落而一去不复返了。自从失乐园之后，本真的人性由于始祖的堕落而陷入原罪的泥潭中不能自拔，在公义的上帝面前，"没有义人，连一个也没有；没有明白的，没有寻求神的；都是偏离正路，一同变为无用。没有行善的，连一个也没有"（《罗马书》3：10—

11）。但是由于上帝恨恶罪，却怜爱罪人，于是耶稣基督，上帝的独生子，道成了肉身，为了救赎世人的罪被钉在十字架上，成为上帝和人之间的中保者，使一切信仰他的人不至灭亡，反得永生。可见，基督教中神人和好是神学的开端，也是神学的终结，这是神学永恒的主题，神人之分，只是实现神人之合的必要过渡。麦奎利认为宗教不仅有神圣存在对人的触动，而且有人的反应。"有必要表明，人就是这样构成的，以至于对信仰的追求就是属于他的实存结构本身。"① 使徒保罗反复强调"因信称义"的原则："神设立耶稣作挽回祭，是凭着耶稣的血，借着人的信，要显明神的义。"（《罗马书》3：25）奥古斯丁认为："恩典的能力得以落实在个人身上包括两个方面，客观的实际是基督为人类的罪代赎的功效，主体的实际是人通过信心接受这代赎的果效可以落实于自身。"② 对于使徒保罗来说，这种主观的实际就是信心。 "信"如同德国哲学家施莱尔马赫（Friedrich Schleiermacher，1768—1843）所言的"绝对的依赖感"，它是人对上帝的一种信靠与交托，同时也是人对上帝之爱的感受与回应。法国新教神学家加尔文（John Calvin，1509—1564）提出四因说："上帝的恩慈乃为义的动力因素，基督及其宝血乃为义的质料因素，在上帝的道中所含的信心乃为工具因素，最后，上帝公义与恩赐的荣耀乃为目的因素。"③ 那么，这种信心的根据是

① ［英］麦奎利：《基督教神学原理》，何光沪译，上海三联书店 2006 年版，第 143 页。

② ［古罗马］奥古斯丁：《论信望爱》中译本导言，许一新译，生活·读书·新知三联书店 2009 年版，第 6 页。

③ ［法］加尔文：《罗马书注释》，赵中辉译，华夏出版社 2011 年版，第 69页。

什么？或者说，这种信心为什么会存在于堕落的人心中呢？在使徒保罗看来，虽然人因原罪而堕落，然而人性中仍然尚存人之为人的亮光，那就是人身上所拥有的上帝的形象。人虽然是上帝的被造物，但是正是这种特殊的被造方式，赋予了人身上有别于其他自然物的灵性和精神。人的信心正是来源于人身上的上帝形象。它是上帝对人性的光照，是上帝赋予人的一种本性或宗教性。奥古斯丁认为，上帝的形象属于人的一种本质属性，它是上帝无限的责任和神圣创造，即使"对于发自于被定罪的败坏之根的人类，造物主也从没有停止将自己的形象和生命赐给他们的子孙"①。因此，尼布尔指出："最纯正的基督教人性观，认为人是上帝形象与受造身份的统一，即便处于他生存的最高精神层面，他也仍然是一个受造物，即便处于他自然生活的最低层面，他也可以是上帝形象的某种反映。"② 可见，在使徒保罗的神学语境中，上帝就是善本身，上帝之善是人性之善质的保证，从而保证了基督教中善对恶或罪的本体论的优先性。这种从"上帝的形象"和"上帝之气"而来的宗教天性是人得以认识上帝的前提，也是人能够因信称义乃至成圣的"原善"质素。从此种原善质素中，我们可以窥见基督教中上帝的内在性特征。

三　人性论的形塑

美国当代宗教社会学家贝格尔（P. L. Berger）写道："在人

---

① ［古罗马］奥古斯丁：《论信望爱》，许一新译，生活·读书·新知三联书店2009年版，第47页。

② ［美］尼布尔：《人的本性与命运》，成穷、王作虹译，贵州人民出版社2006年版，第137页。

类大部分历史中，人们都相信社会的被造秩序，都以这种或那种方式与宇宙潜在的秩序相对应，宇宙的潜在秩序即一种神圣的秩序，支持并证明人类进行秩序化的一切努力。"① 对秩序的渴望不仅仅是人际关系和谐化的结果，也不仅仅是社会秩序稳定性的需要，更重要的还在于人内心之中诉之于神圣者的天或上帝而来的神圣秩序。对于先秦儒家而言，这种秩序性体现为礼；而对于基督教而言，这种秩序则体现于律法之中。

中华民族素来有"礼仪之邦"的美誉，"威仪三千、礼仪三百"（《中庸》），泱泱华夏文化是以"礼乐"作为主要标志的，如钱穆先生说："中国的核心思想就是礼。"翻阅一下"三礼"，其分门别类，细致繁复，无处不在，无孔不入，充斥于社会各个角落。可以说，礼是古代社会规范人与人之间相处的道德法则，履行着"不成文法"的职责。孟子基于其性善论的建构，强调人的良知、良能以高扬人的道德主体性。但在那个礼乐盛行的时代，孟子思想中也未尝忽略礼的作用。《说文》曰："礼，履也。所以事神致福也。"荀子认为礼有三本："天地者，生之本也；先祖者，类之本也；君师者，治之本也。"（《荀子·礼论》）可见礼具有超越性的宗教起源。《礼记》也云："夫礼，先王以承天之道，以治人之情"（《礼记·礼运》），"乐者，天地之和也。礼者，天地之序也。"（《礼记·乐记》）因此，孟子说道："尽其心者，知其性也，知其性，则知天矣。"（《孟子·尽心上》）人道之礼乃是对天道之诚的效法与追求；从形而下层面来讲，"礼因人情而为之节文"（《郭店楚简·语丛一》）、"君子礼以饰

---

① ［美］贝格尔：《天使的传言》，高师宁译，中国人民大学出版社 2003 年版，第 61 页。

情"（《礼记·曾子问》），礼是顺应人情，美饰人情的产物。"何谓人情？喜怒哀惧爱恶欲，七者，弗学而能……讲信修睦，谓之人利，争夺相杀，谓之人患，故圣人所以治人七情，修十义，讲信修睦，尚辞让，去争夺，舍礼何以治之？"（《礼记·礼运》）因此，礼就是顺人之情，节人之欲，使人和人之间更能融洽相处的调节工具，故曰"礼之用，和为贵"（《论语·学而》）。孟子继承了孔子"不知礼，无以立"（《论语·尧曰》）的思想，认为礼是人区别于禽兽的重要标志。"饱食、暖衣、逸居而无教，则近于禽兽。"（《孟子·滕文公上》）他指出，人之性情虽然具有先天的道德禀赋，然而，要充分实现心中之善端，除了反身而诚以外，还需要礼乐的后天教化，用以节制人之七情六欲。"上无礼，下无学，贼民兴，丧无日矣。"（《孟子·离娄上》）因此孟子发展了孔子先富后教的思想，在保证基本生活之后，应该"谨庠序之教，申之以孝悌之义"（《孟子·梁惠王上》）。因为在他看来，只有经过礼乐教化的人，才是真正意义上的成人，才能够脱离纯粹生物学意义上的、自然的人，而成为具有社会意义上的有道德的、有涵养的人。正如杜维明先生所说的那样："作为信赖社群的一个规定性特征，礼塑造了人际关系的真正本性。如果一个社会是通过礼的规则得到治理，则其得以存在的模式便会以一种强烈的相互信任感为基础，尽管其中也显然会有小集团之间的种种冲突。"[①] 孟子之礼，寓天道于人道，寓人道于天道，体现了神圣之天内在性和超越性的统一，在天人之间的互动中凸显人之为人的本真。既突出人性之善端，又意识到人性之

---

① ［美］杜维明：《论儒学的宗教性对〈中庸〉的现代诠释》，段德智译，武汉大学出版社1999年版，第68页。

恶，于是在法天、则天、知天、事天的过程中寻找生命的救赎。由此可见，儒家的礼，始终有一种自我反思的精神，它是对人之本质的追寻和体认。正因为有了这种反思、追寻和体认的精神，我们看到了先秦儒家对灵魂的"救赎"，虽然与西方基督宗教的救赎观大不相同，但是，其救赎的原理却是一样的。"礼"的宗教性，其理论的意义在于规定"斋明盛服，非礼不动，所以修身也"（《中庸》）的目标，并不仅仅只是在行为规范上尊崇社会文明的原则，更在于它有超越性的内在牵引，有圣洁性的"天"的感召。没有这种神圣的感召，人的自我救赎是不可能的。

基督教作为一种伦理的宗教，其中也不乏诸多诫命、律例、典章。如果旧约中的"十诫"是古代以色列的生活准则，那么，新约时代取而代之的则是一种"爱"的诫命，正如基督在最后的晚餐中向门徒们所嘱咐的："我赐给你们一条新命令，乃是叫你们彼此相爱。"（《约翰福音》13：34）耶稣基督的来到不是要废掉律法，而是要成全律法，他乃是从法利赛人式的形式主义中寻回律法的真谛和爱的精神。正如美国当代神学家坎默（C. L. Kammer）所言："基督宗教和犹太教都是'道德'宗教——即，他们用道德概念而不是迷信（崇拜）或灵知（知识）概念来定义神—人关系。我们做什么，我们怎样生活，这些才是重要的，而不是我们崇拜的形式或我们对于上帝本质的教义上的断言。"① 同样，使徒保罗也从他传奇性的皈依中遵从了从天启而来的异象，他清晰地看到信仰生活的本质在于"因信称义"（justification by faith）。他坚信，"人称义是因着信，不在

---

① ［美］坎默：《基督教伦理学》，王素平译，中国社会科学出版社1993年版，第58页。

乎遵行律法"（《罗马书》3：28）。称义不是基于人自身的功德，而是在于上帝的恩宠。使徒保罗在此借用了一种法律术语，"称义"原指法官在法庭上宣判被告为无罪。在基督教的语境中，人都因罪受到指控而面临审判，但是上帝却因其爱子耶稣基督在十字架上的代赎工作以及人对耶稣基督的信心，而赦免了人的罪，宣判人为义。换言之，是上帝将耶稣基督的义"披戴"在人身，这种称义论在神学中又被称为宣算论。使徒保罗坚持信信称义，甚至勇于当面"抵挡"拘泥于律法主义的使徒彼得。作为法利赛人，使徒保罗从他的亲身经历中总结出，人固然可以在一定程度上遵行摩西律法，并因此刻苦己心，约束自我，这对于信仰生活不无裨益。然而更为根本的不是律法条例本身，而是律法的真精神——爱。他一再强调："惟有里面作的，才是真犹太人；真割礼也是心里的，在乎灵，不在乎仪文"（《罗马书》2：29），"神的国不在乎吃喝，只在乎公义、和平并圣灵中的喜乐"（《罗马书》14：17）。因为耶稣基督的恩典之约超越和成全了律法之约，并带下上帝的拯救和祝福。需要指出的是，使徒保罗所反对的只是靠行律法称义或得救的事工性，而非否定律法本身。他肯定律法的作用，指出律法作为一种外在的准则对于规范和约束人的行为是必要的。上帝赐予人的律法本是圣洁、公义、良善的，作为判定是非的标准，其功能在于叫人知罪，因为"只是非因律法，我们就不知何为罪"（《罗马书》7：7）。但"凡有血气的，没有一人因行律法能在神面前称义"（《罗马书》3：20）。律法让人知道何为善却无力行善，在人性的软弱与无助中只能寻求上帝的恩典。如神学家卡尔·巴特（Karl Barth，1886—1968）所指出的："律法不过是福音的必然形式，而福音的内容就是恩典。"① 因此，恩典不是反律法，而是超乎律法、成全律法。奥古斯丁说道："我们说律法是必要的，只是就它对为奴的人而言的，而且律法本是在此意义上使人得益而设，因为仅靠说理不能把人类从罪中挽救出来，只有靠律法约束，即靠连愚昧人都懂得的惩罚来威慑罪人。基督的恩典从中释放我们，这并非宣告律法无效，而是邀请我们在上帝的爱中顺服律法，而不再做奴隶而惧怕律法。这本身就是恩典，是白白赐给人的恩惠，那些不明白此恩典来自于上帝的人仍愿受律法的束缚。"② 由基督教的律法和恩典，我们可以看出："恩典不是取消自然，乃是成全自然。"罪人因信称义，是上帝的恩典，也是上帝与人同在的标记，从中可见基督教中上帝之内在性特征。

四　人性论的践行

人性论的理论建构是其行动实践的基础，行动实践则是理论建构的具体展开。要达成知与行的统一，必须理论和实践相互结合。唯有在实践中践行，才能在生活世界的一言一行中落实人性的价值。就人性论的具体实践而言，儒家和基督教有不同的进路。儒家是一种下学而上达的进路，是以亲亲之爱为基点，不断向家国天下逐步外推的过程。基督教是一种自上而下的流溢路线，是以上帝之爱为宗旨，不断落实到邻人的过程。

如果说"尽心知性以知天"是对性善的理性认知，那么

---

① Barth, Karl, "Gospel and Law", in *God*, *Grace and Gospel*, London: Oliver and Boyd, 1959, pp. 1—28.

② ［古罗马］奥古斯丁：《论信望爱》中译本导言，许一新译，生活·读书·新知三联书店 2009 年版，第 268 页。

"存心养性以事天"则是性善的具体实践。对于孟子而言，性善论一方面具有天道的终极根据，另一方面也有现实的自然根据。孟子从"乍见孺子入井"的故事中挖掘出人之普遍的道德感情——恻隐之心；在古人葬亲的起源中，孟子发展了孔子的"不安"之心，这种恻隐之心、不安之心即是"仁之端"。"孩提之童，无不知爱其亲者；及其长也，无不知敬其兄也。亲亲，仁也；敬长，义也。无他，达之天下也。"（《孟子·尽心上》）孟子以恻隐之心论性善有其深刻的社会背景。普遍来讲，人对父母的敬爱、对兄长的悌爱，是缘于人类血缘关系的一种古老而深厚的情感。因此"孝悌为仁之本"（《论语·学而》）是先秦儒家传统的观念。我国古代是农耕文明社会，家庭关系是整个社会的基本单位，家庭关系对于整个社会的稳定与和谐具有举足轻重的作用，故在此亲亲之爱的基础上形成了我国独特的血缘宗法制的社会结构。可是，如果我们有点生物学的基本知识，就可以知道，这种恻隐之心其实在动物界都是很普遍的，动物之间也存在着同情、关爱等行为，这是动物的一种自然本能。孟子证明人禽之辨的基础却是人禽之同，单纯从逻辑上说是难以成立的。难道说这样一来孟子的性善论就不成立了吗？其实则不然，孟子这样论证是不得已而为之的，因为他的想法是：一个人，你再邪，再恶，对你自己的生身父母，总该有点感情吧？你再龌龊，再恶心，对你自己的列祖列宗总该有点感恩之心吧？既然动物都有恻隐同情之心，难道你连禽兽都不如？他真正地抓住了人之所以为人的根本弱点，进而从人性的弱点深处入手，把人类带到道德修养的阳光中来，在此表现出他对人性的原罪意识。可以说，以孝悌说性是孔孟特殊的出身背景和家庭教育形成的个人感受。在传统儒家的语境中，往往都是通过这种"慎终"和"追远"来达到与"天"通话的目的。这就是由"孝道"而尊崇古代文化传统，再上达"天"的理路（"孝→古→天"）。一方面，完全不脱离生活本身，即"道不远人。人之为道而远人，不可以为道"（《中庸》）。离开了生活的视、听、言、动，离开了"五达道""三达德"，具体的人间生活，儒家哲学的宗教性也就没有了修道的根基。另一方面，儒学也在"庸德庸言"的修养中追求神圣之天的超越性。也就是《中庸》表达的："尊德性而道问学，致广大而尽精微，极高明而道中庸。温故而知新，敦厚而崇礼。"李泽厚先生认为："以孟子为代表的中国伦理绝对主义特点却又在于，一方面它强调道德的先验的普遍性、绝对性，所以要求无条件地履行伦理义务，在这里颇有类于康德的'绝对命令'；而另一方面，它又把这种'绝对命令'的先验普遍性与经验世界的人的情感直接联系起来，并以它为基础。从而人性善的先验道德本体便是通过现实人世的心理情感被确认和证实的。超越性的先验本体混同在感性心理之中。"① 在此我们可以发现儒家即凡即圣的宗教特性。孟子的"孝亲"始终都只是手段，是途径，而绝对不是目的，孝悌只是跳向更高人性的一个跳板。"天下之本在国，国之本在家，家之本在身。"（《孟子·离娄上》）孟子并没有将仁义局限在结构化的家庭关系之中，而是试图突破家族血亲关系，将仁爱之心向外缘不断推开。正因为意识到人性中的自私和个人中心倾向，所以在与人君之间的对话中，孟子从不忍之心推及不忍之政，从独乐乐推及与民同乐，要求君不应追求"小我"的私利，而应该追求社会范围内的普遍的"公

---

① 李泽厚：《中国古代思想史论》，生活·读书·新知三联书店 2009 年版，第42 页。

利"，从而实现一种普遍的仁爱。由此可见，孟子的人性践行是遵循以修身为原则，以孝悌为始点，向家国天下不断外推的过程，是建立在忠恕原则之上的"老吾老以及人之老，幼吾幼以及人之幼"（《孟子·梁惠王上》），"亲亲而仁民，仁民而爱物"（《孟子·尽心上》），通过修齐治平的层层递进，在不断扩大的同心圆结构中实现人性的提升。可见，孟子人性论的践行并非只是限于尊尊亲亲，而是扩展至天下国家，乃至整个宇宙天道，是一个不断超越、不断提升的过程。它绝对没有任何"一人得道，鸡犬升天"的暗示，因此也就绝对不是当今贪污腐败等社会恶俗的温床。

对基督教而言，所有的关系都是以三位一体的上帝为参照的。基督教中的上帝是三位一体的上帝，圣父、圣子、圣灵这三个位格，是本质上的合一与位格上的三分，彼此之间是一种相互寓居、彼此融合的关系。三位一体的关系模式是上帝与人、人与人之间相互关系的终极参照。使徒保罗写道："惟有基督在我们还作罪人的时候为我们死，神的爱就在此向我们显明了。"（《罗马书》5：8）他深信"无论是死，是生，是天使，是掌权的，是有能的，是现在的事，是将来的事，是高处的，是低处的，是别的受造之物，都不能叫我们与神的爱隔绝"（《罗马书》8：38—39）。因此，他心中常有一种"欠债"的意识，这种"欠债"或"亏欠"的意识是基督教所特有的一种宗教情感。它是建立在上帝的恩典及耶稣基督的救赎之上的一种感恩心态。人之所以爱人，在于上帝首先爱了人类，上帝赋予了人爱的能力和动力。基督教中，爱上帝和爱人是两条最大的诫命。爱上帝是对上帝的尊崇和敬拜，是对上帝救恩的一种感激之情；而爱人则是因为上帝之爱的感召，自觉地效法耶稣基督去爱人。"这两条诫命互相完善互相补充，爱主是第一重要的，但如果独立看待这条诫命，它会显得很抽象并且太过出世。爱人这条诫命给了爱天主诫命实质内容，简单得足以使每个人能理解和遵循，但是它反过来需要爱天主诫命作为最后导向和衡量标准——如果没有爱主这条诫命，爱人变成了漫无目的的行为，也就很难决定它的价值。"①如果说爱神是一种神圣的向度的话，那么爱人则是一种实践的向度。爱上帝是爱人的形而上的基础和根据，爱人是爱上帝的表现和流露。在此我们可以看到使徒保罗对于人性之善的肯定，尤其在耶稣基督里面的人性，因上帝的缘故而拥有了爱的潜能与基质。同时我们也看到使徒保罗的神学思想所体现的基督教思想史上最初的世俗化转向，即神学伦理与世俗伦理、上帝之城与世俗之城的连接，使人的目光仰望天国的同时也俯视人间，不但要关注人和上帝之间的关系，还要关注人与人之间的关系。人虽然盼望在天国，但却生活在世界之中，必然产生和形成各种关系网络。因此，人需要在现实的生活世界体现出自己的信心。"我们被创造出来，我们与其他人、与其他万物、与上帝和谐共处，而且，这三者的关系之间又是彼此不可分割的，如果我们与他人、与其他万物的关系不协调，那么我们就不可能与上帝的关系和谐。"②在使徒保罗的神学语境中，"不是听律法的为义，乃是行律法的称义"（《罗马书》2：13）。信心不只是知道与接受，更意味着交托与行动。他认为耶稣基督所带来的福音是上帝与人和好的福音，并且将劝人与他和好的职分赐予信他之人，因此，"我们各人务要叫邻舍喜悦，使他得益处，建立德行"（《罗马

---

① ［德］白舍客：《基督宗教伦理学》，静也、常宏等译，华东师范大学出版2010年版，第28页。

② ［美］坎默：《基督教伦理学》，王素平译，中国社会科学出版社1993年版，第78页。

书》15：2）。人应该敬重自己的职分，努力遵行上帝的旨意，建立自己与他人之间和睦的关系，从而在人与人之间的关系中同样体现神圣的精神，让人"无论作什么，都要从心里作，像是给主作的，不是给人作的"（《歌罗西书》3：23）。使徒保罗指出，人应该爱自己的家人、爱主内的肢体，爱身边的邻人，甚至爱自己的仇敌，这些均突出了上帝是爱的主题。可见，使徒保罗也并非只是抽象地谈论上帝之爱，而是将上帝之爱具体地落实在生活之中，从而使世俗的道德生活拥有了神圣的维度。

综上所述，我们可以看到儒家和基督教在人性论上的异同之处。在二者的人性论中，人性都经历了原初的本善—善性的"堕落"—性善的回归与修养三个阶段。无论是从儒家的性善中启迪人性，还是从基督教的性罪中鞭策人性，二者都是以实现真正的善性或道德性为最终主旨的。从文化发生学上来讲，在特定的文化背景下，各民族的文化都呈现出迥异的特色。"它们之间的差异主要是它们用来描述自己精神的语言的不同，而不是其精神内容的差异。"① 儒家的言说方式是一种伦理的语言而基督教的言说方式是一种神学的语言，不同的言说方式决定了二者不同的侧重。所以说，我们无论如何发现儒家的原罪意识，与基督教的原罪观比较，它总是性善论的配角；无论如何挖掘基督教的原善质素，与儒家的性善论相比，它总是处在原罪论的阴影之下。由此可见，要形成一种客观而完善的人性理论，我们必须在人的自然性和道德性之间、人与神圣者的分合之间、在神圣者的超越性与内在性之间保持平衡；要更好地实现人性，我们务必在自上

---

① 姚新中：《儒教与基督教：仁与爱的比较研究》，赵艳霞译，中国社会科学出版社2002年版，第277页。

而下的流溢与下学而上达的超越中、在礼的本质与形式中达成
"中庸"。需要指出的是，对于宗教对话语境中的儒家和基督教
而言，我们不应只是认为"物以类聚，人以群分"，而更应该坚
信"相反者相成，对立和谐"。二者有足够多的共同点可以使对
话成为可能，有足够多的差异点可以使对话成为必要。在这里，
存在主义宗教学家马丁·布伯（Martin Buber，1878—1965）的
关系哲学可以带给我们很多的启示。布伯认为对话有两种方式，
一种是"我—你"的关系，另一种是"我—它"的关系。① 前
者乃是一种平等、对话、亲密的关系，而后者则是一种统治、独
白、隔膜的关系。虽然"我—它"的关系对于哲学主体间初期
的认识必不可少，但是我们断不能停留在这个阶段，要实现真正
的、良性的对话关系，必须选择"我—你"关系，追求彼此间
的相互沟通、彼此互动、尊重平等的关系，建立一种真诚对话、
互相开放的对话。对于儒家而言，应该以忠恕之道为原则建立与
基督教等他者文化的相互关系，真正以彬彬君子的仪态做到
"有朋自远方来，不亦乐乎"。对于基督教而言，真正让十字架
成为一个包容的符号，以"你想别人怎么待你，你就应该怎样
待别人"为原则建立与儒家等他者文化的沟通对话，以博爱的
心胸真正做到"爱你的邻人"。应该说，儒耶均应该在一种礼尚
往来中相互表达和聆听，相互教导和学习，相互见证和被见证，
在彼此相遇中重新发现本真的人性，共同寻求终极真理之谜。

当今社会是一个"祛魅"的时代，自由的时代，神圣因素
在人们的生活世界中逐渐隐退，使人们失去了神圣天堂的价值尺

---

① ［德］布伯：《我与你》，《马丁·布伯文集》第一卷，海德堡与慕尼黑，
1962 年，第 79 页。

度。人们在一味地追求自由、实现自我中陷入了存在的"迷失"和价值的"真空"，终极关切的缺失使人们成了"精神的孤儿"，于是，个人主义泛滥、拜金主义流行，各种社会的腐败、道德的沦丧现象层出不穷，我们在感叹"世风日下，人心不古"的同时，更应该以一种"仁以为己任"的担当姿态去呼吁一种价值的回归和道德的重建。在"人是什么？""真正的人性是什么？""人如何实现人性？"等核心问题上，儒家和基督教的人性论留给了我们宝贵的精神遗产，这对于现代化精神文明建设无疑具有重要的借鉴价值和启迪意义。

（此节为笔者在武汉大学与多伦多大学儒耶对话国际大会上的发言，朱小明博士帮忙完善整理，特此致谢）

孔子的政治理想是人之所以为人的解放

　　吴于廑先生认为，先秦时期，"士的第一个共同理想为统一与尊君"。我们知道，春秋战国时期，中国社会思潮之中，确实有愈演愈烈的统一呼声。但是，我们肯定不能说所有人都支持这一呼声，至少老子、庄子不是这样，大量的隐逸者不是这样。笔者在这里要提出的是，与老子、庄子有很多联系的孔子，也不是这样的。吴于廑先生还说："孔子论政，大率以天下为对象。天下者，即象征大一统也。"吴先生甚至还说，孔子"并非一定要恢复周代封建的天下"①。综观先秦原始儒家的相关经典，笔者认为，吴于廑先生的观点，是值得商榷的。本文试图根据孔子的整体思想来论证，孔子没有专制的大一统思想。孔子提倡的是西周封建制的"天下"思想。虽然这种表述只有一个词语的不同，但是其中的距离却有似天壤之别，完全不一样。

一　孔子的政治理想是人之所以为人的解放

　　先秦儒家经典《礼记·中庸》在显要的位置引用了孔子回

---

　　① 吴于廑：《士与古代封建制度之解体》，武汉大学出版社 2012 年版，第 49 页。

答子路有关"强"的问题的表述："南方之强与？北方之强与？
抑而强与？宽柔以教，不报无道，南方之强也，君子居之。衽金
革，死而不厌，北方之强也，而强者居之。故君子和而不流，强
哉矫！中立而不倚，强哉矫！国有道，不变塞焉，强哉矫！国无
道，至死不变，强哉矫！"这是在说，孔子提倡的"强"既不是
南方"宽柔以教，不报无道"的强，也不是北方"衽金革，死
而不厌"的强。孔子提倡的强，是"和而不流""中立而不倚"
的强，是"国有道，不变塞焉""国无道，至死不变"的强。这
里面隐含了深刻而丰富的人学思想。所以，孔子说："中庸其至
矣乎！民鲜能久矣！""中"在《中庸》里面是一种"至德"，
它绝对不仅仅是一种简单的"执两用中"和"明哲保身"，甚至
和稀泥。①《中庸》曰：

> 子曰："中庸其至矣乎！民鲜能久矣！"
> 子曰："道其不行矣夫！"
> 子曰："人皆曰予知，驱而纳诸罟擭陷阱之中，而莫之
> 知辟也。人皆曰予知，择乎中庸而不能期月守也。"
> 子曰："天下国家可均也，爵禄可辞也，白刃可蹈也，
> 中庸不可能也。"

---

① 《辞海》的"中庸"词条解释是："儒家伦理思想。指处理事务不偏不倚、
无过不及的态度，认为是最高的道德标准。"（《辞海》，上海辞书出版社1979年版，
第1408页）1983年版的《辞源》对"中庸"的解释是："不偏叫中，不变叫庸。"
（《辞源》，商务印书馆1983年版，第87页）在当今各大网站上流行的解释是：儒家
的道德标准，待人接物不偏不倚，调和折中。英译为：The Doctrime of the Mean（见
百度汉语，"中庸"词条）。

"道其不行矣夫"的原因是"民鲜能久矣"。"民鲜能久矣"的原因是"中庸""其至矣乎"。它是一种至高无上的"德"。所以，国家可均，爵禄可辞，白刃可蹈，但是"中庸"是不可能的。即便有人知道了这是一种什么样的"德"，他也"不能期月守也"，甚至"驱而纳诸罟擭陷阱之中，而莫之知辟也"。那么，"中庸"为什么这么难？原因就在于它是极高明而又道中庸的"道"，鸢飞戾天，鱼跃于渊，即凡即圣。"君子之道，造端乎夫妇，及其至也，察乎天地。"（《中庸》）那么，什么是"道"呢？在《中庸》之中就是"率性之谓道"的"道"。"率"，就是"循着"。也就是说，我们每一个人都是有善端的，只要依循着"天命之谓性"的"性"，就自然可以显发出天之所以为天的博、厚、高、明、悠、久的"道"。只有努力学习，始终践履，最后能够显发出这种"道"的人才能够称其为人。所以，关键的问题是我们如何理解"天命之谓性"，因为它是先秦儒家人学的极致，更是孔子社会政治理想的理论基础。

《中庸》的"天命之谓性"，从人学的角度来讲，至少指出了五方面内容值得我们注意：第一，我们每一个人都是有神性的。我们每一个人都来自博厚、高明、悠久的天。所以我们首先要自尊。我们要珍惜自己，爱护自己，使自己的生命显发"天"的光辉。唯其如此，我们才有可能因此而变得高尚，把天的博、厚、高、明、悠、久融化在自己的视、听、言、动之中。正因为人具有这样的神性，所以，我们每一个人都应该受到他人的尊重，尤其是要得到社会和政府的尊重，这甚至应是一切政府工作的出发点。也正因为人具有"神"性，是宇宙之精华，万物之灵长，所以，我们每一个人的人性都具有至高无上性。第二，正由于我们每一个人都是有神性的，所以我们每一个人都具有不可替代性。我们每一个人都是独一无二、与众不同的个体（从外表、气质、性格到精神追求），所以我如果特立独行，就能够精神独立，就能够与"天"的博厚、高明、悠久相续相连。用孟子的话来讲，我们都是"天民"（《孟子·万章下》《孟子·尽心上》）。所以，人之所以为人者，就在于我们每一个具有精神世界的人都应该是一个独立的世界，具有无限发展的可能性。我们的一切政府都应该给每一个这样的个体创造无限发展的平台，否则它就不是一个仁道的政府。第三，我们每一个人都应该是生生不息、不断发展的。因为作为我们每一个人的来源的"天"，始终是周而复始，自强不息的。用《礼记·大学》的话来讲，那就是"苟日新，日日新，作新民"，"周虽旧邦，其命维新"。所以，不断努力学习，不断努力地发展自我，提升个体的性情境界，在孔子的思想中，始终是一切思想的基础。中国的传统文化之所以非常重视学习，其关键性的哲学思想基础就在于此。从《易传·乾》"天行健，君子以自强不息"，到孔子"发愤忘食，乐以忘忧，不知老之将至云尔"（《论语·述而》），无不贯注着这样的基本思想。第四，在"天"的面前人人平等。这是孔子"有教无类""学而优则仕"的教育学、社会学基础，更是任何政府建立国家，管理社会的首要原则。因为这个问题不解决，人们就不可能具有和平相处的前提，社会的公正、公开、公平的原则也就没有基本的出发点和安全、祥和的归宿。第五，"天命之谓性"的根本思想在于我们每一个人都是有使命的，因为我们每一个人都来自"天"，在任何一个特定的时代和特定的国度，我们都要面对那个时代和国度的各种问题，并且进而树立自己的理想，终身努力，克服一切困难，去解决这些问题。这就是"天下兴亡，匹夫有责"的理论根据。这五个方面的内涵给生命个体熔铸了无穷的"修身"动力。其中的逻辑与《大学》之"明明德"进而"止于至善"的内在张力，"格物、致知"与"正心、诚意"的内在关系是一样的。

明确了"天命之谓性"的五大内涵，我们就会知道，孔子的思想体系与专制集权主义，尤其是与大一统的专制主义，事实上是格格不入的。《论语》中这样的证据很多：

> 子曰："饭疏食饮水，曲肱而枕之，乐亦在其中矣。不义而富且贵，于我如浮云。"（《述而》）
>
> 叶公问孔子于子路，子路不对。子曰："女奚不曰，其为人也，发愤忘食，乐以忘忧，不知老之将至云尔。"（《述而》）
>
> 子曰："学而时习之，不亦说乎？有朋自远方来，不亦乐乎？人不知而不愠，不亦君子乎？"（《学而》）
>
> 子曰："贤哉，回也！一箪食，一瓢饮，在陋巷。人不堪其忧，回也不改其乐。贤哉，回也！"（《雍也》）
>
> 子曰："富与贵是人之所欲也，不以其道得之，不处也；贫与贱是人之所恶也，不以其道得之，不去也。君子去仁，恶乎成名？君子无终食之间违仁，造次必于是，颠沛必于是。"（《里仁》）

孔子追求的是来自"天"的博厚、高明、悠久的精神，以"道"为最高的追求，因此，他首先以学习为人之所以为人的基本生存方式，他有他以人为核心、为基本诉求的内涵，精神是独立的，学术是自由的，他的一切兴衰荣辱、得失成败、喜怒哀乐不为外界的权势所动，他的性情世界自足圆满，他的精神世界是独立的意志。《论语·学而》云："人不知而不愠，不亦君子乎。"正是这种不假外求之精神的充分体现。从人学的角度上来讲，这也就是孟子所说的"万物皆备于我"：

> 孟子曰："广土众民，君子欲之，所乐不存焉。中天下而立，定四海之民，君子乐之，所性不存焉。君子所性，虽大行不加焉，虽穷居不损焉，分定故也。君子所性，仁义礼智根于心。其生色也睟然，见于面，盎于背，施于四体，四体不言而喻。"（《孟子·尽心上》）

这是一种依托于天地的精神，更是一种"大行不加""穷居不损"，"仁义礼智，非由外铄我也，我固有之也"（《孟子·告子上》）的自足圆满。孟子在这里很好地阐发了孔子的精神，充分弘扬了孔子"三军可夺帅也，匹夫不可夺志也"（《论语·子罕》），"朝闻道，夕死可矣"（《论语·里仁》）的人学思想。深入地探究先秦儒家的人学思想，我们会发现，孔子所谓的"强"，是人性独立的强，更是精神自由的强。它是一种直接依托于"天"的博厚、高明、悠久的神圣来源，给人之所以为人之主体性打造的坚强柱石。也正因为如此，秦国对东方六国的征服，不仅是法家与儒家的矛盾，不仅是封建制与专制集权主义的矛盾，而且也是儒家的人学思想与大一统集权专制剥夺人之所以为人的精神自由之本质的矛盾。

二 "君子和而不同"的深层含义

《论语》中下面的两段话，至今对我们还有深远的影响：

子贡曰："如有博施于民而能济众，何如？可谓仁乎？"子曰："何事于仁，必也圣乎！尧舜其犹病诸！夫仁者，己欲立而立人，己欲达而达人。能近取譬，可谓仁之方也已。"（《雍也》）

子贡问曰："有一言而可以终身行之者乎？"子曰："其恕乎！己所不欲，勿施于人。"（《卫灵公》）

"夫子之道，忠恕而已矣。"（《论语·里仁》）所谓忠，就是内，就是上述的"天命之谓性"支撑下的"下学上达"（《论语·宪问》）；所谓恕，就是"忠"的显发，就是外，就是"己欲立而立人，己欲达而达人"，"己所不欲，勿施于人"。这个表述，表面看来只是一个人学的问题，是对他人的"天命之谓性"的尊重和换位思考，是人与人之间互存共荣的"天下之达道"（《中庸》），但是在先秦儒家思想中，尤其在《论语》之中，实际上，还有更加深刻的背景与底蕴。也就是说，它还隐含着对不同种姓，不同诸侯国、不同风俗习惯的尊重。①

《中庸》写道："仲尼祖述尧舜，宪章文武；上律天时，下袭水土。辟如天地之无不持载，无不覆帱，辟如四时之错行，如日月之代明。万物并育而不相害，道并行而不相悖，小德川流，大德敦化，此天地之所以为大也。"笔者深究这段文字，深以为，它的背景是在孔子的政治理论体系中，西周封建制涵盖下的全面兴盛。孔子提倡的各个诸侯国之间"四时之错行""日月之

---

① 最近出土的《保训》可以作为旁证："昔舜旧作小人，亲耕于历丘，恐求中，自稽厥志，不违于庶万姓之多欲。厥有施于上下远迩，乃易位迩稽，测阴阳之物，咸顺不扰。"其中，"多欲"读作"多俗"。

代明"，"万物并育而不相害，道并行而不相悖，小德川流，大德敦化"。孔子甚至认为这是"天地之所以为大"的根本保证。目前地下出土的简帛文献已经证明，《周易》的"十翼"，都与孔子本人有关。在周游列国回来之后的数年里，孔子一直在带领学生研究《周易》。"行则在橐，居则在席"（长沙马王堆帛书《易传·要》），"韦编三绝"（《史记·孔子世家》）。所以，《周易》"刚柔相摩，八卦相荡。鼓之以雷霆，润之以风雨"的思想，实际上也是孔子整体思想的一个组成部分。它不仅仅是一个"一阴一阳之谓道也"的问题，而且也涵括了阴阳五行相生相克，"以他平他"（《国语·郑语》）的思想。因为孔子说过："君子和而不同，小人同而不和。"（《论语·子路》）《国语·郑语》的表述与孔子的思想是完全一致的，是中国政治哲学史上的著名篇章：

> 公曰："周其弊乎？"对曰："殆于必弊者也。《泰誓》曰：'民之所欲，天必从之。'今王弃高明昭显，而好谗慝暗昧；恶角犀丰盈，而近顽童穷固。去和而取同。夫和实生物，同则不继。以他平他谓之和，故能丰长而物归之；若以同裨同，尽乃弃矣。故先王以土与金木水火杂，以成百物。是以和五味以调口，刚四支以卫体，和六律以聪耳，正七体以役心，平八索以成人，建九纪以立纯德，合十数以训百体。出千品，具万方，计亿事，材兆物，收经入，行姟极。故王者居九畡之田，收经入以食兆民，周训而能用之，和乐如一。夫如是，和之至也。于是乎先王聘后于异姓，求财于有方，择臣取谏工而讲以多物，务和同也。声一无听，物一无文，味一无果，物一不讲。王将弃是类也而与专同。天夺之明，欲无弊，得乎？"

《国语》一书，据司马迁的记载，它的作者是鲁国人左丘明，稍早于孔子。左丘明的著述深得孔子的赞赏。孔子对左丘明的人格也十分欣赏，孔子云："巧言、令色、足恭，左丘明耻之，丘亦耻之。匿怨而友其人，左丘明耻之，丘亦耻之。"（《论语·公冶长》）《国语》的各个篇章之间虽然思想并不是非常纯粹，但是，由于左丘明是鲁国人，而且对周王朝敬天保民的思想十分推崇，其主体思想与孔子的思想十分接近。笔者相信，上面的长段引文对孔子曾经产生过深远的影响。孔子"君子和而不同，小人同而不和"的话与《国语》有深刻的内在联系或照应，这是毫无疑问的事实。左丘明的记载与孔子的思想是可以整合起来的。笔者以为，只有这样从时间和空间的整体层面来把握孔子的时代背景，以及他的思想的来源，我们才有可能把握孔子政治理想的实质。

只要稍微翻阅一下《论语》，我们就会知道，孔子是一位非常注重"礼"的思想家。但是如果把孔子的"礼"与《易传》结合起来，我们就会发现，孔子的"礼"实际上是一个关于封建制笼罩下的个人性情管束与诸侯间彼此政治的牵制共存的国家管理方式。既有人学的层面，更有政治学的层面。《论语》中有一段非常著名的表述：

> 颜渊问仁。子曰："克己复礼为仁。一日克己复礼，天下归仁焉。为仁由己，而由人乎哉？"颜渊曰："请问其目。"子曰："非礼勿视，非礼勿听，非礼勿言，非礼勿动。"颜渊曰："回虽不敏，请事斯语矣。"（《颜渊》）

表面上看，这段文字讲的是对人本身七情六欲的管束。但是，我们如果不是断章取义，就可以看到，这是一段笼罩在"克己复礼"命题前提之下的文字。"克己"就是克制自己的七情六欲，"复礼"就是恢复周礼。前者是条件，后者是结果；前者是手段，后者是目的。在孔子所处的"乐坏礼崩"的春秋时代，所谓恢复周礼，实际上就是要恢复到文王、武王、周公的典章制度、礼乐文明之中去。而文王、武王、周公一切制度的基础，就是建立在不同的诸侯国基础之上的和睦相处。所以，在《论语》中，孔子十分注重亲情。在孔子看来，亲情是社会的基石，是社会平安、诚信的保障：

> 子曰："父在，观其志；父没，观其行；三年无改于父之道，可谓孝矣。"（《学而》）
>
> 孟懿子问孝。子曰："无违。"樊迟御，子告之曰："孟孙问孝于我，我对曰'无违'。"樊迟曰："何谓也?"子曰："生，事之以礼；死，葬之以礼，祭之以礼。"
>
> 孟武伯问孝。子曰："父母唯其疾之忧。"（《为政》）
>
> 叶公语孔子曰："吾党有直躬者，其父攘羊，而子证之。"孔子曰："吾党之直者异于是。父为子隐，子为父隐，直在其中矣。"（《子路》）
>
> 樊迟从游于舞雩之下，曰："敢问崇德、修慝、辨惑。"子曰："善哉问! 先事后得，非崇德与? 攻其恶，无攻人之恶，非修慝与? 一朝之忿，忘其身，以及其亲，非惑与?"（《颜渊》）

家族的权力相对于国家权力而言，由此而具有不容侵犯的独立空间。国家的权力与家族的权力之间具有一定的空间和张力，它消解了国家的寡头政治，增加了民间相对独立的活动范围。这正是封建制最大的长处，这正是孔子与专制集权主义最不相容的关键性思想之一。《论语》明确提出："谨权量，审法度，修废官，四方之政行焉。兴灭国，继绝世，举逸民，天下之民归心焉。所重：民、食、丧、祭。宽则得众，信则民任焉，敏则有功，公则说。"（《尧曰》）这一主张将宗族香火的传递与国家管理的公正、公开、公平统一起来了。毫无疑问，这是孔子向往封建制，而不是提倡大一统专制集权主义的铁的证据。

换言之，孔子的"礼"，实际上就是要诸侯国之间彼此尊重，彼此涵容各自的差异性，最大限度地克制自己的欲望，"己所不欲，勿施于人"。所以，孔子的"礼"从本质上来讲就是文王、武王、周公之封建制的理论基础。《礼记·曲礼上》说得很到位：

> 夫礼者，所以定亲疏，决嫌疑，别同异，明是非也。礼不妄说人，不辞费。礼不逾节，不侵侮，不好狎。修身践言，谓之善行。行修言道，礼之质也。礼闻取于人，不闻取人。礼闻来学，不闻往教。道德仁义，非礼不成。教训正俗，非礼不备。分争辨讼，非礼不决。君臣、上下、父子、兄弟，非礼不定。宦学事师，非礼不亲。班朝治军，莅官行法。非礼威严不行。祷祠、祭祀、供给鬼神，非礼不诚不庄。是以君子恭敬撙节，退让以明礼。鹦鹉能言，不离飞鸟。猩猩能言，不离禽兽。今人而无礼，虽能言，不亦禽兽之心乎？夫唯禽兽无礼，故父子聚麀。是故圣人作，为礼以教人，使人以有礼，知自别于禽兽。

在西周初年，宗主国与分封的诸侯国之间，封建的诸侯国之间，大家本来都是宗亲，所以，"礼"本来就是一套理所当然，而且行之有效的管理途径。只是随着时间的推移，尤其是生产力的飞速发展，改变了过去相安无事，自给自足的经济、政治状态，渐渐乐坏礼崩，就失去了管束的作用。①

　　但是孔子竭尽全力，"知其不可而为之"（《论语·宪问》），带着他的学生周游列国，风里来雨里去，面见 72 个君主，大力推销他自己的观点，备受凄苦、奚落，却是乐此不疲。②孔子始终认为，政者，正也。最高的政治理想就是"必也使无讼乎"（《论语·颜渊》）。他认为只要为政以德，就可以感化周围的人，最终实现文王、武王、周公的理想，这就是他认为大型音乐作品《武》没有《韶》好的原因。所以，他认为，诸侯国之间必须充分尊重，彼此之间不能用武力解决问题。卫灵公要向孔子请教军事阵战的问题，孔子不仅不予回答，而且第二天就离开了卫国。孔子认为，只有天子能够采用武力："礼乐征伐自天子出。"如果诸侯之间打仗，那就是"天下无道"，暗无天日了。③

----

　　①　之所以导致春秋战国最后你争我夺，一塌糊涂，问题的关键是生产力发展得太快。时代的变化完全超乎人们的想象，过去的小国寡民，老死不相往来的状态，随着城市化、军事化的迅速发展而迅速解体。其飞速崩溃的程度可能完全超乎文武周公、姜太公们的想象。

　　②　《孔子家语·困誓》载：孔子适郑，与弟子相失，独立东郭门外。或人谓子贡曰："东门外有一人焉，其长九尺有六寸，河目隆颡，其头似尧，其颈似皋繇，其肩似子产，然自腰已下，不及禹者三寸，累然如丧家之狗。"子贡以告，孔子欣然而叹曰："形状永也，如丧家之狗，然乎哉！然乎哉！"

　　③　吴于廑先生针对孔子"为政以德，譬如北辰，居其所而众星共之"（《论语·为政》）的话说："此种大公无私的观念，即绝不容于封建社会中以血族定身份爵位的制度。我们与前文中说孔子不一定想恢复封建社会，这也是论点之一。"（吴于廑：《士与古代封建制度之解体》，武汉大学出版社 2012 年版，第 50 页）我们需要进一步说明的是，"此种大公无私的观念"即便不容于封建社会，难道就能够容于专制主义社会吗？数千年的专制集权社会，我们可以看一看，从秦始皇到慈禧太后，又有几个专制君主是"为政以德"了的？所以，这实在不能够成为孔子"不一定想恢复封建社会"的证据。

子谓《韶》，"尽美矣，又尽善也。"谓《武》，"尽美矣，未尽善也"。（《论语·里仁》）

子曰："暴虎冯河，死而无悔者，吾不与也。必也临事而惧，好谋而成者也。"（《论语·述而》）

卫灵公问陈于孔子。孔子对曰："俎豆之事，则尝闻之矣；军旅之事，未之学也。"明日遂行。（《论语·卫灵公》）

孔子曰："天下有道，则礼乐征伐自天子出；天下无道，则礼乐征伐自诸侯出。自诸侯出，盖十世希不失矣；自大夫出，五世希不失矣；陪臣执国命，三世希不失矣。天下有道，则政不在大夫。天下有道，则庶人不议。"（《论语·季氏》）

孔子"天下为公"的思想正是在这样的背景下提出来的，因为只要这样，就会"万物并育而不相害，道并行而不相悖，小德川流，大德敦化，此天地之所以为大也"。孔子周游列国就是要寻找能够建立这种理想的"明王"，而并非吴于廑先生所说的专制型的"大一统"的"君主"。"万物并育而不相害，道并行而不相悖，小德川流，大德敦化"，指的是由无数诸侯国组成的封建制下彼此激励、彼此包容和共同的发展。当然，孔子还有更高的追求：

子曰："巍巍乎！舜禹之有天下也，而不与焉。"

子曰："大哉，尧之为君也！巍巍乎！唯天为大，唯尧则之。荡荡乎！民无能名焉。巍巍乎！其有成功也；焕乎，其有文章！"

子曰："禹，吾无间然矣。菲饮食，而致孝乎鬼神；恶

衣服，而致美乎黻冕；卑宫室，而尽力乎沟洫。禹，吾无间然矣。"（《论语·泰伯》）

樊迟问仁。子曰："爱人。"问知。子曰："知人。"樊迟未达。子曰："举直错诸枉，能使枉者直。"樊迟退，见子夏。曰："乡也吾见于夫子而问知，子曰，'举直错诸枉，能使枉者直'，何谓也？"子夏曰："富哉言乎！舜有天下，选于众，举皋陶，不仁者远矣。汤有天下，选于众，举伊尹，不仁者远矣。"（《论语·颜渊》）

舜与禹建立的功德像高山一样"巍巍乎"，但是他们自己却从来不为自己谋一点点的私利，这是大一统的专制集权主义吗？自己不吃不穿，把财力全部用于老百姓的沟洫，这难道是大一统的专制集权主义吗？试问几千年的中国专制统治，什么时候做到过"举直错诸枉"？这些文献已经充分说明，孔子的政治理想是"天下为公"（《礼记·礼运》）。就是在封建分封制下，营造人与人之间彼此尊重的社会条件，人与人之间，大夫与大夫之间、家与家之间、诸侯与诸侯之间，"己所不欲，勿施于人"才有可能和平共处，才能够做到"协和万邦"①。这正是孔子要通过文王、武王、周公的典章制度、社会政治理想来达到"君子和而不同，小人同而不和"（《论语·子路》）的理论目标。②

---

①　《尚书·尧典》云："曰若稽古，帝尧曰放勋。钦明文思安安。允恭克让，光被四表，格于上下，克明俊德，以亲九族。九族既睦，平章百姓，百姓昭明，协和万邦。""协和万邦"就是提倡地地道道的封建制。

②　但是，问题是政治理想的目标定得太高，当人们无法实现的时候，就有可能出现很多料想不到的严重后果。这是孔子的政治哲学之理想本身的问题，不在此论域之内。

三　孔子的政治理想就是要恢复周礼

于是，笔者坚定地认为，孔子的政治理想就是要恢复周礼。在先秦儒家的经典中不仅有大量直接的文字证据，而且在孔子的整个思想体系中，所有文本的表情达意，都是在这样一个政治理想的背景下展开的：

子曰："甚矣吾衰也！久矣吾不复梦见周公。"（《论语·述而》）

子在齐闻《韶》，三月不知肉味。曰："不图为乐之至于斯也！"（《论语·述而》）

子曰："如有周公之才之美，使骄且吝，其余不足观也已。"（《论语·泰伯》）

子畏于匡。曰："文王既没，文不在兹乎？天之将丧斯文也，后死者不得与于斯文也；天之未丧斯文也，匡人其如予何？"（《论语·子罕》）

子曰："无忧者其唯文王乎！以王季为父，以武王为子，父作之，子述之。武王缵大王、王季、文王之绪。一戎衣而有天下，身不失天下之显名。尊为天子，富有四海之内。宗庙飨之，子孙保之。武王末受命，周公成文武之德，追王大王、王季，上祀先公以天子之礼。斯礼也，达乎诸侯大夫，及士庶人。父为大夫，子为士；葬以大夫，祭以士。父为士，子为大夫；葬以士，祭以大夫。期之丧达乎大夫，三年之丧达乎天子，父母之丧无贵贱一也。"（《礼记·中庸》）

子曰："武王、周公，其达孝矣乎！夫孝者，善继人之志，善述人之事者也。春秋修其祖庙，陈其宗器，设其裳衣，荐其时食。宗庙之礼，所以序昭穆也；序爵，所以辨贵贱也；序事，所以辨贤也；旅酬下为上，所以逮贱也；燕毛，所以序齿也。践其位，行其礼，奏其乐，敬其所尊，爱其所亲，事死如事生，事亡如事存，孝之至也。郊社之礼，所以事上帝也，宗庙之礼，所以祀乎其先也。明乎郊社之礼、禘尝之义，治国其如示诸掌乎。"（《礼记·中庸》）①

每次只要一提到文王、武王、周公，孔子的兴奋向往之情，就溢于言表。只要一提到宗庙之事，祭祀天地祖宗，孔子就不厌其烦，循循善诱。只要发现有人违背了封建制的"礼"，孔子就毫无例外地"是可忍也，孰不可忍也"（《论语·八佾》），大加挞伐。孔子对周公的思想和政治体制更是推崇备至！这是不容争辩的事实。但是，更为重要的是，在先秦儒家文献中，凡是关于孔子的思想中，不论谈论什么事情，全部都是以向往文王、武王、周公为背景，以维护他们所创建的封建体制为前提的。下面我们就以《论语》为例，来分析一下这个实际情况：

季氏将伐颛臾。冉有、季路见于孔子曰："季氏将有事于颛臾。"孔子曰："求！无乃尔是过与？夫颛臾，昔者先王以为东蒙主，且在邦域之中矣，是社稷之臣也。何以伐

① 《中庸》之中有大量引用孔子的语录。先秦时期的文献往往是师生之间口耳相传的结晶。根据《周易·易传》，新出简帛文献《保训》《尚书》《论语》等相关文献，我们可以断言，中庸的相关思想早在孔子之前就有长时间的积淀。在孔子之时又有很大的发展和提升，但是，到了曾子、子思子的时候，才逐步形成文本。所以，我们完全可以断言，其中引用、标明为孔子的话，一定是孔子本人的思想。

为？"冉有曰："夫子欲之，吾二臣者皆不欲也。"孔子曰："求！周任有言曰：'陈力就列，不能者止。'危而不持，颠而不扶，则将焉用彼相矣？且尔言过矣。虎兕出于柙，龟玉毁于椟中，是谁之过与？"……（《季氏》）

颛臾，是过去的"东蒙主"。所以，他是西周祭祀天地的象征和权力象征。孔子坚决反对季氏对东蒙主用兵，充分显示了孔子维护周礼、维护西周政治体制的态度。不仅如此，在《论语》中，所有的语汇全部都是封建制下的语汇。例如：

子路、曾皙、冉有、公西华侍坐。子曰："以吾一日长乎尔，毋吾以也。居则曰：'不吾知也！'如或知尔，则何以哉？"子路率尔而对曰："千乘之国，摄乎大国之间，加之以师旅，因之以饥馑；由也为之，比及三年，可使有勇，且知方也。"夫子哂之。"求！尔何如？"对曰："方六七十，如五六十，求也为之，比及三年，可使足民。如其礼乐，以俟君子。""赤！尔何如？"对曰："非曰能之，愿学焉。宗庙之事，如会同，端章甫，愿为小相焉。""点！尔何如？"鼓瑟希，铿尔，舍瑟而作。对曰："异乎三子者之撰。"子曰："何伤乎？亦各言其志也。"曰："莫春者，春服既成。冠者五六人，童子六七人，浴乎沂，风乎舞雩，咏而归。"夫子喟然叹曰："吾与点也！"（《先进》）

孔子培养的学生，全部都是直接为诸侯国服务的人才。子路是孔子贴身的得意学生之一，"摄乎大国之间"，不是封建制是什么？冉有的"方六七十，如五六十"、公西华的"宗庙之事，如会同，端章甫"，无不例外，都在封建制下，他们没有一个是想建立专制集权制、"大一统"的人才。事实上，这就是孔子培养学生的目标。

更有甚者，孔子在对贪得无厌的诸侯进行反复的游说，失望之后，干脆走向了常人难以想象的绝路，准备另辟蹊径了：

> 公山弗扰以费畔，召，子欲往。子路不说，曰："末之也，已，何必公山氏之之也。"子曰："夫召我者，而岂徒哉？如有用我者，吾其为东周乎？"（《论语·阳货》）
>
> 佛肸召，子欲往。子路曰："昔者由也闻诸夫子曰：'亲于其身为不善者，君子不入也。'佛肸以中牟畔，子之往也，如之何！"子曰："然。有是言也。不曰坚乎，磨而不磷；不曰白乎，涅而不缁。吾岂匏瓜也哉？焉能系而不食？"（《论语·阳货》）

"如有用我者，吾其为东周乎"，杨伯峻的翻译是："假若有人用我，我将使周文王武王之道在东方复兴。"①这就是孔子的政治宣言。既然对贪欲无限的诸侯们完全失去了希望，那么孔子就要另起炉灶，准备开创一片自己的试验田，借以再现周文王武王的政治体制，实现孔子自己的政治理想。吴于廑先生说"连百里小邑的叛臣公山弗扰及佛肸辈来请他，都心意摇摇，几于欣然命驾"②，把这也作为孔子一统尊君的证据，实在是有些误解，因

---

① 杨伯峻译注：《论语译注》，中华书局1958年版，第180页。

② 吴于廑：《士与古代封建制度之解体》，武汉大学出版社2012年版，第49页。

为这与"大一统"的专制集权主义实在是没有关系。所以，孔子要实现的就是文王、武王、周公的政治理想，笔者认为，是有根有据的。

最后需要指出的是，孔子所说的"天下"，指的是在封建制笼罩下的"万邦咸宁"的天下，最高的统治者是"天子"。而且也只有在封建制的体制下，"天""天下""天子""天民"这些词语才能够衔接起来。当然，正是在与专制集权主义的比较之中，我们体会出了封建制的宽容。孔子所指的"君主"，指的是诸侯国的国王。这与专制主义的大一统的"君主"是不一样的。秦汉以后的专制主义时期的理论家们混淆了这一概念，歪曲了孔子的意思。正是从这个角度上来讲，《论语》中的"君君，臣臣，父父，子子"（《论语·颜渊》）之论，就与专制集权主义有了很大的距离，说的完全不是一回事。与此相关，孔子讲的是封建制下的"礼"，与专制主义大一统的君权很不相同，封建制下视、听、言、动的"礼制"性地"尊君"与专制集权主义"大一统"的政治性地"尊君"也确实是大相径庭，形同天壤。

此时此刻，笔者想起了周予同先生在其《周予同经学史论著选集》的话："真的孔子死了，假的孔子在依着中国的经济组织、政治状态与学术思想的变迁而挨次出现。……汉武帝……采用董仲舒的建议……单独推尊孔子，至少是一位半真半假的孔子，决不是真的孔子。……倘使说到学术思想方面，那孔子的变迁就更多了。……历代学者误认个人的主观的孔子为客观的孔子。所以孔子虽是大家所知道的人物，但是大家所知道的孔子未必是真的孔子。"匡亚明先生在《孔子评传》中引用了上述周予同先生的论述之后，也说："我们还可以补充说，历代王朝在孔庙里供奉的孔子，都是假孔子或半真半假的孔子，决不是真孔子，决不是'布衣孔子'（'布衣'是指一般平民穿的衣服，这里即作'平民'解）的本来面貌。"①所以，吴于廑先生说："孔子主张尊君。"②实在是有一些误解。这是值得我们注意的。

① 匡亚明：《孔子评传》，南京大学出版社1990年版，第14—15页。
② 吴于廑：《士与古代封建制度之解体》，武汉大学出版社2012年版，第49页。

第二部分　儒家政治哲学洞悉

先秦儒家政治哲学再次崛起的必由之路

先秦儒家政治哲学思想是十分丰富的。中国先秦儒家的政治哲学思想并非完全创始于孔子。早在孔子之前，中国的政治哲学就有非常久远的历史，所以它的内容源远流长，具有深厚的民族文化传承性质。它是一种发源于遥远的上古时代，深深植根于我们民族的灵魂之中，形成于诸子百家著书立说，彼此诘难，逐步成长壮大起来的一种原创性的思想体系，也是在中国的历史文化史上已经产生，并且还将继续产生影响的一种自本自根的政治理论体系。即便是在国际形势风起云涌，各种信息层出不穷，西方各种政治理念无孔不入的今天，先秦儒家的政治哲学依然具有不容忽视的现代价值。

一 先秦儒学在中国历史上的曲折道路

众所周知，先秦儒家政治哲学的最大特点和基点在"正心诚意"基础之上的"修身"。发展到今天，社会状况已经发生了根本改变，如果从政治学的角度上来讲，把整套的理论体系完全建立在修身的基点上，毫无疑问是十分幼稚而且天真可笑的。古往今来的政治实践与政治理论已经反复地证明了这一点。但是，在中国先秦时期特定的经济条件下，自给自足的农业经济构成了当时人们彼此交往的特定环境和生活方式。生产力的发展状况，交通运输和信息传播的条件，都从很多方面说明了先秦儒家的"修身"理论，在当时实际上是一种非常行之有效的政治理论措施，孔子云："德之流行，速于置邮而传命。"（《孟子·公孙丑上》）在这个角度上来讲，"德者，得也"的诠释，可谓力透纸背，把先秦儒家学说的社会实用价值展现得相当透辟。我们不能不说，这种以"德"为中心的治国方略在当时是一种极端聪明、便捷、实效的做法。

无论如何，这一套理论虽然在先秦时期就已经受到了来自道家、墨家、法家，尤其是黄老道家等多个方面的批评和抨击，但同时，先秦儒家又从各个层面向这些学派汲取了很多有用的养分来改造、发展自己。我们应该承认，在中国先秦的各家各派中，儒家是一种涵摄性极端强大的学派，这是儒家在中国历史上长盛不衰的重要原因之一。我们应该认识到，先秦儒家哲学的这种独特的素质，为它在新的时期走向现代，走向现代的国家管理，奠定了强大的理论基础。

当然，这涵摄性同时也造成了历代统治者误读、篡改、扭曲儒家的理论缝隙和空间。秦汉以后，中国历代统治者虽然口口声声标榜孔子为"万世师表"，科举考试也完全是以儒家的四书五经取士，可是，完全信奉货真价实的儒家政治理论的统治者却寥寥无几。国学大师刘咸炘先生指出：

> 自汉以来，上下宗儒者，千数百年，如按其实，则非真也。治术惟缓急两端相乘，英君谊辟所用，非道家即法家。汉高、汉宣、明祖皆刑名；汉文、光武、宋太祖皆黄老也；惟汉武帝、唐太宗乃假儒术。武帝之伪儒，人皆诋之。太宗

则儒者所称，然实虚言多而实效少，且其根本已谬，于儒术不相容。二人实则科举之制。士之不毁孔孟者，徒以科举，故而阳尊阴叛。儒道足不明者，亦以科举。故二人者，功之首，罪之魁也。科举一废，孔孟遂为毁端。此无足怪也，欺人之术露，而久蓄之疑发也。疑乃伪之所致。伪破则真将显。（《推十书·中书·流风》）

在从事了多年的儒家哲学研究之后，笔者深以为，历代统治者打着儒家的旗号，却又不能行儒家之实的关键原因，并不在于儒家的政治哲学在其最高的旨趣上存在根本性的问题，而在于我们千百年来的政治家面对现实的时候不能不采取阳儒阴法的办法，在满足自己私欲的同时维持国家的安定团结，他们的问题出在以手段断送了目的，或者说儒家的政治理想被他们所采取的各种阳奉阴违的办法所淹没。对中国传统的士大夫来说，他们本来就是国家干部队伍的后备军，极少有现代意义上的自由思想、独立学术以及否定创新的精神。

儒家哲学最终之所以在中国的历史上逐步走向末路，主要是因为中国的政治家们没有远大的政治眼光，尤其是他们没有在中唐以后，在具体的政治管理制度层面，推行一套与时俱进的，能够把儒家政治哲学贯彻到底的行政制度。《周易·系辞传》说："日新之谓盛德，生生之谓易，成象之谓乾，效法之为坤，极数知来之谓占，通变之谓事，阴阳不测之谓神。夫易广矣，大矣，以言乎远则不御，以言乎迩则静而正，以言乎天地之间则备矣。"王安石变法失败的事实，正说明不是儒家哲学本身具有致命性的问题，而是中国的士大夫们因循守旧、因私废公的陋习使他们说的是一套，做的又是一套。恰恰是他们自己违背了原始儒家的根本精神，而导致了原始儒家的思想不能够真正落实贯彻。

现在，我们所面临的国际形势是，各种政治理论风起云涌，甚嚣尘上，儒家政治理论正好可以广泛吸纳世界上各种先进的理论以做强做大。既不丧失先秦原始儒家政治哲学自身的根本精神，又吸纳百川，"刚柔相摩，八卦相荡，鼓之以雷霆，润之以风雨"（《周易·系辞传》），使之完全现代化。先秦原始儒家政治理论是从中华民族原始母体中流淌出来的政治智慧，具有任何一种现代西方政治理论并不具备的肥沃土壤，因此，我们要善于吸取千百年来的儒学发展过程中取得的各种失败的教训和成功的经验，努力根据我们的生活方式和思维方式，以及国民性和民族性，创造出一种既不失原始儒家政治理论精神，又广泛吸纳世界各国政治理论精髓的政治理论。博采众长，融会贯通，建立一套现代化、新时代的儒家政治理论体系并不是没有可能的事情。

为什么这么说，笔者是有根本性的考虑的。在面对我们的经典的时候，只要我们有一颗真诚的、客观的心，就不可能不具有一种发自内心世界的、由衷的敬意。为什么？因为中国先秦时期的儒家经典实在是太伟大了。且看下面的引文：

> 天命之谓性，率性之谓道，修道之谓教。道也者，不可须臾离也，可离非道也。是故君子戒慎乎其所不睹，恐惧乎其所不闻。莫见乎隐，莫显乎微，故君子慎其独也。喜怒哀乐之未发，谓之中；发而皆中节，谓之和。中也者，天下之大本也；和也者，天下之达道也。致中和，天地位焉，万物育焉。（《礼记·中庸》）

这段文字，以人的正心诚意为核心，从人之所以为人的神性、不可替代性、独立性、创造性，性情修养、人格修养、终极关怀，以及个人与群体的关系，在天的面前人人平等的政治人权理念，到政府行政管理的终极目标等各个方面，都有极其深刻的表达。笔者深信，孔子、曾子、子思子、孟子等儒家先贤，绝对认为他们已经探求到了这个世界的终极真理。因为我们在阅读这段文字的时候，依然不能不唤发起我们由衷的理论认同。这就是我们文化自信的根本来源。①

我们知道，任何一种西方先进的政治理论模式，都是相关的经典作家经过长时间的探索和研究而形成的理论体系，往往都有十分科学的思想逻辑，但是，他们思想的土壤不是我们民族的生活方式和思维方式，与我们的传统文化具有十分遥远的距离。全盘西化的路子至少在近三百年的中国是行不通的。即便是通过强有力的行政手段来贯彻实施，也一定会花样百出，漏洞百出，问题多多。之所以如此，主要是因为西方的政治理论在中国没有赖以存活的土壤，没有水乳交融的文化传统。中东地区的政治冲突，南美地区的各种丑闻，特别是东南亚广大地区的选举闹剧，已经一而再、再而三地告诉我们，如果目前的中国突然一下子实现了西方的民主制，那么，带给中国人民的绝对是一场空前的灾难。笔者的意思不是说民主政治与中国传统的政治哲学理论风马牛不相及，更不是说中国人民天生就是专制主义的奴仆，笔者的意思只是在说，中国现代民主政治的建设，一定要与中国文化本身的更新与改造互为表里，一定要与文化土壤的更新为前提。

电子时代的来临，各种检索手段的方便快捷，尤其是新近出

---

① 详细论述参见欧阳祯人《从〈周易〉的角度看〈保训〉〈中庸〉的"中"》，《深圳大学学报》2013年第3期。

土的大量简帛文献，为我们进一步了解先秦原始儒家政治哲学的生存环境和理论真相提供了前所未有的条件。原始儒家的政治哲学理论理所当然应该开出一片新的境界来。在研究先秦原始儒家政治哲学的时候，我们有三个至关重要的基本前提：

首先，先秦原始儒学的研究不可能不恰当地学习、吸收秦汉以后的思想资源和研究方法。但是，我们同时也必须把先秦布衣孔子、孟子的理论与秦汉以后的专制主义儒学彻底地区分开来，尤其是要密切注意他们之间的理论紧张。中国台湾学者黄俊杰先生指出："中国儒家的经典如《论语》、《孟子》皆成书于大一统帝国形成之前，因此《论语》、《孟子》书中所呈现的政治思想，基本上是一套封建制度已崩而未溃、政治局面处于多元化的时代的价值体系。但诠释这些经典的儒者，都是生活在大一统帝国一元化的政治格局之下的人物，而且有些人还是帝国的官员。这种时代背景的差距，使经典注释者的'自我'分化而为二，并处于紧张的状态中：（1）经典诠释者之作为经书价值的传承者；（2）经典诠释者之作为大一统帝国的臣民。"①这两个紧张实际上经常是裹挟在一起的，要随时地做到火眼金睛，并不是一件容易的事情，需要我们在专制与民主之间、自由与奴役之间、因循守旧与否定革新之间保持清醒的头脑。

其次，中国的经学发展历史是一个不断脱离先秦原始儒家思想精义的过程，而且越走越远。诚如刘咸炘先生所说，汉代以后的历代儒家，皆失原始儒家的真正精神，其表现形式为拘儒、杂儒、媚儒、文儒、夸儒、褊儒等，可谓层出不穷。说它们

---

① 黄俊杰：《孟学思想史》（卷二），台北："中央研究院"中国文哲研究所筹备处 1997 年版，第 64 页。

"伪"，是因为它们"得儒之严而失儒之大"，丧失了原始儒家的真正精神；说它们"俗"，是因为"达者之希世保位，穷者之随风慕禄"，本来就别有所图（参见《推十书·中书·流风》）。五四时期之所以"打倒孔家店"的大旗呈摧枯拉朽之势，破四旧立四新，并且成为至今都贻害无穷的运动，关键问题就在于原始儒家已经成了几千年的专制主义集权制度草菅人命、大刮民脂民膏的替罪羊。所以，现代的儒家政治哲学研究，就是要在彻底清除包括原始儒家哲学本身存在的一切专制主义毒素的前提下，广泛吸纳现代政治理论的各种精华，坚持先秦原始儒家的醇儒精义，使代表中华民族思想主题的儒家政治哲学思想精华得以重现光明。

最后，现代的任何研究都必须是世界性的。现代儒学的研究就更是要走世界化的道路。除此之外的任何一条道路都是死路，都是往而不返的不归路。笔者的意思是，世界上任何经得起历史检验的理论都是在追求真善美的终极目标。也正因为如此，先秦原始儒学就有了与世界上各种思想流派进行广泛对话的共同基点。也就是说，儒家思想的真谛是不能抛弃的，原始儒家的人民性、独立性、自由性、审美性以及天人合一、合外内之道等众多价值观念是不能抛弃的，否则我们就没有了立足的根本。但是，我们一定要博采众长，在广泛比较的前提下展开学术研究，从而建立新时代的儒家政治哲学理论体系。

二　先秦儒家政治哲学不可撼动的永恒理念

诚如上文所表述的，先秦儒家政治哲学的最大特点和基点在"正心诚意"基础之上的"修身"。这一点，不论在什么时代，什么地域、国度，或者在什么制度之下，都是不可或缺的政治基因。正是在这样一个原点上，儒家的政治哲学理论从各个层面释放出了令人敬仰的闪光思想。它从人之所以为人的神性、不可替代性、独立性、创造性、性情修养、人格修养、终极关怀，以及个人与群体的关系，在天的面前人人平等的政治人权理念，政府行政管理的终极目标等多个方面打造了坚实的理论基础，这是我们当代的有些人文学者有所忽视的事实。

因此，在这里笔者有必要作一简要的表述：

其一，"修身"理论的根本价值在于解决了人之所以为人的"天爵"之尊，它从根本上确定了人生而平等的思想。孔子"有教无类"的思想是建立在"性相近也，习相远也"的人性论基础之上的，就像孟子的"仁政"理论完全是建立在"善端论"基础之上的一样。"善端论"从现代西方民主政治的角度上来讲十分幼稚可笑，可是，如果从中国古代自给自足的小农经济来讲，它又确实是中国数千年政治理论的人性论基础，而且发挥过巨大的积极作用。在当今的社会里，"善端论"也是以"性恶论"为出发点的现代政治理论中诚信社会赖以建立的一个重要基础。尤其是站在人学的角度上来讲，"善端论"虽然没有直接将"人权"这个名词运用进去，但是，西方理论许许多多相关的"人权"思想却是包含在善端论之中的。比方说，原始儒家的禅让制理论的基础就是"人皆可以为尧舜"；后代的科举考试本身的优劣有许多争论，但是它为广大平民百姓的参与国家管理敞开了任何其他国家都没有敞开过的大门。孔子与孟子从来都是把一切政治理念建立在关心民生疾苦之上的，而且，在中国历史上，从来没有出现过西方政治史上所谓"奴隶"制的社会现实。

孟子曰：

> 庖有肥肉，厩有肥马，民有饥色，野有饿莩，此率兽而食人也。兽相食，且人恶之；为民父母，行政，不免于率兽而食人，恶在其为民父母也？仲尼曰："始作俑者，其无后乎！"为其象人而用之也。如之何其使斯民饥而死也。（《孟子·梁惠王上》）

连用模仿人的形体而制造的"俑"陪葬，孔子都深恶痛绝，就更不要说统治者"率兽而食人"了。孟子还有一段话更为深刻：

> 孟子谓齐宣王，曰："为巨室，则必使工师求大木。工师得大木，则王喜，以为能胜其任也。匠人斫而小之，则王怒，以为不胜其任矣。夫人幼而学之，壮而欲行之，王曰，'姑舍女所学而从我'，则何如？今有璞玉于此，虽万镒，必使玉人雕琢之。至于治国家，则曰'姑舍女所学而从我'，则何以异于教玉人雕琢玉哉？"（《孟子·梁惠王下》）

这就不仅仅只是"野有饿莩"的问题了，它涉及了人的精神世界何以独立的问题，涉及了政治体制何以设置的问题，更涉及了人的意志自由与国家权力的关系问题。如果我们对先秦原始儒家文献比较了解，就会发现其中隐含的深刻的以善端论为基础的人性思想在现代社会之中的积极意义。

其二，以修身为基点的儒家哲学理论解决了"何故以得为帝"，"何如可为民之父母"等政权的合法性问题。禅让制的根本立足点就在于掌握国家最高权力的"君主"是否在道德修养上达到了全社会道德楷模的高度。郭店楚简的《唐虞之道》一文一开头就说："尧舜之王，利天下而弗利也"（第1简），说的就是作为国家领导人的第一基本素质就是大公无私，完全不计任何个人得失，为广大人民谋福利。这篇文章的一个基本的论证逻辑是："必正其身，然后正世。"（第3简）国家领导人如果自己贪赃枉法，无所不用其极，就必然要引起全体国民的效仿，上梁不正下梁歪，其结果是极端恶劣的。在此基础之上，《唐虞之道》提出了作为一个国家领导的基本要求：

> 夫圣人上事天，教民有尊也；下事地，教民有新（亲）也；时事山川，教民有敬也；新（亲）事祖庙，教民孝也；太学之中，天子亲齿，教民弟也。先圣与后圣，考后而甄先，教民大顺之道也。（第4—6简）

国家的最高领导必须保证广大的人民随时拥有"尊""亲""敬""孝""悌"等各种基本品德，上事天，下事地，天人合一，合外内之道，此大顺之道也。因此该文又指出："禅也者，上德授贤之谓也。上德则天下有君而世明，授贤则民兴效而化乎道。不禅而能化民者，自生民未之有也。"（第20—21简）所以在先秦原始儒家看来，国家最高权的合法性来源是维持一个国家的广大人民诚信、和谐的关键。换言之，如果我们在建立现代政治理论的框架时，对这一最核心的问题视而不见，甚或避而不谈，那就是舍本逐末，缘木求鱼。

其三，仁、礼相依的原始儒家思想解决了政治权力与宗教信仰的互动关系。任何一个伟大的民族都不可能没有宗教。实际上，不论是孔子的"仁学"还是"礼学"，最高深的内容都是宗教。汉代以前的"仁"字，写作从身从心的上下结构，是一个身心互正、体察天道的宗教性词语。这个仁字与原始儒家的天命观是联系在一起的。先秦原始儒家的天命论，一开始在孔子那里就是立足于对上古天命观改造的基础之上的。先秦儒家哲学之所以浩瀚博大的根本原因就在于它具有一套非常深远的天命观思想。孔子的思路非常明确，他认为在这个世界上，"天"是我们人类一切行为准则的范本。人如果要做到与天的统一，就达到了至高的境界。因此只有尧、舜这样的圣人才有可能做到。孔子以尧、舜为人生的楷模，并非出于生而知之的蒙骗，而是以大圣先贤的样板为人们在宗教情怀上树立道德的楷模。所以孔子特别强调后天的学习，他是世界知名的一流大教育家，也正说明了他在这方面的思想具有巨大的合理性、普世性。在孔子之后的孟子、荀子比孔子说得更加明确："舜，何人也？予，何人也？有为者亦若是。"（《孟子·滕文公上》）"舜，人也；我，亦人也。""尧舜与人同耳。"（《孟子·离娄下》）荀子也说："凡人之性者，尧、舜之与桀、跖，其性一也；君子之与小人，其性一也。"（《荀子·性恶篇》）这种思想对中国的历史文化产生了深远的影响，陈胜、吴广的起义不就喊出过"王侯将相宁有种乎"的口号吗？中国历史文化的不断推进，与先秦儒家的天命观具有直接的关系。

其四，人之所以能够成为尧舜，在先秦儒家有一个非常深远的论证过程。他们认为"天命之谓性"，也就是说，人之所以为人的一切先天禀赋都是天赋予的，并没有后天阶级、门第、贫富差别的限制，因此是任何人都不能剥夺的天生权利。以此为基础，孔子提出了"有教无类"的重要思想。孔子认为，在后天的成长过程中，只要本人认真学习，止于至善，洗心革面，不要反复地犯同样一种错误，时时刻刻反省自己，在道德上提升自己，以广大、高远、博厚的"天"作为人生的范本，他就可以成为我们景仰的尧舜。

其五，人之所以能够成为尧舜，关键在于"天"具有各种各样我们人类应该保持的优秀品德。孔子认为，天的最突出的品德就在于"诚"。所以，孟子说，人是秉承上天的"诚"而诞生的"赤子"，于是人的心就是"赤子之心"。在这颗赤子之心的基础上，修身养性，做到诚笃、诚实、诚恳、诚朴、诚挚、诚意，贯通天人，表里如一，一片赤诚，就可以参赞天地之化育，从而达到天人合一的境界。寓广大于细小之中，寓高远于凡俗之中，寓博厚于现实之中。这种即凡即圣的境界是一种道德的境界，也是一种宗教的境界，更是一种审美的境界。中国传统的音乐、诗歌、绘画、武术等各个方面都无不体现了这种天、地、人一以贯之的、超越的"诚"。这实在是传统中国人根本的人生准则。

其六，至为重要的是，先秦原始儒家将人定位为具有宗教性的精神灵长，是非常具有前瞻性的举措。人肯定不能完全堕落为物质的追求者，更不能把自己等同于完全没有任何超越性质、没有任何终极关怀的禽兽动物。人如果只是生产关系与生产力的总和，那么，人的性情就只能是偏枯、苍白的，并且充满了各种各样贪婪的兽欲。先秦原始儒家一方面保持了天的神秘性以及人对天、天命的敬畏之情，另一方面又纠正了此前夏、商、周三代许许多多在天命观上的错误认识，把天命观与人的性情涵养联系起来，把天命观与人的品格联系起来，把天命观与人的终极关怀联系起来，依山点石，实在是具有高超的理论智慧。

其七，由"修身"的基点出发，广泛讨论了知识分子的自由人格问题，进而讨论了知识的独立性和生活方式的多样性。原始儒家特别强调"养浩然之气"，强调善、信、美、大、圣、神的不同境界的追求。孔子说："志于道，据于德，依于仁，游于艺。"（《论语·述而》）孔子又说："兴于诗，立于礼，成于乐。"（《论语·泰伯》）都是在说人性的问题最终是一个审美的问题。"游于艺"之命题的根本创新在于一个"游"字上。固然，"游"的内容始终没有脱离"道""德""仁"等非艺术性的因素，但是它们始终以一种艺术的形式愉悦着主体的性情。"志于道，据于德，依于仁"之道、德、仁本来就是"游于艺"的"依据"，没有"道""德""仁"，"艺"就无法"孤立地"去"游"。然而，"游"与"成于乐"的"成"一样，毕竟都是一种艺术人生的存有方式，更是一种人生理想的自由境界。由于孔子之道与德具有天道的背景，仁的美德也具有形而上的层面，是宇宙精神之大化流行的人道体现，因此致使这种落实在审美活动中的"游"，与自然美的境界彼此渗透，具有通天地鬼神的特殊作用，把山水性灵的自然之美、艺术境界之美以及道德信仰之美都融会在人性境界之中了。值得注意的是，孔子的"游于艺"，实际上还包括各种对社会有贡献，对自己是一种人生享受的技能、技术。孔子说："知之者不如好之者，好之者不如乐之者。"（《论语·雍也》）就是这一思想的名言，它说明了孔子十分注重人性、人格的成长与科学知识的关系。

其八，"一阴一阳之谓道"与孝道、妇女观以及政治制衡论具有深刻的内在关联。孝道的本质是"爱"。在专制社会里，人们把孝道单方面规定为晚辈对长辈的孝敬，把政治体制描述成了上级对下级的绝对领导甚至宰制。这是片面的。笔者认为，在原始儒家的思想中，孝道应该是父母的"慈祥"与晚辈的"孝敬"的互动。郭店楚简《六德》"父圣子仁，夫智妇信，君义臣忠"的思想正说明了笔者的推理。妇女问题、政治制衡问题，都会涉及"一阴一阳"的互动问题,它保证了中国社会的长期稳定和文化的涵摄性和包容性。《易经》的六十四卦,把乾卦和坤卦列为六十四卦之门,充分说明了原始儒家在根本的理论体系上对妇女的重视,现代中国妇女的社会地位比较高,也说明了中国妇女的传统地位比其他国家妇女的传统地位高得多。汉代以后,妇女地位的每况愈下,她们所经受的各种社会的不公在根本上是因为受到了专制主义者的蓄意迫害。专制主义者把父权、夫权与君权统一起来的根本目的,是稳定他们的铁桶江山。

由修身出发可以广泛建立和谐、诚信的社会人际关系。郭店楚简《成之闻之》写道:"天降大常,以理人伦。制为君臣之义,著为父子之亲,分为夫妇之辨。是故小人乱天常以逆大道,君子治人伦以顺天德。"(第31—33简)由于"人伦"直接来自"天常",所以君臣、父子、夫妇的关系都是神圣化的关系,是天经地义的"天常"投射,所以是神圣不可侵犯的。但是,"六职"还必须以"天常"为皈依:"君子慎六位以祀天常。"(《成之闻之》第40简)一个"祀"字,神韵全出。换言之,在一个没有现代哲学的理性支持、没有三权分立,彼此监督的社会里,唯一能够保证"父圣子仁,夫智妇信,君义臣忠"不会动摇的办法就是依托于宗教信仰。在古代,宗教毕竟是唯一能够维系社会的绳索。天常,就是大常。就是天命、天道,就是宇宙间生生不息的大化流行。作者很清楚,没有来自宗教层面对心志的威慑,没有蕴含着恐惧和信仰的宗教情感,没有对道义的热忱追求,"使民相亲"的政治目的是不可能终极性地达到目标的。

其九,礼治的建立是社会各得其所,回归天然伦常的必由之路。孔子讲"克己复礼"为"仁"。"一日克己复礼,天下归仁焉。"每一个人在社会上都应该首先尽自己的本分。你是祖父、父亲、儿子、母亲，就应该尽到你们各自责任，郭店楚简《六德》，专门讨论父子、夫妇、君臣的互动关系。由父与子、夫与妇推而广之，到"君"与"臣"，就是国家的官员，总理、部长、厅长、省长、县长，都应该各尽本分。落实到我们现代的社会，也就是各行各业的各种职员（包括清洁工、售货员、看门人、工人、农民等），都应该首先把自己分内的事情做好。没有每一个国民的恪尽职守，就不可能出现现代经济的真正腾飞，就不可能有我们中华民族的未来。孔子关于"修身"理论的出发点是"己立立人，己达达人"，"己所不欲，勿施于人"。这就是"礼"的灵魂。这是现代社会各种交际关系应该绝对遵守的一条黄金规则。首先他要求每一个人把自己的事情做好，不怨天，不尤人，每天要"三省吾身"，然后再去要求别人。在各种社会关系中首先不是要求别人做到什么，而是要求自己做到什么。只要我们每个人首先把自己的事情做好，其他的事情就好办了。当然，这需要强有力的制度保证，否则就为一些窃国者提供了偷梁换柱的空间。

其十，天人合一的宇宙观——道，是人类各种学说的基础。我们人类的发展历程就是不断向自由的迈进。我们只是宇宙的一部分，而宇宙又只是"道"的一部分，相对于宇宙而言，我们每一个人都渺小得微不足道；相对于"道"而言，我们任何人的任何巨大成就都只是"道"的一部分。孔子云："朝闻道，夕死可矣。"也就是说，我们要为一个崇高的真理、崇高的目标而生活。做人要有底线，人际关系要有底线，做人做事都要有底线，这道底线就是原始儒家的"道"。儒家的"道"，是现代社会一切科学知识的终极境界，它涵容了一切领域与学科，是我们返本开新、奋斗创新、走向未来的前提和基础。不论是《论语》《孟子》还是《大学》《中庸》，就其哲学底蕴来讲，都是以天道为背景的，它们把人之所以为人的根本精神都置于天人之际，由此而使我们每一个人活得有尊严，活得有底线。我们的性情世界也因此而变得空明澄澈，海阔天空，具有无限博厚、高明、悠久的精神空间。尤其是，它们树立起了人的终极关怀天道背景，从形而上的层面展现了人的至高无上性。

不过，话要说回来，先秦原始儒家作为一种意识形态，一种管理国家的理念，无论如何已经成为过去，它毕竟是明日黄花。它完全不可能取现代任何的政治理论思想而代之，因为它所依赖的社会经济基础已经消失了。但是，它是我们现代政治生活中的一种资源。这种资源十分重要，以至于它与我们的民族精神休戚相关，甚至完全不可或缺。所以，我们不能不正视它在现代社会中的价值和作用。在目前的国际国内的形势下，只有立足于先秦儒家的人学理念和政治理念，全面学习、涵化全世界优秀的政治理念，融会贯通，负阴而抱阳，充气以为和，建立一种全新的、涵容中西文化精华的、适合中国历史文化现实的当代中国政治体系，才是我们走向世界强国之林的必由之路。

先秦儒学是中国历代农民
起义的理论依据

在《十批判书》中，郭沫若先生对"孔子是袒护乱党，而墨子是反对乱党的人"的事实进行了系统的资料梳理，通过对各种文献的挖掘，披露了一系列孔子及其门徒"以下犯上"的蛛丝马迹。①到了《孟子》一书，完全形成了一套富有内在机制的理论，提出了"君有大过则谏；反复之而不听，则易位"（《孟子·万章下》）的政治思想，这是众所周知的。孟子的理论是对孔子的继承和发展，从孔子到孟子，原始儒家都是反对不义战争的，但是，对于推翻独夫民贼的战争从来都是支持的。笔者认为，对这个问题的探究，不仅可以使我们进一步了解先秦儒家政治理论的实质，进一步认识中国历代农民起义的理论原动力，而且也为我们当今的政治理论建设提供了一个重要的借鉴。

一 孔子是有政治抱负的人

根据《论语》我们知道，孔子是一位十分尊重"礼"，强调"礼"的思想家。他对颜渊说："一日克己复礼，天下归仁焉"，

① 郭沫若：《十批判书》，东方出版社1996年版，第78页。

并且强调"非礼勿视，非礼勿听，非礼勿言，非礼勿动"（《颜渊》）。同样是在《颜渊》篇中，《论语》记载了齐景公问政于孔子，孔子的回答是："君君、臣臣、父父、子子。"足见孔子是极端重视君臣父子的尊卑长幼秩序的，也是同样重视社会的和谐安定的。但是，孔子为什么又要袒护乱党呢？这无论如何是一个饶有兴味的问题。

我们知道，孔子的政治哲学核心是"德政"。孔子说："为政以德，譬如北辰，居其所而众星共之。"（《论语·为政》）他培养学生的理念就是要让学生当官，去管理国计民生，去做大人。他说得很清楚："学而优则仕。"（《论语·子张》）孔子认为，国家的领导人在才能上，在德性上，都应该是全国人民的表率。因此，孔子讲："举直错诸枉，则民服；举枉错诸直，则民不服。"（《论语·为政》）毫无疑问，"举直"与"举枉"的这段表述，在当时的历史环境下，实际上隐含着尖锐的矛盾对立。

也就是说，孔子所面对的时代。是"暴君代作，壤宫室以为污池，民无所安息；弃田以为园囿，使民不得衣食。邪说暴行又作，园囿、污地、沛泽多而禽兽至。及纣之身，天下又大乱"的时代，也是"世衰道微，邪说暴行有作，臣弑其君者有之，子弑其父者有之"（《孟子·滕文公下》）的时代。礼崩乐坏，君不君，臣不臣，父不父，子不子是这个时代最大的特征。各个国家的领导人，完全是依靠强权和武力，强取豪夺，攻城略地，满足自己的私欲。国家的权力一旦被据为己有，就会世代家传，永远都不会松手。不会松手的原因一般来说，不外有以下三个。

第一，国君的权力是通过武装暴行夺得的，在夺取权力的同时，国君已经树敌于异党。这种敌我矛盾是你死我活的，所以他在任何时候都不会放弃国家的权力，因为放弃权力就等于死亡。

第二，国家权力之所以值得国君及其帮凶冒着枪林弹雨拼命夺取，关键在于国家的权力太大，太富诱惑力，雕梁画栋，珍珠玉宝，山珍海味，美女妻妾，骄奢淫逸，纸醉金迷，极大地满足了他们的私欲。

第三，正是出于上述原因，结党营私，朋比为奸，敲剥天下，与人民为敌，就构成了这种政治体制的必然。因此，家天下的绝对心态是这种专治政体派生出来的必然结果。

在这样的政治体制下，怎么可能做到"学而优则仕"？怎么可能做到"举直错诸枉"？面对这样的时代，我们可以试想一下孔子的心理。在学堂里，孔子每天面对自己的学生大讲"为政以德，譬如北辰，居其所而众星共之"的社会政治理想，走出校门，看到的却是广大的人民置身于"倒悬"之苦中遭受着各种煎熬。在自己的学生不断毕业，不断地走向政坛的过程中，反馈回来的各种现实政治信息，会对孔子产生什么样的影响呢？

众所周知，孔子是一位历史文化传承使命的承担者，但同时，他更是一位极富政治抱负的思想家。当他的学生不断地走向政坛，拥有了一定的权位之后，孔子就有可能从书斋走向现实。因此，如果说《墨子》指责孔子"深虑同谋以奉贼，劳思尽知以行邪，劝下乱上，教臣杀君，非贤人之行也；人人之国而与人之贼，非义之类也；知人不忠，趣之为乱，非仁义也"（《非儒下》）[1] 尚且带有学派偏见的话，那么下面《论语·阳货》中

---

① 郭沫若先生认为《墨子·非儒下》"孔某所行，心术所至也。其徒属弟子皆效孔某。子贡、季路辅孔悝乱乎卫，阳货乱乎齐，佛肸以中牟叛，漆雕刑残，莫大焉！夫为弟子后生，其师，必修其言，法其行，力不足，知弗及而后已。今孔某之行如此，儒士则可以疑矣"一段，是墨子揭示了孔子的真相。

的记载却是铁证如山：

> 公山弗扰以费畔，召，子欲往。子路不说，曰："末之
> 也已，何必公山氏之之也？"子曰："夫召我者而岂徒哉？
> 如有用我者，吾其为东周乎？"

> 佛肸召，子欲往。子路曰："昔者由也闻诸夫子曰：'亲
> 于其身为不善者，君子不入也。'佛肸以中牟畔，子之往
> 也，如之何？"子曰："然。有是言也。不曰坚乎，磨而不
> 磷；不曰白乎，涅而不缁。吾岂匏瓜也哉？焉能系而不
> 食？"

"公山弗扰以费叛"这段记载是十分珍贵的。因为它不仅说明了孔子"从道不从君"的政治态度，而且说明了孔子相信，人之所以为人者都有趋善之心。因此，只要有国君敢于"用我"，我就可以化腐朽为神奇！"吾其为东周乎"是一个反问句，意思是："言如有用我，则必兴起西周之盛，而肯复为东周之衰乎？"①这充分显示了孔子的人生追求就是要通过自己的政治实践实现西周礼乐交融、德礼相依的政治理想。

第二段记载就更重要了。《左传》载："赵鞅伐卫，范氏之故也，遂围中牟。"也就是说，赵氏与范氏为敌，卫国帮助范氏，所以赵鞅讨伐卫国，并且因为中牟叛晋的原因包围了中牟。"佛肸"是晋国范氏的家臣。《左传》"中牟叛晋"的史实，就是《论语》"佛肸以中牟叛"的故事。在《论语》的这段话中，孔子急于参与现实政治的态度昭然若揭，以至于引起子路的反感。

---

① 程树德：《论语集释》（四），中华书局 1990 年版，第 1195 页。

　　我们都清楚，子路是孔子的学生，子路的反感态度实际上就是孔子在过去正常的讲学中教授给子路的思想。由此我们可以推测，在这两件事情发生的时候，子路的思想还停留在过去孔子讲学时候的讲义之中，而孔子本身的思想已经大为发展。在黑暗的现实面前，孔子与子路的态度已经很不相同，孔子的现实担当感要比子路强烈得多。在"佛肸召，子欲往"的这段话中，我们可以从两个方面解析孔子：第一个方面是，孔子坚信自己品德高尚，不仅不会被人污染，而且一定能够凭借自己的道德力量感化周围的人；第二个方面是，我们已经看到了孔子看到自己的政治理想非常难以得到实现，"吾岂匏瓜也哉？焉能系而不食？"积极用世的态度简直迫不及待了。

　　但是，孔子是一个孤独者！连贴身的及门弟子子路都不能理解他，还能指望谁能够理解他呢？孔子的哀叹是相当凄婉的："谁能出不由户？何莫由斯道也？"（《论语·雍也》）这就是后来孟子瞧不起孔子身边的得意弟子的根本原因之一，因为孟子认为，只有他自己才真正继承了孔子的思想。不过，话要说回来，通过一些重要的事件，孔子最终是把子路争取过来了的。《论语》记载得十分明确：

　　　　子路问事君。子曰："勿欺也，而犯之。"（《论语·宪问》）

对孔子的话，杨伯峻先生的翻译是："不要阳奉阴违地欺骗他，却可以当面触犯他。"①这是孔子明确教育子路抗议直言的明证。

---

　　① 杨伯峻译著：《论语译著》，中华书局1980年版，第154页。

最后子路在卫国做官，却参与了"孔悝乱乎卫"的重大政治事件。这件事情发生在孔子去世的前一年，也就是鲁哀公十五年。《庄子》对此记载得很直截："子路欲杀卫君而事不成，身菹于卫东门之上。"（《庄子·盗跖》）消息传来孔子十分伤心，把正在炖的肉都倒了，悲叹道："噫！天祝予！"（《公羊传·哀公十四年》）祝，就是砍断的意思。这起政治事件对孔子的打击是非常大的，《史记·孔子世家》的记载非常有意思：

> 子曰："弗乎弗乎，君子病没世而名不称焉。吾道不行矣，吾何以自见于后世哉？"乃因史记作《春秋》，上至隐公，下讫哀公十四年，十二公。据鲁，亲周，故殷，运之三代。约其文辞而指博。故吴楚之君自称王，而《春秋》贬之曰"子"；践土之会实召周天子，而《春秋》讳之曰"天王狩于河阳"：推此类以绳当世。贬损之义，后有王者举而开之。《春秋》之义行，则天下乱臣贼子惧焉。
>
> 孔子在位听讼，文辞有可与人共者，弗独有也。至于为《春秋》，笔则笔，削则削，子夏之徒不能赞一辞。弟子受《春秋》，孔子曰："后世知丘者以《春秋》，而罪丘者亦以《春秋》。"
>
> 明岁，子路死于卫。孔子病，子贡请见。孔子方负杖逍遥于门，曰："赐，汝来何其晚也？"孔子因叹，歌曰："太山坏乎！梁柱摧乎！哲人萎乎！"因以涕下。谓子贡曰："天下无道久矣，莫能宗予。夏人殡于东阶，周人于西阶，殷人两柱间。昨暮予梦坐奠两柱之间，予始殷人也。"后七日卒。①

---

① 司马迁：《史记·孔子世家》，中华书局1959年版，第1943—1944页。

这起政治事件发生在孔子去世的前夕，司马迁把孔子"弗乎弗乎，君子病没世而名不称焉。吾道不行矣，吾何以自见于后世哉"的哀叹与"子路死于卫"联系在一起，又将"没世而名不称"与《春秋》联系在一起，尤其是将"子路死于卫"与"孔子病"直接挂钩，其中的关系是耐人寻味的。

孔子"支持乱党"，毫无疑问是铁证如山的事情。不过，历史是以成败论英雄的。如果造反成功了，那就是商汤、周文王、周武王；如果没有成功，就成了"乱党"。但究其实，其推翻"黑暗"政府的实质却是一样的。所以，郭沫若先生称孔子"支持乱党"，除了能够说明孔子发动"替天行道"的壮举没有取得现实的成功，现实的组织才能较差以外，不能说明任何其他问题。

二 孟子的变置理论

最近出土的楚简文献展示了先秦原始儒家对国家政权的合法性等问题都曾进行过深入思考的事实。郭店楚简的《唐虞之道》说："唐虞之道，禅而不传。尧舜之王，利天下而弗利也。"（第1简）禅让制产生的国君心中只有天下的黎民百姓而没有他自己的私利。又说："禅也者上德授贤之谓也。上德则天下有君而世明，授贤则民兴效而化乎道。不禅而能化民者，自生民未之有也。"（第20—21简）把禅让制与人民的精神状态联系起来，把国家权力的平稳移交与广大人民的诚信和谐联系起来，阐述了国家权力的公正性问题是国计民生的根本保障，更是整个国家的人文精神赖以建立的根本保障。

在上博简中，同样性质的问题在《子羔》《容成氏》《民之父母》等篇章中都有系统的讨论。《民之父母》提出了"何如斯可为民之父母"的问题；《子羔》直接提出了"何故以得为帝"，问题就更加尖锐；《容成氏》也通过由禅而传的历史演变表达了国家权力"不授其子而授其贤，其德酋清，而上爱下，而一其志，而寝其兵，而官其才"（第1—2简）的政治理想。不过，在攻城略地、杀人盈野的战国时期，这当然只是一种梦想。

《容成氏》最为可贵的并不是寄托了这样一种梦想，而是给我们描述了人类社会不得不采取汤武革命的形式推翻桀纣的残暴统治的历史进程。儒家清醒地看到，"食色，性也"，是人之所以为人的一种天性。当这种原初的欲望被推向极端，表现在对国家权力的争夺的时候，人就会把他的兽欲展现得淋漓尽致。"启"攻"益"是这样，桀纣暴行，也是这样。汤武革命是历史的必然。

笔者以为，不论是郭店楚墓竹简中的《唐虞之道》，还是上博简中的《子羔》《容成氏》《民之父母》，都是孔子"为政以德"的思想继续。它们从某种程度上反映了孔子与孟子之间儒家政治哲学思想的发展走向。我们可以完全相信，没有孔子，就不可能有《唐虞之道》《容成氏》之类的文章，没有《唐虞之道》《容成氏》等文章承前启后的推动、启发，也就不可能有孟子等相关思想家对孔子的根本性超拔和提升。

孟子通过善恶之辨、义利之辨和王霸之辨的三个论题多层面地讨论了他的性善论、自由论、民本思想和仁政学说等重大问题，为中国古代的人文价值、社会结构和政治模式奠定了重要的理论基础，对中国文化的主流产生了重大的影响。但是，笔者认为，与此同时，孟子还配套地设置了一套社会调节机制，把生活在水深火热之中的人民起义战争视为推翻残暴统治的唯一手段。

由于专制君权从根本上来讲并没有真正经得起实际验证的合法性，更没有能够落到实处的分权机制、监督机制和司法机制，所以，孟子关于以均贫富为中心的"变置"暴政的理论也就自然而然地成为中国历代农民起义的理论依据，孟子本人也由此而成为中国历代农民起义理论的奠基人。

于是，孟子对国家权力的移交问题进行了更进一步的探讨。孟子在《孟子·万章上》中详细讨论了君权的来源和合法性问题。他认为，传说中的禅让制和现实中的父传子都是"天命"的结果："天与贤，则与贤；天与子，则与子"，"皆天也，非人之所能为也"。因此，尧舜禹之有天下，与益、伊尹、周公、孔子之不有天下，都是天意。"莫之为而为者，天也；莫之致而至者，命也"，"唐虞禅，夏后殷周继，其义一也"。猛一看，这些表述似乎都落入了天命观的窠臼，但是，从《孟子》一书的整体思想来看，他的"天命"实际上是指的民心向背："天视自我民视，天听自我民听"。人民的意志最终要代表"天"的意志。用我们现在的话语来讲，就是只有人民才是国家的主人，政府的权力只有居住在那个国家的人民才有最终赋予权。换言之，孟子的意思是，得民心者得天下，不论是"天与贤"还是"父传子"。

这种一切权力皆归于天的说法，是孟子针对当时春秋战国的政治现实所做出的一个不得已的解释，也受到了当时生产力发展水平的局限。为了这样的一个勉强的解释，孟子实际上还有两个重要的补救措施，第一，他十分强调君主的心性、道德修养。他认为"匹夫而有天下者，德必若尧舜"（《孟子·万章上》）。也就是希望君主们在没有获得国家的权力和已经掌握国家的权力之后，都要勤勤恳恳为全国的官员和民众做出道德上的表率。"得道者多助，失道者寡助。寡助之至，亲戚畔之；多助之至，天下顺之"（《孟子·公孙丑下》），《孟子》中有大量篇幅告诫君主们要恪尽职守，视民如伤。第二，如果这些君主贪得无厌，连年发动掠夺性战争，草菅人命，或者流连荒亡，醉生梦死，不关心人民的苦难，就会最终导致人神共愤、天诛地灭的下场。当此之际，周文王、周武王式的圣主，就会为民请命，"一怒而安天下之民"："南面而征，北夷怨；东面而征，西夷怨，曰：'奚为后我？'"（《孟子·尽心下》）

所以，孟子的所谓"天命"，实际上涵盖了两个方面，一个是君主在没有获得君权之前，有一个民意的积累过程；另一个是君主获得君权之后，也同样受到人民的监督："民为贵，社稷次之，君为轻。是故得乎丘民而为天子，得乎天子为诸侯，得乎诸侯为大夫。诸侯危社稷，则变置。牺牲既成，粢盛既絜，祭祀以时，然而旱干水溢，则变置社稷。"（《孟子·尽心下》）变置诸侯、变置社稷的思路中实际上隐含着变置"天子"的指向。人民的利益高于一切，是《孟子》最深沉的主题。只要一翻开《孟子》，我们就会发现孟子整个的理论都是想要改变春秋战国时期各国诸侯在无穷的贪欲诱导下"争地以战，杀人盈野；争城以战，杀人盈城"（《孟子·离娄上》）的混乱局面，他主张性善论、倡导与民同乐、为仁政的理想到处奔走呼号，都莫不是为了解决这一极端突出的问题。在孟子看来，当君主昏聩无能或草菅人命，并与人民的利益发生尖锐冲突的时候，"变置"的对象只能是君主。

本来，古往今来，没有哪位仁人志士是不反对以杀人为手段的战争的。孟子为了反对战争，在经济上设置了"井田制"作为仁政的"经界"之始，就是想在平等、和睦的社会环境下，限制人们的贪欲。可是谁有这个权威来给每一位黎民百姓划分这个至关重要的"经界"并充当大众的裁判呢？在《孟子》的文本中当然是尧、舜、商汤、周文王、周武王这种"圣王"才有这个资格。但是，不论是先秦时期商汤、文武的后代，还是后代刘邦、朱元璋的后代，最终都因为统治者的逐步堕落而走向了人民的反面，成为敲剥人民血汗的"民贼"！在这样的情况下，生活在水深火热之中，深受"倒悬"之苦的人民，在饿殍遍野、投告无门的困境中就会起来反抗。孟子并不认为这种反抗的斗争与叛逆有关，"闻诛一夫纣矣，未闻弑君也"（《孟子·梁惠王下》）。这是孟子通过经济和道德教化的途径之后，号召人民推翻暴君的统治，解除黎民百姓"倒悬"之苦的最后手段。在独夫民贼面前，战争是不可避免的。

但是问题还在于，孟子将"天与贤"和"父传子"而得到的君权都视为合法的观点，在中国此后的专制集权社会里，就合二为一，成了一件事：开国皇帝窃取农民起义的胜利果实之后，往往通过各种欺骗手段制造大量"真命天子"的征兆，使刚刚脱离苦海的人民误以为生逢盛世而一片欢歌笑语；开国皇帝的子子孙孙凭借祖宗的余威，故意无视所谓开国皇帝的江山同样是广大人民用累累尸骨换来的事实，而偷梁换柱、坐享其成。众所周知，篡夺农民起义成果的刘邦除了武功以外，其合法性很成问题，在司马迁的笔下他本来是一个流氓；真正是农民起义首领出身的朱元璋在起义成功之后实际上建立了中国古代最专制、最黑暗的朝代。所以，凭借武力篡夺了君权的开国皇帝到底有多大程度的合法性，这本身就是一件有争议的事情；开国皇帝的子孙大多腐化堕落，窃取国家的权力而作威作福，就更不可能有丝毫的合法性。所以，历代君主在中国统治的事实早就已经证明了孟子关于"天与贤"和"父传子"观点的苍白无力。倒是中国历代风起云涌的农民起义，一次又一次地证明了孟子提出的"变置"理论在民不聊生、哀鸿遍野的时候往往会产生重大的作用。

孟子有关"变置"君权的理论是多层面的。首先，孟子认为所有的人都是"天降下民"，因而每一个人都有"赤子之心"，都内在地拥有上承于天的"善端"根源和精神背景，具有任何人都不能蔑视的生命权力和"天爵"（《孟子·告子上》）尊严，因此，人民有"变置"、起义的权利。其次，诸侯之间、国家之间的战争都是为了土地的兼并、财物的掠夺而爆发的不义战争。为了阻止这种灾难性的战争，孟子设置了"井田制"的构想，试图通过土地均分的形式来达到经济上的均贫富和政治权力上的平等，从而限制人们的天生贪欲。这应该是后来历代农民起义领袖们提出的"均贫富"理论的出发点。再次，任何一个国家的主人始终都是广大的黎民百姓，任何一个政府的基本责任就是要让这个国家的人民过上幸福的生活，并且受到良好的教育。为此孟子提出了"民为贵，社稷次之，君为轻"的重要思想。这是农民起义运动在中国前赴后继、可歌可泣的理论动力。然后，孟子反对的是春秋以来诸侯之间的掠夺战争，而对于正义的战争却从来是不反对的。尤其是对反抗桀纣残暴统治的战争，孟子完全是大力支持的。对正义的战争，对推翻独夫民贼的战争，中国人民从来都是歌颂的。最后，孟子多次提出了"尧舜与人同耳"（《孟子·离娄下》）、"人皆可以为尧舜"（《孟子·告子下》）等重要的思想，为历代农民的反抗精神激起了"舍得一身剐，敢把皇帝拉下马"的坚强决心和意志。笔者深以为，"王侯将相宁有种乎"等农民起义军领袖的号召，深层次地来自孟子的人性思想、人格修养论，显示了孟子思想的深远影响。

第三部分 《孝经》的性质与演变

《孝经》——安邦定国的法宝

笔者认为，《孝经》根本性的哲学理论基础来自孔曾思孟。所以，理解《孝经》，首先必须要把它置放于孔曾思孟的理论体系之中去，必须把《孝经》与孔、曾、思、孟彻底结合起来，才能够有深入的洞悉。性善论是《孝经》的立论前提，也是性善论的完善与保障。也就是说，《孝经》就是要把孔曾思孟的政治哲学思想、宗教伦理思想落到实处。因此它的现实意义是非常重大的。《孝经》从天子、诸侯、卿大夫、士、庶人五个方面入手，讲我们每一个人的人生来源，讨论我们人之所以为人的大本大原，然后从三才、孝治、圣治等各个方面讲述"孝"的性质、特点和"以孝治国"的巨大好处。仔细研读《孝经》，我们不能不叹为观止，因为它确实是中国古代治国安邦的法宝。

一　天地之性人为贵

子曰："吾志在《春秋》，行在《孝经》。"（《孝经·钩命决》）这两句被历代注疏家所引用，也被李隆基所重视，足见它的重要。邢昺曰："言褒贬诸侯善恶，志在于《春秋》，人伦尊卑之行，在于《孝经》也。"（《十三经·孝经注疏》）"人伦尊卑之行"，其实就是指社会的行为规范，就是人伦日用的社会管理。它的目的，就是社会的长治久安："圣人因严以教敬，因亲以教爱。圣人之教不肃而成，其政不严而治。其所因者本也。"（《孝经·圣治章第九》）因为坚守了"孝"这个"本"，社会的方方面面都井井有条，顺理成章了。这个"本"在《孝经》中，就是"夫孝，德之本也"（《孝经·开宗明义章第一》）。但是，如果这个"本"字与《论语·学而》篇的"君子务本，本立而道生。孝弟也者，其为仁之本与"整合起来理解，那就深广多了。因为这样一来，这个"本"，就不仅仅是"德"之本，而且还是"人"之本了。

如果仔细研究《孝经》，我们就会深入地体会到《孝经》的人性关怀，人本关怀。《孝经》说得很清楚："天地之性人为贵。"（《孝经·圣治章》）人是最可宝贵的存在。但是人不能没有孝道："人之行莫大于孝"（《孝经·圣治章》），没有了孝道，人就不成其为人了。《孝经》的理路是"夫孝，天之经也，地之义也，民之行也"（《孝经·三才章》），是天经地义的事情，因此，在这个世界上，再也没有比"孝"更重要的事情了。

为什么这么重要？这是《孝经》背后的哲学问题。《孝经》曰"天地之性人为贵"的命题，就回答了这个问题。它与《礼记·礼运》"故人者，其天地之德，阴阳之交，鬼神之会，五行之秀气也"是一样的理路。在儒家的哲学体系中，人为什么可贵？与禽兽相比较，他到底有什么不同？答案的关键是他有天生善端、善性。用孟子的话来讲就是：

孟子曰："乃若其情，则可以为善矣，乃所谓善也。若夫为不善，非才之罪也。恻隐之心，人皆有之；羞恶之心，人皆有之；恭敬之心，人皆有之；是非之心，人皆有之。恻

隐之心，仁也；羞恶之心，义也；恭敬之心，礼也；是非之
心，智也。仁义礼智，非由外铄我也，我固有之也，弗思耳
矣。"（《孟子·告子上》）

这是孟子最著名的关于性善论的论断。这段话只有在孔曾思孟整
体理论的背景之中来讨论才能说清楚，它是专门谈善端、善性
的。在学术界，相关的论述已经很多了，这里毋庸赘言。但是，
我们必须要指出的是，引文的"情"字、"才"字都是指的人的
天生资质，先验性的良知良能，由此萌蘖生发，人就有恻隐之
心、羞恶之心、恭敬之心、是非之心。而这种"萌蘖生发"最
基本的途径就是孝悌之道。《孝经》认为，这是人的天性。因为
父母在我们的生命之中，我的身体就是列祖列宗、父母的遗体。
而且，父母是我们的第一任教师。孝悌之道的前提，是父母本身
有一颗"恻隐之心、羞恶之心、恭敬之心、是非之心"，是父母
的修身养德给孩子树立起来的榜样，是父母给予孩子的无边的爱
所激发起来的向善的勇气。《孝经》曰："是故先之以博爱，而
民莫遗弃亲。"（《孝经·三才章》）对于父母来讲，这种爱，是
孝子贤孙人性的自然显现，是他的人性在爱的环境激发之下展现
出来的人的善性，更是一个家族、一个家庭长治久安的必需。

　面对这样的父母，孩子不能没有孝悌之情。《孝经》引孔子
的话曰："孝子之事亲也，居则致其敬，养则致其乐，病则致其
忧，丧则致其哀，祭则致其严。五者备矣，然后能事亲。"（《孝
经·纪孝行章》）同样，是父母有如天地山川高远深厚的爱，激
发起儿子儿孙世世代代的孝悌之道，这同样是一种人性的自然呈
现。没有这种自然情感之人，就无法面对天地神明，无法面对兄
弟姐妹，更无法面对君臣父子夫妇朋友。因为他没有感恩之心，

没有敬畏之心，进而也就没有责任之心和对世界的奉献精神。最后，干一番事业，"立身行道，扬名于后世，以显父母"（《孝经·开宗明义章》）就会成为一句空话。在其生命的进程中，没有真正的爱、坚韧的精神和前进的动力，最后就将碌碌无为，草木一秋。

更为重要的是，《孝经》"天地之性人为贵"的根本要义，在于人之所以为人，在于尊严、幸福和人性的快乐，在于有内涵、有底蕴、有精神："教民亲爱，莫善于孝。教民礼顺，莫善于悌。移风易俗，莫善于乐。安上治民，莫善于礼。礼者，敬而已矣。故敬其父，则子悦。敬其兄，则弟悦。敬其君，则臣悦。敬一人而千万人悦：所敬者寡，而悦者众。此之谓要道也。"（《孝经·广要道章》）亲爱礼顺、孝敬欢愉，这是孝道的基础和目的。由我本人的修养导致的快乐，最终会因为我们每一个人都心怀敬意，而导致"千万人悦"。反过来由"千万人悦"，又进一步激发了我本人的"悦"。这是和谐世界的人性根基，更是幸福人生的社会环境。《孝经》还有更加深刻的表述：

> 子曰："君子之教以孝也，非家至而日见之也。教以孝，所以敬天下之为人父者也。教以悌，所以敬天下之为人兄者也。教以臣，所以敬天下之为人君者也。诗云：'恺悌君子，民之父母。'非至德，其孰能顺民如此其大者乎！"（《孝经·广至德章》）

《释诂》云："恺，乐。""悌，易。"由此而我们知道，"恺悌君子"，有两个基本意思，第一，快乐。第二，平易。这段经典的内在精神在于，君子的孝悌之道，不是每天素隐行怪、装模作样、标新立异，而是要平易和乐，以敬父母之心、敬兄弟姐妹之心，去面对天下苍生。从深层次的人性来讲，这段话展示的是一种"顺民""其大者"。笔者的理解是，这是一种肃穆的人性世界、静穆的性情世界和和乐的亲亲、尊贤世界。这是一种精英文化，更是一种人之所以为人的高贵精神、贵族精神。其骨子里是一种挺立的人格和刚正精神。《孝经》在其开宗明义第一章中就明确指出：

> 身体发肤，受之父母，不敢毁伤孝之始也。立身行道，扬名于后世，以显父母，孝之终也。夫孝，始于事亲，中于事君，终于立身。（《孝经·开宗明义章》）

因为这是置放在整个《孝经》最前面的内容，所以这一章不可等闲视之。它与我们自秦汉以后所理解的"孝道"之精神实质，是不一样的。"立身行道，扬名于后世"，成了整个《孝经》的根本思想。它与《大学》的"明明德"，《中庸》的"天命之谓性""致中和"（"致"，就是推而极之；"致中和"，就是对个体充分的尊重）完全一致，而且更进一步。人生只要为社会做出贡献，"立身行道"，使列祖列宗含笑于九泉，就是最高级别的"孝"、最终极的"孝"。所以，在孔圣人那里，没有丝毫的教条和后世的道学气，充满于他心胸之中的，只有仁爱慈悲的情怀。所以，从这个角度上来讲，《孝经》异常地重视人之所以为人的人格挺立和核心价值，因为没有这个基础，孝道也就失去了它的基本意义。

二　孝悌之至，通于神明

《孝经》的另一个理论基石，是它的宗教性。《孝经》的表述是这样的："子曰：'夫孝，天之经也，地之义也，民之行也。天地之经而民是则之，则天之明，因地之利，以顺天下。'"（《孝经·三才章》）"孝"是对天地精神的效法，是天经地义的事情，如果逆天而行，就是大逆不道，天下大乱之道。这是先秦儒家的基本思想之一。《大戴礼记·曾子大孝第二十五》曰："天之所生，地之所养，人为大矣。父母全而生之，子全而归之，可谓孝矣。不亏其体，可谓全矣。"孝，是人之所以为人的基本内涵，基本素质，基本职能，"故君子一举足不敢忘父母，一出言不敢忘父母。一举足不敢忘父母，故道而不径，舟而不游，不敢以先父母之遗体行殆也。一出言不敢忘父母，是故恶言不出于口，忿言不及于己。然后不辱其身，不忧其亲，则可谓孝矣"（《大戴礼记·曾子大孝第二十五》）。时时刻刻没有丝毫的懈怠，时时刻刻没有忘记自己生命的本源，时时刻刻拥有感恩之心、敬畏之心、责任之心和奉献精神，这才是人之所以为人者。所以，奉天之明，因地之利，以顺天下，无时无刻不深怀敬意。相对于其他经典来讲，《孝经》并不是很长，但是在一个不长文本中，"敬"字，凡 23 见。整个文本始终贯彻了一种"敬"的精神。这是"孝"道的心理前提。

这种心理的前提，其实还有更加崇高的来源：

> 子曰："天地之性人为贵。人之行，莫大于孝。孝莫大于严父，严父莫大于配天，则周公其人也。昔者周公郊祀后稷以配天，宗祀文王于明堂，以配上帝。"（《孝经·圣治章》）

这里的逻辑是，天地之间之所以人为贵，是因为我们有来源于

"严父"的血统。它源于列祖列宗筚路蓝缕、开启山林的奋斗精神，传承到此时此刻成为我们感受到的一脉相承的力量。这种力量使我们成为"配天""配上帝"的人。这就是在精神上具有无穷源泉的人。所以，人之所以为人，天之所生，地之所养，父母恩情，"续莫大焉"（《孝经·圣治章》）。在笔者看来，"续莫大焉"，并不仅仅指的是肉体上的传承、精神上的弘扬，更重要的还在于对自我生命根源的一种深度的认同，以及由此而萌生并坚守的一种自尊、自爱和自强不息。这就是"立身行道，扬名于后世，以显父母"（《孝经·开宗明义章》）的精神源泉。这就是天地的精神，更是《孝经》的精神。这在先秦儒家思想体系中，是一以贯之的。子曰："吾不与祭，如不祭。"（《论语·八佾》）孔子的意思是，我们对列祖列宗的祭祀活动，一定要真诚，一定要真心实意地表达我们的感恩之心，"孝"的根本精神是真诚。因为，我们的生命、我们的精神源泉都来自这里。这就是《大学》的"明明德"，就是《中庸》的"天命之谓性"。对此笔者曾经有系统的表述。①在《中庸》中，这种证据是无处不在的：

> 子曰："鬼神之为德，其盛矣乎！视之而弗见，听之而弗闻，体物而不可遗。使天下之人，斋明盛服，以承祭祀。洋洋乎如在其上，如在其左右。诗曰：'神之格思，不可度思，矧可射思。'夫微之显，诚之不可揜如此夫。"（《礼

---

① 参见欧阳祯人《论〈大学〉〈中庸〉的天人关系》，《中国文化研究》2015年春之卷。该文把《大学》的"明明德"与"格物致知"以及《中庸》的"中"与"天命之谓性"整合起来，研究了《大学》《中庸》的宗教性。

记·中庸》)

"鬼神"在这里是一种天地的精神，朱熹在《中庸章句集注》中
注释曰："鬼者阴之灵也，神者阳之灵也。以一气言，则至而伸
者为神，反而归者为鬼，其实一物而已。"①它是一种无处不在
的、"莫见乎隐，莫显乎微"（《礼记·中庸》）的隐微存在。这
是心理上的暗示，更是一种生命上的信仰。我们相信神灵就在我
们的头上，就在我们的身边，这是儒家哲学宗教性的超越前提。
《大戴礼记·曾子立孝第五十一》曰："君子一孝一悌，可谓知
终矣。"这就是人之所以为人的精神归宿和大本大原。《大戴礼
记》给"礼"规定了"三本"，其中"先祖"②为"类之本"，就
是指的人的孝悌之道，是生命的源头，这是人之所以为人的一个
重要的"终始"之本。由此我们也可以进一步窥测《孝经》和
"孝悌"在先秦儒家的人学中是多么的重要。不过，《孝经》的
表述还有更深一层的思想：

> 子曰："惜者明王，事父孝，故事天明。事母孝，故事
> 地察。长幼顺，故上下治。天地明察，神明彰矣。故虽天子
> 必有尊也，言有父也。必有先也，言有兄也。宗庙致敬，不
> 忘亲也。修身慎行，恐辱先也。宗庙致敬，鬼神著矣。孝悌
> 之至，通于神明，光于四海，无所不通。诗云：'自西自

---

① 朱熹撰：《四书章句集注》，中华书局1983年版，第25页。
② 《大戴礼记·礼三本第四十二》曰："礼有三本：天地者，性之本也；先祖
者，类之本也；君师者，治之本也。无天地焉生？无先祖焉出？无君师焉治？三者
偏亡，无安之人。故礼，上事天，下事地，宗事先祖，而宠君师，是礼之三本也。"
（王聘珍撰：《大戴礼记解诂》，中华书局1983年版，第17页。）

东。自南自北。无思不服。'"（《孝经·孝治第八》）

这里把天地鬼神与父母长幼孝悌联系起来，这是一种天人合一的精神。这种精神首先必须落实在我们每一个人的道德践履上。也就是说，即凡即圣，内在超越。一草一木、一砖一瓦、一举手一投足之间都要体现我们自己的修养。从内在的道德良知超越自我，体悟天道、存神过化，呈现天道。时时刻刻在我的心中都拥戴着列祖列宗，"宗庙致敬，不忘亲也。修身慎行，恐辱先也。宗庙致敬，鬼神著矣"。最后就会出现"孝悌之至，通于神明，光于四海，无所不通"的境界，这应该是孝的最高境界。

这与孟子"亲亲而仁民，仁民而爱物"（《孟子·尽心上》）的境界完全统一。《吕氏春秋》记载曾子的话说："身者父母之遗体也。行父母之遗体，敢不敬乎？居处不庄，非孝也。事君不忠，非孝也。莅官不敬，非孝也。朋友不笃，非孝也。战陈无勇，非孝也。五行不遂，灾及乎亲，敢不敬乎？"（《吕氏春秋·孝行览》）把"孝"的外延扩大了。《大戴礼记》也有同样的表述，它引用孔子的话说："伐一木，杀一兽，不以其时，非孝也。"（《大戴礼记·曾子大孝第五十二》）这已经进入了大自然，应该是情的宇宙观了。《大戴礼记》在演绎《孝经》这是肯定的。虽然二者文本不同，从文风来看，文本产生的时代也不一样，但是，先秦儒家的这种理路却是完全相同的。

三　笃恭而天下平

《孝经》在其开宗明义第一章中，一开头就借孔子的话说道："先王有至德要道，以顺天下，民用和睦，上下无怨。汝知之乎？"这就是《孝经》的文眼。"以"字是一个表示目的的介词。它是说，这篇文献中的"至德要道"所要达到的目的，就是和顺天下、和睦百姓、上下无怨。这就是整个《孝经》的理论目的。所以，以"孝"平治天下，垂裳而天下治，笃恭而天下平，是它的真正目的。事实上，我们回首中国几千年的历史可以发现，《孝经》确乎是中国古代治国安邦的法宝。

《孝经》从天子、诸侯、卿大夫、士、庶人五个方面入手，站在各个角度，充分地为写作对象着想，帮助对方详细分析恪守孝道的好处。它像五把钢绳牢牢地套住了社会各个阶层的思维方式和行为方式。《孝经》写道："事亲者，居上不骄，为下不乱，在丑不争；居上而骄则亡，为下而乱则刑，在丑而争则兵，三者不除，虽日用三牲之养，犹为不孝也。"（《孝经·纪孝行章》）社会各个阶层的人都应该加强自己的修养，以"孝"来约束自己。地位高的人骄横跋扈，就会引起人们的嫉恨，人们就会推翻你，你就会"亡"，你的宗庙就保不住了。底层的老百姓虽然生活艰辛，但是你不能奋起反抗，因为反抗会遭到严刑的折磨。广大的群众不要为了各种利益你争我夺，你争我夺最后会导致战争。换句话来讲，用《礼记·大学》的话来说，就是"自天子以至于庶人，壹是皆以修身为本"（《礼记·大学》），其政治理想，在《孝经》中完全找到了可以依托的、落实的平台。《孝经·孝治章》写道：

　　子曰："昔者明王之以孝治天下也，不敢遗小国之臣，而况于公、侯、伯、子、男乎？故得万国之欢心，以事其先王。治国者不敢侮于鳏寡，而况于士民乎？故得百姓之欢心，以事其先君。治家者不敢失于臣妾，而况于妻子乎？故得人之欢心，以事其亲。夫然，故生则亲安之，祭则鬼享之，是以天下和平，灾害不生，祸乱不作。故明王之以孝治天下也如此。《诗》云：'有觉德行，四国顺之。'"

此章以治天下、治国、治家为序的脉络，一目了然。这显然与《礼记·大学》的八大条目相呼应，这是在为《礼记·大学》张目。《孝经》与《礼记·大学》在思想理路上属于一个理论体系，这应该是不成问题的。《礼记·大学》一开篇即提出"三大纲领"："大学之道，在明明德，在亲民，在止于至善。"由此，我们知道，"邦畿千里，惟民所止"，就是《礼记·大学》的核心思想。这与《孝经》的主题是完全一样的。

《孝经》认为，"孝悌"是人之所以为人的根本。它从"三才"入手，谓"夫孝，天之经也，地之义也，民之行也"（《孝经·三才章》），就是说，孝，是天经地义的事情，是人之所以为人者。它是天地之间的根本法则。是"天地之经，而民是则之。则天之明，因地之利，以顺天下。是以其教不肃而成，其政不严而治。"（《孝经·三才章》）把天地的精神与民间的政治整合起来，达到的效果，十分奇妙：

　　先王见教之，可以化民也。是故先之以博爱，而民莫遗其亲；陈之以德义而民兴行；先之以敬让而民不争；导之以礼乐而民和睦；示之以好恶而民知禁。《诗》云："赫赫师尹，民具尔瞻。"（《孝经·三才章》）

这是要通过先王的教化来达到"化民"的目的，"莫遗其亲""民兴行""民不争""民和睦""民知禁"，"民"之所以能够做到这样，是统治者"先之以博爱""陈之以德义""先之以敬让""导之以礼乐""示之以好恶"的结果。一句"赫赫师尹，民具尔瞻"点破了《孝经》与《大学》在理论目的上的实质关系，这不仅仅在于这两句来自《诗经·小雅·节南山》的诗句本身是《大学》引用过的，而且还在于《孝经》与《大学》的思路完全相同：

> 所谓治国必先齐其家者，其家不可教而能教人者，无之。故君子不出家而成教于国：孝者，所以事君也；弟者，所以事长也；慈者，所以使众也。《康诰》曰："如保赤子"，心诚求之，虽不中不远矣。未有学养子而后嫁者也！一家仁，一国兴仁；一家让，一国兴让；一人贪戾，一国作乱。其机如此。此谓一言偾事，一人定国。尧、舜率天下以仁，而民从之；桀、纣率天下以暴，而民从之。其所令反其所好，而民不从。是故君子有诸己而后求诸人，无诸己而后非诸人。所藏乎身不恕，而能喻诸人者，未之有也。故治国在齐其家。（《礼记·大学》）

这段话是《礼记·大学》政治哲学落实在现实中的精髓。这种精髓被《孝经》完全继承。因为贯穿于《孝经》里面的核心思想，始终都是国家的领导人、家族的领导人一定要以身作则，否则就会天下大乱。这是《大学》的理路，也是《孝经》的理路。同样，"昔者周公郊祀后稷以配天，宗祀文王于明堂以配上帝，是以四海之内各以其职来助祭。夫圣人之德，又何以加于孝乎？故亲生之膝下，以养其父母日严。圣人因严以教敬，因亲以教爱。圣人之教，不肃而成，其政不严而治，其所因者本也。"

（《孝经·圣治章第九》）仰望天空，是"配天""配上帝"；环视左右，是"四海之内各以其职来祭"，既有上天神灵的保护，又有地下四海之内的各种权力的守护，再加上从天子以至于庶人的"孝道"，那是铁打的江山，这其实就是谁都无法撼动的精神绳纲。其教，"不肃而成"，其政，"不严而治"。其重要的原因、凭借的根本，都是因为"本"。这个"本"当然就是"孝"。这让人情不自禁地想起《论语·学而》中有子的话：

> 有子曰："其为人也孝弟而好犯上者，鲜矣！不好犯上，而好作乱者，未之有也。君子务本，本立而道生。孝弟也者，其为仁之本与！"（《论语·学而》）

搞定人的"孝弟"，是为了人们不"犯上作乱"。但是它的理论依然深刻。他认为，"君子"必须"务本"。这个"本"就是"仁之本"，是一切道德的基石。没有这个"本"，人之所以为人的"道"，就不可能产生。所以，《孝经》的基本理路与《论语》《大学》是完全一样的。也就是要通过对人性的改造，来达到其稳定国家人性基础的目的。在这个基础之上推而广之，就是全国上上下下都得到了全面的治理："君子之事亲孝，故忠可移于君；事兄悌，故顺可移于长；居家理，故治可移于官。是以行成于内，而名立于后世矣。"（《孝经·广扬名章》）

不仅如此，《孝经》把"孝"的最高境界描述得极为优美：

> 昔者明王事父孝，故事天明；事母孝，故事地察；长幼顺，故上下治；天地明察，神明彰矣！故虽天子，必有尊也，言有父也；必有先也，言有兄也。宗庙致敬，不忘亲

也；修身慎行，恐辱先也；宗庙致敬，鬼神著矣。孝悌之至，通于神明，光于四海，无所不通。《诗》云："自西自东，自南自北，无思不服。"（《孝经·感应章》）

国君以"孝"治理天下，就会由父母之孝推广到天地长幼。最后，天地神明，空明澄澈；宗庙鬼神，普降祯祥；四海神明，无不光明通畅。这与《尚书》以来的儒家表述风格惊人的相似，[①]在思想的深处，与《大学》《中庸》更是息息相关。

---

① 《尧典》："曰若稽古帝尧曰放勋，钦明文思安安，允恭克让，光被四表，格于上下。克明俊德，以亲九族；九族既睦，平章百姓；百姓昭明，协和万邦。黎民于变时雍。"（《尚书·虞夏书·尧典》）《大学》讲"明明德"，《中庸》更是全面，不仅讲"天命之谓性"，而且有"唯天下至诚，为能尽其性；能尽其性，则能尽人之性；能尽人之性，则能尽物之性；能尽物之性，则可以赞天地之化育；可以赞天地之化育，则可以与天地参矣。其次致曲。曲能有诚，诚则形，形则着，着则明，明则动，动则变，变则化。唯天下至诚为能化。至诚之道，可以前知。国家将兴，必有祯祥；国家将亡，必有妖孽。见乎蓍龟，动乎四体。祸福将至：善，必先知之；不善，必先知之。故至诚如神。"（《礼记·中庸》）

移孝于忠之后的《孝经》

  《孝经》是中国古代的十三经之一，在秦汉以后的中国，地位极其崇高。《孝经》从主体上传承和利用了孔曾思孟的思想资源，这是肯定的。①由于它成书的过程极为漫长，一路的损益，沾染上了各个时代的各种痕迹。《孝经》最终的定型，应该是在汉代大倡孝道的政治环境之中。汉代，是一个以政府之力大力提倡孝道的时代。汉高祖刘邦、孝惠帝、孝文帝、孝景帝、孝武帝、孝昭帝、孝宣帝等都提倡孝道。颜师古曰："汉家之谥，自惠帝以下皆称孝也。"（《资治通鉴》第十二卷）从汉武帝开始，汉朝政府还以"举孝廉"的选贤制度来选拔官吏，用强有力的政治诱惑来倡行孝道，移孝于忠。从家庭走向社会政治，"移孝于忠"正是《孝经》的主题。因此，我们应该密切关注汉代大一统的政治背景，并且把它与《孝经》的诠释密切联系起来，这样才能够洞悉到《孝经》真正的创作目的。

---

  ① 班固的《汉书·艺文志》认为《孝经》的作者是孔子。《史记·仲尼弟子列传》认为《孝经》的作者是曾子。王应麟《困学纪闻》引宋人冯椅曰：《孝经》"当成于子思之手"。陈澧《东塾读书记》称："《孟子》七篇与《孝经》相发明者甚多。"

一　《孝经》成为显学的原因

《孝经》在汉代，是真正的显学。这样的结果有它深远的社会历史背景。我认为，首先可能是汉代汲取了秦朝法家思想严刑峻法、鞭笞天下、刻薄寡恩导致覆灭的教训，不希望采取强权专制、官民对立的办法来宰制老百姓。特别是在汉文帝、汉景帝两朝，统治者以身作则，克勤克俭，顾念天下苍生疾苦，采取了以德治国、以孝治国，用温情脉脉的方式来引导社会。犯了叛逆罪的人，往往还要加上一条"大逆不道""不孝"的罪状。[①]其次，在全国上下推行孝道文化，也确实有它的合理性。《礼记·祭义》关于孝道与国家统治的关系，有详细的表述："立爱自亲始，教民睦也。立教自长始，教民顺也。教以慈睦，而民贵有亲；教以敬长，而民贵用命。孝以事亲，顺以听命，错诸天下，无所不行。"[②]既然有这么好的资源，怎么能不用呢？我们从史书的记载中可以领略到，汉文帝、汉景帝，提倡孝道，躬身践行的愿望是善良的。最后，中国自上古以来的宗法文化传统，为全面推进孝道文化奠定了深厚的文化土壤。孔曾思孟提倡孝道，是因为春秋战国时期礼崩乐坏了。但是，汉文帝、汉景帝、汉武帝们提倡孝道，则是为了让老百姓毕恭毕敬、老老实实、移孝于忠，为了国家权力的长期稳定。采取这个办法，四两拨千斤，因风吹火用力不多，可以达到秦朝想要达到而最终又没有达到的政治

[①]　《汉书·景帝纪第五》载：三年冬十二月，诏曰："襄平侯嘉子恢说不孝，谋反，欲以杀嘉，大逆无道。其赦嘉为襄平侯，及妻子当坐者复故爵。论恢说及妻子如法。"（班固撰：《汉书》，中华书局1962年版，第142页）

[②]　孙希旦：《礼记集解》，中华书局1989年版，第1215页。

境界。

因此，在笔者看来，西汉时期的统治者至少采取了以下措施，来全力提倡孝道。第一，汉代皇帝，通通以身作则，自己重视"孝道"。自惠帝以下，大多不仅以"孝"为尊取谥号，例如"孝惠帝""孝文帝""孝景帝""孝武帝""孝昭帝"等，而且身体力行，奉行孝道。例如，汉文帝便是"衣不解带"，服侍自己的母亲薄太后的孝道楷模，并且以此入二十四孝图，历朝历代，在中国家喻户晓。第二，汉代的皇帝，大多带头学习《孝经》。汉文帝、汉宣帝、汉成帝、汉昭帝、汉平帝、汉光武帝等都是学习《孝经》的高手，而且身体力行，有的甚至亲自讲授《孝经》，成了这方面的专家。这在当时，应该说上行下效，产生了深远的影响。第三，以"孝道"为唯一的标准，选拔各种官吏，"举孝廉"，如果有这方面的人才没有被选拔上来，当地官员还要被追责。[①]这种做法在此之前可能是完全没有的事情。孝是巨大的政治诱惑。在这种特殊的诱惑面前没有人能够抵挡

---

① 《汉书·武帝纪第六》载：元朔元年冬十一月，诏曰："公卿大夫，所使总方略，壹统类，广教化，美风俗也。夫本仁祖义，襃德禄贤，劝善刑暴，五帝三王所繇昌也。朕夙兴夜寐，嘉与宇内之士臻于斯路。故旅耆老，复孝敬，选豪俊，讲文学，稽参政事，祈进民心，深诏执事，兴廉举孝，庶几成风，绍休圣绪。夫十室之邑，必有忠信；三人并行，厥有我师。今或至阖郡而不荐一人，是化不下究，而积行之君子雍于上闻也。二千石官长纪纲人伦，将何以佐朕烛幽隐，劝元元，厉蒸庶，崇乡党之训哉？且进贤受上赏，蔽贤蒙显戮，古之道也。其与中二千石、礼官、博士议不举者罪。"有司奏议曰："古者，诸侯贡士，壹适谓之好德，再适谓之贤贤，三适谓之有功，乃加九锡；不贡士，壹则黜爵，再则黜地，三而黜爵地毕矣。夫附下罔上者死，附上罔下者刑，与闻国政而无益于民者斥，在上位而不能进贤者退，此所以劝善黜恶也。今诏书昭先帝圣绪，令二千石举孝廉，所以化元元，移风易俗也。不举孝，不奉诏，当以不敬论；不察廉，不胜任也，当免。"奏可。（班固：《汉书》，中华书局1962年版，第166—167页）

得住。

有专家认为，《孝经》的成书应该在《吕氏春秋》成书之前（最迟在战国末年）。因为在《吕氏春秋》中，引用了两段《孝经》的文字：

> 故爱其亲不敢恶于人，敬其亲不敢慢人，爱敬尽于事亲，光耀加于百姓，究于四海，此天子之孝也。（《吕氏春秋·孝行览·孝行》）
>
> 《孝经》曰：高而不危，所以长守贵也；满而不溢，所以长守富也。富贵不离其身，然后能保其社稷，而和其民人，楚不能也。（《吕氏春秋·先识览·察微》）①

第一段话与《孝经·天子章》极为相近，只是把"德教"变成了"光耀"，把"刑于四海"变成了"究于四海"。第二段话直接标明引自《孝经》，与《诸侯章》文字基本相同，只是前面少了"在上不骄"到"满而不溢"，最后用"楚不能也"替代了"盖诸侯之孝也"。

但是这样的观点是经不起推敲的。首先，在战国时期的古书中，《诗》《书》《礼》《乐》《春秋》都是用单字，而不称为《诗经》《书经》《礼经》《乐经》或《春秋经》；称《六经》《五经》为"经"，应该是罢黜百家，独尊儒术之后的事情。《吕氏春秋》作为战国时期的作品，直称《孝经》与当时的历史事实不符。其次，《吕氏春秋》的《孝行览·孝行》《先识览·察

---

① 王利器：《吕氏春秋注疏》（第二册），巴蜀书社2002年版，第1364、1889页。

微》两篇，引用《孝经》的情况不同。《孝行览·孝行》引用
《孝经》一段话，同时引《礼记》的几段话，平行引用，并未注
明出处。而《先识览·察微》则直接说是引用《孝经》，何以两
者如此不同？如果《孝经》当时已经成书，何以《孝行览》不
将其标明呢？因此，当时的情况可能是，《孝经》的某些文字，
作为儒家《礼》书的一部分，在战国时代已经相当流行，而完
整的《孝经》，还并没有形成现在我们看到的定稿。撰写《吕氏
春秋》的学者将《礼》书的某些内容写进去是很自然的。所以，
我们不能仅仅据此绝对肯定《孝经》在当时就是一部写得非常
完整的经典了。

余嘉锡先生指出："先秦著作往往是聚徒讲学而成。先生讲
学之言，弟子各有所记录，并予以加工整理，形成各种传本，在
学派内部传习，有时还附有各种参考资料和心得体会。其中数传
之后，先生的东西和弟子的东西往往难以分辨清楚，所以就推本
先师，转相传述曰：此某先生之书。先秦诸子之书，不必如后世
作文，必皆本人手著，云某某之作，只是说其学出于某人的思
想。值得注意的是，这种推本先师的做法，在儒家学派的内部，
最终都会推本到孔子那里去。"①刘咸炘先生也有类似的说法：
"诸子之书，皆门人所录，本是零条，编次之时略以义类，其分
篇不过量简策而为之，其篇名初不过取篇首之字，后乃以义名
篇，亦不过取篇首一段之义，故其篇名皆不能该篇中之义，而前
篇末与后篇首义多相同，后人见其篇名有义，往往认一篇为一
义，而强贯说之，谬也。书中提行分段多是辗转写刻者所为，非

---

① 余嘉锡：《目录学发微》（含《古书通例》），中国人民大学出版社 2004 年
版，第 269 页。

其原本，不当分而分者少，当分而不分者多，读诸子书皆当知此。又是书段首每有题目之词，如《荀子·修身篇》之气养心之术，《儒效篇》人伦之类，皆不可连下文说。"① 有鉴于此，笔者认为，《孝经》的成书过程，就像其他先秦经典一样，都不是一时一地一人所作。

《史记·太史公自序》中记载的司马谈的话中，也引用了《孝经》：

> 是岁，天子始建汉家之封，而太史公留滞周南，不得与从事，故发愤且卒。而子迁适使反，见父于河洛之间。太史公执迁手而泣曰："余先周室之太史也。自上世尝显功名于虞夏，典天官事。后世中衰，绝于予乎？汝复为太史，则续吾祖矣。今天子接千岁之统，封泰山，而余不得从行，是命也夫，命也夫！余死，汝必为太史，为太史无忘吾所欲论著矣。且夫孝始于事亲，中于事君，终于立身。扬名于后世，以显父母，此孝之大者。……余甚惧焉，汝其念哉！"迁俯首流涕曰："小子不敏，请悉论先人所次旧闻，弗敢阙。"

其中"且夫孝始于事亲，中于事君，终于立身。扬名于后世，以显父母，此孝之大者"的文字，来自《孝经·开宗明义第一》。但是，我们应该注意，在《史记·太史公自序》中，司马谈并没有点明这段话就是来自《孝经》。因此，有学者据此认定，《孝经》的成书，当在汉武帝（前157—前87年）之前。但是，我们根据余嘉锡与刘咸炘先生的话，可以断言，即便是司马

---

① 刘咸炘：《推十书·子疏定本·孔裔第二》。

谈已经明确引用了《孝经》，也很难说，当时的《孝经》就是我们目前所看到的这个样子，也未必就已经完全定型了。

《汉书·艺文志》记载了《孝经》经过刘向、刘歆的整理之后，共十一家五十九篇。可是如果我们仔细推敲班固的话，值得怀疑的地方也不是没有。比如，班固说："《孝经》者，孔子为曾子陈孝道也。"①《孝经》的内容中也确实是这样设置的。但是，这是未足信的，这明明是拉虎皮当大旗的做法，班固还信以为真。笔者认为，这是独尊儒术、罢黜百家的结果。尤其是十一家五十九篇，情况相当复杂，完全不能与"六经"的严肃性、稳定性相提并论。②《孝经》的成书经历了汉武帝"建藏书之策，置写书之官，下及诸子传说，皆充秘府"的抢救、收藏和编辑、改写的过程，刘向、刘歆的《七略》《辑略》《六艺略》之类，那是在成、哀时代的事情，相去已经很远。③凡此种种，笔者料想，《孝经》的初步成书，应该是汉武帝"独尊儒术"的时代突飞猛进的结果。《汉书》班固关于汉武帝的《赞》真是让人浮想联翩：

> 赞曰：汉承百王之弊，高祖拨乱反正，文景务在养民，至于稽古礼文之事，犹多阙焉。孝武初立，卓然罢黜百家，表章六经。遂畴咨海内，举其俊茂，与之立功。兴太学，修郊祀，改正朔，定历数，协音律，作诗乐，建封禅，礼百神，绍周后，号令文章，焕焉可述。后嗣得遵洪业，而有三

---

① 班固：《汉书》，中华书局1962年版，第1719页。
② 颜师古曰："桓谭《新论》云：'《古孝经》千八百七十（一）（二）字，今异者四百余字。'"（班固：《艺文志》，《汉书》，中华书局1962年版，第1719页）
③ 班固：《汉书》，中华书局1962年版，第1701页。

代之风。如武帝之雄材大略，不改文景之恭俭以济斯民，虽《诗》、《书》所称何有加焉！①

在穷兵黩武之前，首先进行思想重建："孝武初立，卓然罢黜百家，表章六经。遂畴咨海内，举其俊茂，与之立功。"汉武帝越是具有雄才大略，越是有可能从思想上改变《孝经》的实质。关键是，自汉代开始，人们对中华传统美德中的"孝道"，已经有了不同的用心。当时，在皇帝的亲自带领下，全社会上上下下一起学习《孝经》、运用《孝经》已经达到了热火朝天的地步。这本身已经不正常，就像中国当代的一些政治运动一样。不过汉武帝之时因风吹火，用力不多而已。根据《十三经注疏》的《孝经注疏》中唐玄宗的《孝经序》，我们就可以知道，自汉代以降，注释、注疏、诠释《孝经》的人真是车载斗量，甚嚣尘上了：

> 近观《孝经》旧注，踳驳尤甚。至于迹相祖述，殆且百家。业擅专门，犹将十室。希升堂者，必自开户牖。攀逸驾者，必骋殊轨辙。是以道隐小成，言隐浮伪。且传以通经为义，义以必当为主。至当归一，精义无二，安得不翦其繁芜，而撮其枢要也。②

"迹相祖述，殆且百家。业擅专门，犹将十室"，这已经足以让

---

①　班固：《汉书》，中华书局1962年版，第212页。

②　李学勤主编：《孝经注疏》，《十三经注疏》，北京大学出版社1999年版，第15页。

我们看到了自汉代以来，关于《孝经》的注释、注疏等相关著述，其乱象已经不言而喻；各种门派，还"业擅专门"。我们可以毫无疑问地断言，《孝经》在汉代的时候，一定有过一番完全不同寻常的学术争斗。

其实，《孝经》的身份是各种经典中最值得怀疑的一种。因为，根据北宋时期邢昺的《孝经正义》，我们可以知道，在东汉时期，遍注群经的郑康成，很有可能根本没有注释过《孝经》。邢昺提出了十二条理由，言之凿凿，证明郑康成没有注释过《孝经》。尤其是，根据《孝经正义》引国子博士司马贞议曰："《今文孝经》是汉河间王所得颜芝本，至刘向以此参校古文，省除繁惑，定此一十八章。"①即便是定于刘向之手，那也是相当滞后的事情了。《孝经》在两汉期间繁惑庞杂，乱象丛生的情况，至此已经不言而喻。

总之，汉代的《孝经》原貌，我们已经完全不得而知了。要完全了解这方面的情况，现在资料奇缺，根本无从谈起。但有一个事实值得注意。那就是，唐玄宗的注本一出，《孝经》的各种版本、各种争论，包括它的古今文之争，顷刻之际全部销声匿迹。事实上，这样一来，我们便完全不知道《孝经》版本在汉代的发展过程了。这种只有在专制体制下才能领略到的文化传播奇观，也从一个特殊的角度给我们再次展示了一个事实，那就是只有在汉武帝"独尊儒术，罢黜百家"的时代或之后，才有可能出现与孔子思想很不一样的《孝经》。

---

① 李学勤主编：《孝经注疏》，《十三经注疏》，北京大学出版社 1999 年版，第10 页。

二　《孝经》对孔子思想的改造

孔曾思孟都重视孝道。孝道，是孔曾思孟一切理论的立论基础，更是人之所以为人的良知出发点。孔子说："弟子入则孝，出则悌，谨而信，泛爱众而亲仁。行有余力，则以学文。"（《论语·学而》）所以，孝道是一切品德的根本，是一切做人为学的前提。在原始儒家那里，"孝道"是人性修养的必由之路：

> 孝子之有深爱者必有和气，有和气者必有愉色，有愉色者必有婉容。孝子如执玉，如奉盈，洞洞属属然如弗胜，如将失之。严威俨恪，非所以事亲也，成人之道也。（《礼记·祭义》）[1]

有孝道之"深爱"者，必有"和气""愉色""婉容"，一切言谈举止，温文尔雅，虚怀若谷，如美玉一般温柔，如捧着一碗水，虔诚而专心，戒慎以修行。其根本的目的，在于通过"事亲"，达到"成人之道"；在我们每一个人的心中，打造一个文质彬彬的性情世界，才是根本理论目标。

其实孝道，不仅是先秦诸子百家各家各派都追求的共同价值观，[2]而且更是早在诸子百家之前，中华民族文化的原始母体之

---

[1]　孙希旦：《礼记集解》，中华书局1989年版，第1214页。

[2]　《管子·牧民》曰："不恭祖旧，则孝悌不备。四维不张，国乃灭亡。"《庄子·养生主》曰："吾生也有涯，而知也无涯。以有涯随无涯，殆已！已而为知者，殆而已矣！为善无近名，为恶无近刑，缘督以为经，可以保身，可以全生，可以养亲，可以尽年。"《韩非子·亡征》曰："不为人主之孝，而慕匹夫之孝，不顾社稷之利，而听主母之令，女子用国，刑余用事者，可亡也。"

中、自本自根的价值资源。孔曾思孟的孝道思想，实际上只是对此前相关思想的继承和弘扬而已。例如，传世《尚书》中，据笔者了解，"孝"字，凡9见：

一，瞽子，父顽，母嚚，象傲；克谐以孝，烝烝乂不格奸。（《尚书·虞夏书·尧典》）

二，王懋乃德，视乃厥祖，无时豫怠，奉先思孝，接下思恭，视远惟明，听德惟聪。（《尚书·商书·太甲中》）

三，尔惟践修厥猷，旧有令闻；恪慎克孝，肃恭神人，予嘉乃德。（《尚书·周书·微子之命》）

四，元恶大憝，矧惟不孝不友。子弗祇服厥父事，大伤厥考心；于父不能字厥子，乃疾厥子。于弟弗念天显，乃弗克恭厥兄；兄亦不念鞠子哀，大不友于弟。（《尚书·周书·康诰》）

五，妹土嗣尔股肱，纯其艺黍稷，奔走事厥考厥长，肇牵车牛远服贾，用孝养厥父母，厥父母庆，自洗腆，致用酒。（《尚书·周书·康诰》）

六，尔尚盖前人之愆，惟忠惟孝；尔乃迈迹自身，克勤无怠，以垂宪乃后。（《尚书·周书·蔡仲之命》）

七，惟尔令德孝恭。惟孝，友于兄弟，克施有政。命汝尹兹东郊，敬哉！（《尚书·周书·君陈》）

八，汝肇刑文武，用会绍乃辟，追孝于前文人。汝多修，扦我于艰；若汝，予嘉。（《尚书·周书·文侯之命》）

其中第一、第四、第五、第七，均指家庭内部、亲人手足之间的孝道；第二、第三和第八，与祖宗神灵、祭祀礼仪有关；第六，虽然把"孝"与"忠"结合起来，主要涉及道德品质的修养，但其目的还是"克勤无怠，以垂宪乃后"，毕竟与社会专制的制度性宰制无关。尤其值得注意的是，第七条正是《论语·为政》中"孝乎，惟孝，友于兄弟，施于有政"的引文出处，深度启示我们对孔子孝道思想来源的理解。传世《诗经》中，"孝"字凡18见，《礼记》中"孝"字凡125见。《诗经》《礼记》海量运用这一重要的概念，但是都没有超出上述三个方面的内容。

在《论语》中，原汁原味，完全是孔子亲口说的，与"孝"字有关的句子，有下面的十一条。当然，从思想上来讲远不止这些，但毫无疑问，下面的引文具有很大的代表性。

第一，子曰："弟子入则孝，出则悌，谨而信，泛爱众，而亲仁，行有余力，则以学文。"（《论语·学而》）

第二，子曰："父在，观其志；父没，观其行；三年无改于父之道，可谓孝矣。"（《论语·学而》）

第三，孟懿子问孝。子曰："无违。"樊迟御，子告之曰："孟孙问孝于我，我对曰：'无违'。"樊迟曰："何谓也?"子曰："生，事之以礼；死，葬之以礼，祭之以礼。"（《论语·为政》）

第四，孟武伯问孝。子曰："父母唯其疾之忧。"（《论语·为政》）

第五，子游问孝。子曰："今之孝者，是谓能养。至于犬马，皆能有养；不敬，何以别乎?"（《论语·为政》）

第六，子夏问孝。子曰："色难。有事，弟子服其劳；有酒食，先生馔。曾是以为孝乎?"（《论语·为政》）

第七，季康子问："使民敬、忠以劝，如之何?"子曰：

"临之以庄则敬，孝慈则忠，举善而教不能则劝。"（《论语·为政》）

第八，或谓孔子曰："子奚不为政。"子曰："《书》云：'孝乎！惟孝，友于兄弟，施于有政。'是亦为政，奚其为为政？"（《论语·为政》）

第九，子曰："禹，吾无间然矣！菲饮食，而致孝乎鬼神；恶衣服，而致美乎黻冕；卑宫室，而尽力乎沟洫。禹，吾无间然矣！"（《论语·泰伯》）

第十，子曰："孝哉闵子骞！人不间于其父母昆弟之言。"（《论语·先进》）

第十一，子贡问曰："何如斯可谓之士矣？"子曰："行己有耻，使于四方，不辱君命，可谓士矣。"曰："敢问其次。"曰："宗族称孝焉，乡党称弟焉。"曰："敢问其次。"曰："言必信，行必果，硁硁然小人哉！抑亦可以为次矣。"曰："今之从政者何如？"子曰："噫！斗筲之人，何足算也！"（《论语·子路》）

在这些表述中，孔子关于"孝道"的直接论述，非常平实，不带任何夸张。这是孔子一贯的风格。从上面的引文中，我们可以诠释出下面的八条。孔子的"孝"，第一，是做人的根源，是一切事功的起点。第二，孝道的根本要义，是心中要有"敬"。第三，对父母要关心备至，不仅仅是"色难"，而且要"无违"，"父母唯其疾之忧"。第四，孝道，包含了"致孝乎鬼神"，这指的是祭祀。第五，孝可以影响政治。人格上的"孝慈"就会导致政治上的"忠"，所以，"友于兄弟"就会"施于有政"，但是与专制主义的精神宰制没有关系。第六，继承列祖列宗和父母的意志，完成他们未竟的事业，前赴后继，以显父母，这是最大的孝。第七，长辈不仅心中要有仁慈之心，而且要以身作则，给晚辈树立榜样，否则孝道就没有可能了。第八，有"孝道"的人就会心胸宽阔，没有孝道的官员，就是"斗筲之人"。

这与《尚书》《诗经》《礼记》中的"孝"，是完全一致的。它们都主要是立足于人性、人格的修养，立足于家庭和睦，社会感恩之情，提倡社会的道德风尚。虽然这里面确有影响政治的层面，也有由"孝"到"忠"的转移内容，但是，从根本上来讲，它们全部没有有意识地把"孝"打造成为宰制天下黎民的绳纲的任何想法。尤其需要注意的是，从《尚书》《诗经》《礼记》到《论语》，完全没有任何"大一统"和制度性地宰制思想的内容。①笔者在《论孔子对政治思想》一文中认为，孔子的政治思想与专制主义的暴政是格格不入的。孔子政治思想的主题，是人之所以为人的解放。

对孔子的思想有意或无意地进行改造的人和事，可能在孔子还在世的时候，就已经存在了。孔子去世之后，马上就甚嚣尘上了。《韩非子》"儒分为八"的论述，当然是历时性的。不同时代不同的儒家后学，对孔子都有不同的诠释，这本来很正常。但是，在"孝道"的问题上，争论好像异常激烈。在《论语·学而》开篇伊始，我们就看到了不同的表述：

> 有子曰："其为人也孝弟，而好犯上者，鲜矣；不好犯上，而好作乱者，未之有也。君子务本，本立而道生。孝弟也者，其为仁之本与！"

---

① 欧阳祯人：《论孔子的政治思想》，《湖北大学学报》2013 年第 5 期。

我们引用《论语》，长期以来都认为这是孔子的思想。其实这不是孔子的思想而是孔子的弟子有子的思想。有子是一个没有得到孔子思想精髓，与孔子的思想相去甚远的人。这段千百年来非常有名的话，就与孔子温文尔雅、温良恭俭让的风格大不相同，这是不需要论证的。《史记·仲尼弟子列传》记载：

> 孔子既没，弟子思慕。有若状似孔子，弟子相与共立为师，师之如夫子时也。他日，弟子进问曰："昔夫子当行，使弟子持雨具，已而果雨。弟子问曰：'夫子何以知之？'夫子曰：'《诗》不云乎：月离于毕，俾滂沱矣。昨暮月不宿毕乎？'他日，月宿毕，竟不雨。商瞿年长无子，其母为取室。孔子使之齐，瞿母请之。孔子曰：'无忧，瞿年四十后当有五丈夫子。'已而果然。敢问夫子何以知此？"有若默然无以应。弟子起曰："有子避之，此非子之座也！"[①]

但是，为什么会把有子的话放在《论语》第一篇第二章这一非常显要的位置呢？从上面有子的表述来看，其思想用意已经与孔子在《论语》其他地方的表述很不一样了。利用人之所以为人的"孝悌"之情来对"人"实施宰制的嘴脸已经显露出来，政治的用意十分明显。

所以，我们据此可以知道，《孝经》的变化，有一个漫长的过程。这种变化至少不是偶然的，而是与统治者试图进一步宰制人心互为表里的。当然，《孝经》对孔子的改造是整体性的，是非常深沉，深怀机心的。笔者的意思是，《孝经》改变了孔子在

---

① 司马迁：《史记·仲尼弟子列传》，中华书局1959年版，第2216页。

《论语》中展示出来的"道"的内容。这当然并不仅仅只是一个"孝悌"的问题。《孝经》明修栈道，暗度陈仓的手笔，实在令人刮目相看。这已经不是有子仅仅为了加强政治宰制而能比拟的了。我们先看看《论语》中的相关论述：

> 子曰："学而时习之，不亦说乎？有朋自远方来，不亦乐乎？人不知而不愠，不亦君子乎？"（《论语·学而》）
> 子曰："父在，观其志；父没，观其行；三年无改于父之道，可谓孝矣。"（《论语·学而》）
> 子曰："吾十有五而志于学，三十而立，四十而不惑，五十而知天命，六十而耳顺，七十而从心所欲，不踰矩。"（《论语·为政》）
> 子曰："富与贵是人之所欲也，不以其道得之，不处也；贫与贱是人之所恶也，不以其道得之，不去也。君子去仁，恶乎成名？君子无终食之间违仁，造次必于是，颠沛必于是。"（《论语·里仁》）
> 子曰："朝闻道，夕死可矣。"（《论语·里仁》）
> 子曰："士志于道，而耻恶衣恶食者，未足与议也。"（《论语·里仁》）
> 子曰："志于道，据于德，依于仁，游于艺"（《论语·述而》）

从这些非常有限的引文中，我们可以仔仔细细看一看这里的每一条，讲的无不是人之所以为人，每一个人都要有自己的"道"的追求。"观其志"的"志"，是指的"志于道，据于德，依于仁，游于艺"的人生道义和事业的追求，其核心是人生、人性的完善，主要指的是我们的事业。"士志于道，而耻恶衣恶食者，未足与议也"中的"道"，当然包含了"孝道"，但绝对不仅仅是"孝道"。"道"的内容绝对不仅仅是"孝道"。在孔子那里，它的"志"和"道"是相通的，是一致的，也就是说，孔子的"孝"是"志"和"道"的基础，是人性的起点，甚至在一定程度上，还是"志"和"道"的组成部分。但是，"志"毕竟不是"孝"，"道"也不仅仅是"悌"，二者并不完全是一回事。这正是孔子人道主义、人文主义的伟大精神。

但是，《孝经》偷天换日的手段是非常阴险的。它首先写出了我们大家都认为没有任何问题的句子：

> 子曰："夫孝，德之本也。教之所由生也。复坐，吾语汝。身体发肤，受之父母，不敢毁伤孝之始也。立身行道，扬名于后世，以显父母，孝之终也。夫孝，始于事亲，中于事君，终于立身。大雅云：'无念尔祖，聿修厥德。'"（《孝经·开宗明义章第一》）

如果只看这段文字，我们会发现，这依然是先秦时期原始儒家的思想，这是老虎的哲学、狮子的哲学。接下来，《孝经》从天子、诸侯、卿大夫、士和庶民五个方面来讲孝道给各个层面的人们带来的好处。这本身也是没有问题的。然后用"三才"把"孝道"界定为："天之经也，地之义也，民之行也。天地之经而民是则之。则天之明，因地之利，以顺天下。是以其教不肃而成，其政不严而治。先王见教之可以化民也，是故先之以博爱，而民莫遗其亲。陈之于德义，而民兴行。先之以敬让，而民不争。导之以礼乐，而民和睦。示之以好恶，而民知禁。"（《孝经·三才章第七》）在这里，《孝经》的作者在"博爱""德义""敬让""礼乐""和睦"温情脉脉的外衣之下包裹的却是"民知禁"的内核，是天地之间不可突破的天地之经。更有甚者，《孝经》写道：

> 子曰："君子之事亲孝，故忠可移于君。事兄悌，故顺可移于长。居家理，故治可移于官。是以行成于内，而名立于后世矣。"（《孝经·广扬名章第十四》）

顺理成章，《孝经》的作者偷天换日，将"孝道"置换了在《论语》中我们所看到的一切关于"志""道"的内容。以"三才"为依据，把"孝道"说成是天经地义的事情，然后，"孝道"，"忠可移于君""顺可移于长""治可移于官"，这就是"名立于后世"的"道"的内容。《论语》中的内容被彻底偷换，写作的目的已经昭然若揭。

而为了进一步巩固这样的目的，《孝经》首先从政治上把"孝道"与国家的管理联系起来，通过《孝治》《圣治》《纪孝》诸篇，来讲"孝道"与政治的关系，它的目的是让统治者们充分地认识到，在统治国家、宰制民心，维持稳定的时候，"孝道"的重要性。其次，《孝经》将一个个人家庭的、自我修为的"孝道"，纳入了刑法："五刑之属三千，而罪莫大于不孝。要君者无上，非圣人者无法，非孝者无亲，此大乱之道也。"（《孝经·五刑章第十一》）在这个世界上，所有的罪行中，"不孝"成了最大的罪行。本来这种观点笔者也是接受的，没有孝道，人真的不能成其为人。但是，当它把这种观点置放于一个国家的维稳体系的时候，把它改编成为地地道道治国利器的时候，它的性质就发生了根本性的变化。也就是说，《孝经》是利用了我们人类最珍贵、最纯洁、最神圣的感情，来打造自上而下统治人民的精神绳纲和枷锁。最后，《孝经》采用了祖宗的亡灵来进行恐吓："孝子之事亲也，居则致其敬，养则致其乐，病则致其忧，丧则致其哀，祭则致其严。五者备矣，然后能事亲。事亲者，居上不骄，为下不乱，在丑不争。居上而骄则亡，为下而乱则刑，在丑而争则兵。三者不除，虽日用三牲之养，犹为不孝也。"（《孝经·纪孝行章第十》）我们不仅仅是要在家庭生活、社会生活中，更重要的是要在社会的政治生活中彻头彻尾、老老实实地做一个顺民，才能够成为一个"孝子"。否则，你怎么做都是没有孝悌的，是大逆不道的。《孝经》彻底改造了孔子和孟子的初衷，它以温情脉脉的形式，借鸡下蛋，软刀子杀人，达到了秦始皇"振长策而御宇内，吞二周而亡诸侯，履至尊而制六合，执敲扑而鞭笞天下，威振四海"（贾谊《过秦论》上）都没有达到的目的。

而《孝经》的作者特别善于掩饰他的目的。在其《感应章第十六》中，他写出了先秦儒家字《诗经》《尚书》《中庸》以来最为天人冥合的著名文字：

> 子曰："昔者明王，事父孝，故事天明。事母孝，故事地察。长幼顺，故上下治。天地明察，神明彰矣。故虽天子必有尊也，言有父也。必有先也，言有兄也。宗庙致敬，不忘亲也。修身慎行，恐辱先也。宗庙致敬，鬼神著矣。孝悌之至，通于神明，光于四海，无所不通。《诗》云：'自西自东，自南自北，无思不服。'"

面对这段文字，笔者只能哭泣。表面上"通于神明，光于四海，无所不通"，而实际上，诗化的语言、文学化的色彩中，包藏着祸心。其目的是欺骗读书人的敏锐，钝化有志之士的犀利，愚弄广大的黎民百姓。这是对孔子的反动，与先秦儒家思想的平实客观、温文尔雅、谦和慈悲、与人为善的主题格格不入。

这使人想起周予同先生在其《周予同经学史论著选集》中所说的话："真的孔子死了，假的孔子在依着中国的经济组织、政治状态与学术思想的变迁而挨次出现。汉武帝采用董仲舒的建议单独推尊孔子，至少是一位半真半假的孔子，决不是真的孔子。倘使说到学术思想方面，那孔子的变迁就更多了。历代学者误认个人的主观的孔子为客观的孔子。所以孔子虽是大家所知道的人物，但是大家所知道的孔子未必是真的孔子。"匡亚明先生在《孔子评传》中引用了上述周予同先生的论述之后，又说："我们还可以补充说，历代王朝在孔庙里供奉的孔子，都是假孔子或半真半假的孔子，决不是真孔子，决不是'布衣孔子'（'布衣'是指一般平民穿的衣服，这里即作'平民'解）的本来面貌。"①所以，综上所述，《孝经》是一部真正打着孔子旗号反孔子的书，是一条抽掉孔子的灵魂，披上孔子的外衣，维护专制集权、为既得利益者保驾护航的精神枷锁。

---

① 匡亚明：《孔子评传》，南京大学出版社1990年版，第14—15页。

第四部分　儒家在较量中前进

先秦儒家学说与黄老之术的比较研究

为什么在战国中、晚期的先秦儒家文献（例如《上博简》第二册、第五册）中会掺杂一些黄老的思想？这是偶然的还是必然的？是个别思想家的选择，还是时代的潮流？如果它不是偶然的个案，而是必然的走向，那么思想史上的这种流变态势，是什么原因造成的呢？既然先秦儒学是通过孔子及其后学的伟大创造而成为当时举世瞩目的显学，那么，黄老之术为什么会在汉初的政治舞台上取儒家学说而代之？站在先秦整个的学术背景之中对二者的内涵进行一番比较，从而探究先秦儒家学说的本质，实在是一个饶有兴味的问题。

一　黄老学说崛起的原因

韩非子云：

> 世之显学，儒、墨也。儒之所至，孔丘也；墨之所至，墨翟也。自孔子之死也，有子张之儒，有子思之儒，有颜氏之儒，有孟氏之儒，有漆雕氏之儒，有仲良氏之儒，有孙氏之儒，有乐正氏之儒。自墨子之死也，有相里氏之墨，有相夫氏之墨，有邓陵氏之墨。故孔、墨之后，儒分为八，墨离

为三，取舍相反不同，而皆自谓真孔、墨；孔、墨不可复生，将谁使定世之学乎！孔子、墨子俱道尧、舜，而取舍不同，皆自谓真尧、舜，尧、舜不复生，将谁使定儒墨之诚乎！殷、周七百余岁，虞、夏二千余岁，而不能定儒墨之真；今乃欲审尧、舜之道于三千岁之前，意者其不可必乎！无参验而必之者，愚也；弗能必而据之者，诬也。故明据先王，必定尧、舜者，非愚则诬也。愚诬之学，杂反之行，明主弗受也。（《韩非子·显学》）

韩非子的矛头直接对准先秦儒家："明据先王，必定尧、舜者，非愚则诬也。"话说得有点刻薄，但是未必就不准确。对此一尖锐的批评，笔者下文有进一步的分梳，现在要说的是，韩非子的这段话对我们理解先秦儒家学说在孔子之后的发展是有启发的。笔者的意思是，之所以"儒分为八"，有两个实质性的因素：其一，孔子一生勤奋好学，"发愤忘食，乐以忘忧，不知老之将至"（《论语·述而》），因此思想的内涵极其丰富，温良恭俭让，没有门派作风，平实、厚道，不作惊人之语，没有党同伐异、先入为主的偏见，没有在思想上刻意地打造理论体系的企图。这是在孔子去世之后，其学生俱道孔子而各取所需，取舍不同的重要原因。其二，孔子思想的精华是"为政以德"（《论语·为政》）、"仁之以德"（《上博简·五·季康子问于孔子》第2简），对国家的领导者，特别是春秋战国时期的领导者来讲，确实是高不可及的德性修养要求，在实际的政治生活之中很难实现。它的最大的价值在于对现实各个诸侯国对外攻城以战，对内草菅人命之政治的批评。当孔子的学生们走出校园，面对各种各样的现实生活的时候，他们就不可能墨守成规地抱住孔子曲高和寡的理念坐以待毙。因此，进一步修正、丰富、发展原始儒家的理念就在所难免。笔者以为，这是"儒分为八"的最重要原因。孔子的高足子贡就研究过，至少接触过黄老道家哲学，子张氏之儒也在一定程度上吸收过黄老之术的成分，①潜伏在《上博简》第二册、第五册文献中时隐时现的黄老思想，也就是孔子的后学们为了突破儒家的困境所做的一些努力。

不论是从传世文献还是从新近出土的先秦儒家简帛文献中，我们都可以发现，先秦儒家在孔子之后，确实出现了一个极端剧烈的、与其他各家各派交流互动、彼此对话甚至彼此诘难的局面。学术的交流无非有两种基本的形式，一种是彼此学习，你中有我，我中有你，以各种特殊的形式涵化异己的思想，如郭店儒简与上博简中的一些文献，就是这种理论形式的尝试；另一种交流的形式，则是彼此批判，彼此否定，千方百计在主观上要做到你中无我，我中无你，但是，却又无形之中借用了异己的思想武器，重新调整、丰富自己的战斗力量，孟子、荀子的理论斗争形式基本上就属于第二种。

可是，值得我们深思的是，当时诸子百家各种资源都有，为什么单单黄老道家的思想在《上博简》中有如此强烈的穿透力呢？为什么偏偏是黄老之术异军突起，在汉代初年跃居百家之首而居于统治的地位呢？这是一个值得我们深究的问题。太史公云："儒者博而寡要，劳而少功，是以其事难尽从；然其序君臣父子之礼，列夫妇长幼之别，不可易也。"（《史记·太史公自

---

① 子贡问孔子曰："古者黄帝四面，信乎？"（《尸子》）关于子张氏之儒吸收黄老之术的考证笔者另有专论（《论子张氏之儒与孔子的思想差异》），其材料主要见于上博馆藏楚竹书第二册中的《从政》甲、乙篇。

序》）这种评价显然是站在黄老道家的角度，对先秦时期追求纯德性精神境界的儒家哲学的批评。太史公为什么对儒家哲学有这样的评价呢？我们看一看下面的这段话就很清楚了：

> 道家使人精神专一，动合无形，赡足万物。其为术也，因阴阳之大顺，采儒墨之善，撮名法之要，与时迁移，应物变化，立俗施事，无所不宜，指约而易操，事少而功多。儒者则不然。以为人主天下之仪表也，主倡而臣和，主先而臣随。如此则主劳而臣逸。至于大道之要，去健羡，绌聪明，释此而任术。夫神大用则竭，形大劳则敝。形神骚动，欲与天地长久，非所闻也。（《史记·太史公自序》）

原来太史公完全是站在社会现实的立场上，站在"人主"角度，对儒家与黄老道家进行了比较。他认为先秦儒家的致命弱点是孔子提出了"为政以德，譬如北辰，居其所而众星共之"（《论语·为政》）的理念，把"人主"设定为"天下之仪表"，"主倡而臣和，主先而臣随。如此则主劳而臣逸"，"人主"不仅要有高深的道德修养，而且要以身作则，在治理国家的各种行政事务中做出表率，像上博藏竹书《容成氏》中的大禹一样，太累，太划不来。由此我们一下子就明白了，汉代初年黄老哲学盛行于朝野的真正原因，并不仅仅在于黄老哲学"清静无为"，[①]而是在于像刘邦这样的实用主义者无论如何都不可能接受儒家的政治哲学理念，而"作茧自缚"的。

---

① 刘泽华、葛荃主编：《中国古代政治思想史》（修订本），南开大学出版社2001年版，第180页。

　　然而，我们要进一步追问的是，黄老道家果真是在汉代初年一夜之间崛起的吗？难道真的像司马迁的《留侯世家》中张良碰到黄石公得到《太公兵法》一样，是从天上掉下来的吗？历史经验告诉我们，世界上任何一件事情的发生发展，都有它源远流长的曲折原委。当这件事一旦出现并且引起了人们惊愕的时候，人们往往才发现历史的轨迹本来有它必然的趋势。李学勤先生认为，马王堆汉墓帛书佚籍《伊尹·九主》是《汉书·艺文志》所载《伊尹》五十一篇之佚篇，属于黄老刑名之学；①魏启鹏先生进一步考证了《伊尹·九主》属于伊尹学派大量的证据，并且指出："其成书年代当不晚于春秋末期。"②换言之，不论是奠定西周政治基业的姜太公，③还是九合诸侯、一匡天下的管仲，奖励耕战、富国强兵的商鞅等各国谋臣，都无不受到了伊尹学派的影响。《韩非子·奸劫弑臣》有云："汤得伊尹，以百里之地，立为天子；桓公得管仲，立为五霸主，九合诸侯，一匡天下；孝公得商君，地以广，兵以强。"伊尹、管仲、商君，在语汇上一

---

　　①　凌襄（李学勤）：《试论马王堆汉墓帛书〈伊尹·九主〉》，《文物》1974年第11期。

　　②　魏启鹏：《马王堆汉墓帛书〈皇帝书〉笺证》，中华书局2004年版，第275页。为谨慎起见，对现在学术界似乎已经广为接受的"黄帝四经"的说法笔者持保留意见，认为魏启鹏先生称之为"黄帝书"比较稳妥。

　　③　《韩非子·南面》云："伊尹毋变殷，太公毋变周，则汤、武不王矣。"《史记·齐太公世家》，称姜太公"非龙非螭，非虎非罴"，乃"霸王之才"。另，《六韬》载：周文王问太公曰："王人者，何上何下？何取何去？何禁何止？"姜太公回答道："夫王者之道如龙首，高居而远望，深视而审听，示其形，隐其情，若天之高不可极也，若渊之深不可测也。故可怒而不怒，奸臣乃作；可杀而不杀，大贼乃发；兵势不行，敌国乃强。"周文王曰："善哉！"（《文韬·上贤》）又云："鸷鸟将击，卑飞敛翼；猛兽将搏，弭耳俯伏；圣人将动，必有愚色。"（《武韬·发启》）这些言语都有黄老道家的口气。

以贯之。蒙文通先生亦云："非子以伊尹、管仲、商君为皆尚法术，则法家之从商，不亦宜乎？"①也就是说，如果我们换一个角度，不是从哲学理念的正义立场，而是从现实的政治影响来说，到底是孔子"为政以德，譬如北辰，居其所而众星共之"的说教富有说服力，还是伊尹、吕尚、管仲、商鞅的人君南面之术更具有诱惑力？在春秋战国战火连连、朝秦暮楚的政治舞台上，政治家们会选择什么，这是不言而喻的。换言之，至少在中国早期的政治舞台上，从伊尹、姜太公、管仲……一直到张良、曹参、汲黯等，真正左右中国政治舞台的思想主流是黄老道家之术，而不是孔子的儒家学说。孔子、孟子周游列国却到处碰壁，就是一个强有力的证明：

> 孔子适郑，与弟子相失，孔子独立郭东门。郑人或谓子贡曰："东门有人，其颡似尧，其项类皋陶，其肩类子产，然自要以下不及禹三寸。累累若丧家之狗。"子贡以实告孔子。孔子欣然笑曰："形状，末也。而谓似丧家之狗，然哉！然哉！"（《史记·孔子世家》）
>
> 天下方务于合从连衡，以攻伐为贤，而孟轲乃述唐、虞、三代之德，是以所如者不合。退而与万章之徒序《诗》、《书》，述仲尼之意，作《孟子》七篇。（《史记·孟子荀卿列传》）

对先秦时期的政治家与政坛，我们是不能过高地予以评价的。在那个时代，中国强大的宗法制传统致使中国的政坛始终笼罩在自

---

① 蒙文通：《古学甄微》，巴蜀书社 1987 年版，第 230 页。

私自利、贪欲横流的阴霾之中，孔子"天下为公"的政治理念必然会四处碰壁。所以孔子说得非常明确："谁能出不由户？何莫由斯道也？"（《论语·雍也》）"凤鸟不至，河不出图，吾已矣夫！"（《论语·子罕》）这是一代伟大哲人的孤独，更是我们整个中华民族的悲哀。

二　黄老之术的五个阴暗面

由此看来，黄老之术的动人魅力让中国早期的统治者趋之若鹜，已经到了痴迷的程度。在中国的传统心理中，像伊尹、姜太公、张良这样的人，也一直享有崇高的地位。与司马迁不同的是，笔者认为，这些统治者也许不是不喜欢儒家的正义理论，但是，他们更喜欢的可能是黄老之术的阴暗面。现在，我们以《老子》和长沙马王堆出土的《黄帝书》文本为根据，站在当今世界公认的正义论角度，从政治哲学的层面对黄老之术的阴暗面进行必要的揭示，从而对太史公的论述作出下面的回应：

第一，黄老之术讲的是"术"，是政治手腕，因此很少讲到君权的合法性。《道原》谓：

　　一者其号也，虚其舍也，无为其素也，和其用也。是故上〔夫〕道高而不可察也，深而不可测也。显明弗能为名，广大弗能为形。独立不偶，万物莫之能令（离）。天地阴阳，〔四〕时日月，星辰云气，蚑行蛲重（动），戴根之徒，皆取生，道弗为益少；皆反焉，道弗为益多。坚强而不撌（□），柔弱而不可化。精微之所不能至，稽极之所不能过。故唯圣人能察无形，能听无〔声〕。知虚之实，后能大虚；

乃通天地之精，通（週）同而无间，周袭而不盈。服此道
者，是谓能精。明者固能察极，知人之所不能知，服人之所
不能得。是谓察稽知极。圣王用此，天下服。（《黄帝书·
道原》）

这里的"圣人"指的是君主，这里的"道"指的是君主的统治
之术，其"高而不可察也，深而不可测也"的政治目的是避免
文武百官对君权的觊觎之心。让大家看不见、摸不着，"显明弗
能为名，广大弗能为形"，即便是有觊觎之心也无从下手。君主
之所以要采取这种高深莫测的手法，说到底是因为他的权力来源
不正当，或用暴力征服而夺取，或用权术欺诈而获得，或子承父
业自营一亩三分地，自然就会漏洞百出，权力的合法性问题成了
该政府面对人民的首要难题。所以，黄老之术借用并发挥了老子
道家在政治哲学上的阴柔之术："知其雄，守其雌，为天下溪。
为天下溪，常德不离，复归于婴儿。知其白，守其黑，为天下
式。为天下式，常德不忒，复归于无极。知其荣，守其辱，为天
下谷。为天下谷，常德乃足，复归于朴。朴散则为器，圣人用
之，则为官长。故大制不割。"（《老子·第二十八章》）这样就
可以在很大程度上化解人民的敌意，降低人民对其不正当权力的
正当防卫能力。

　　第二，正因为黄老之术统领下的君主集权没有权力的合法
性，所以，君主及其统治就必然要想尽一切办法降低人民观察、
分析问题和自卫反抗的能力。汉代初年，深受曹参重视的盖公说
黄老之术"贵清静而民自定"（《史记·曹相国世家》），这是带
有欺骗性的谎话，"民自定"确有休养生息的历史必然，但是，
其中真正的核心，是让老百姓完全没有反抗的能力。也就是老子

所说的"不尚贤，使民不争。不贵难得之货，使民不为盗。不见可欲，使民心不乱。是以圣人之治，虚其心，实其腹，弱其志，强其骨；常使民无知、无欲，使夫智者不敢为也。为无为，则无不治"（《老子·第三章》），这种政权必然要与人民为敌。《黄帝书·十大经·成法》则用更为露骨的思想，揭示了黄老之"道"的本质：

> 黄帝问力黑：唯余一人，兼有天下，滑（猾）民将生，年（佞）辩用知（智），不可法（废）组（沮），吾恐或用之以乱天下。请问天下有成法可以正民者？力黑曰：然。昔天地既成，正若有名，合若有形，〔乃〕以守一名。上□（淫）之天，下施之四海。吾闻天下成法，故曰不多，一言而止（已）。循名复一，民无乱纪。

"惟余一人，兼有天下"一句把统治者孤独的心态刻画得出神入化，其窃取了国家权力之后的霸道心理、狂喜心理以及恐惧心理都惟妙惟肖地显示出来。因此，把人民与政府的权力对立起来，视人民为"猾民"，"佞辩用智，不可法组"（意谓诡媚善变，难以制止），就成了统治者必然的思维定式。这里"循名复一"的"一"就是"道"，也就是老子的"复归于朴"，其用心在于以大智若愚的外表，把人民引导到无知无欲的境地，从而确保君主权力安如磐石，万无一失。

第三，黄老之术领导下的国家不思进取，没有创造性，是其根本性的缺陷。《黄帝书·称》云：

> 道无始而有应。其未来也，无之；其已来，如之。有物

> 将来，其形先之。建以其形，名以其名。其言谓何？环
> （营）〔刑〕伤威，弛欲伤法。数举三者，有身弗能保，何
> 国能守？奇从奇，正从正，奇与正，恒不同廷。凡变之道，
> 非益而损，非进而退。首变者凶。有仪而仪则不过，恃表而
> 望则不惑，案法而治则不乱。圣人不为始，不专已，不豫
> 谋，不为得，不辞福。

没有事情的时候，绝不自找麻烦；事情来临之后，顺其自然，因势利导。顺天因时，天人合一，本来没有什么不对，但是，把政府的治国方略全部建立在"首变者凶""圣人不为始"的基础之上，国家就不可能有真正意义上的发展，历史就会在这里故步自封、因循守旧，"其未来也，无之；其已来，如之"，把国家的施政纲领完全置于被动的地位，把变革、发展视若寇仇："凡变之道，非益而损，非进而退。首变者凶。"为了稳坐钓鱼台，牢牢掌握已经掠夺到手的权力，不愿意担当任何因为改革带来的风险，这样的政府毫无疑问是没有任何创造性可言的。更为重要的是，在政府对人民"虚其心，实其腹，弱其志，强其骨；常使民无知、无欲，使夫智者不敢为也"的指导方针之下，人民已经丧失了创造的基本能力，国家也就因而丧失了创造的基础。从现当代的政治理念上来讲，这种政府不仅是反人民、反民族的政府，而且也是违反基本的社会自然法则的。走笔至此，我们就理解了励精图治的汉武帝面对北方匈奴的威胁，为什么要取缔黄老，独尊儒术了。

第四，正因为黄老之术讲的是"术"，所以在政治生活中，君主追求的是政治手腕。有的时候也许政治目的未必就不高尚，但是，当政治运作的过程是为了达到目的而不择手段，成为一种

暗箱操作的时候，政治手段本身就会给全社会树立起反面的典型，各种暴政措施带来的告密、暗算、虐杀……就会无形之中把全国人民引导到道德沦丧的泥潭中来。我们这里且不说"贵清静而民自定"之自给自足的状态下，全社会非常依赖道德的建设，即便是国家机器已经十分完备，管理的制度、法制十分细密，道德的建设也依然是调节政治运作的一种润滑剂，是不可或缺的。更何况，在任何一个具有正义性的社会里，提高人民的道德水准，加强人民精神境界的建设，都是政府责无旁贷的基本工作之一。笔者在仔细研读《黄帝书》之后深以为，整个黄老之术的思想体系都是从杨朱哲学中延伸开来的。自私自利，明哲保身，完全没有社会公德，是黄老之术的根本出发点。例如《称》云："天下有三死：忿不量力死，嗜欲无穷死，寡不避众死。"这三个判断中并不是没有人生的某些哲理在，但问题在于，在真理只是掌握在少数人手里的时候，谁来坚持正义？当敌我力量悬殊的时候，又有谁挺身而出与邪恶的势力进行殊死斗争？况且，"嗜欲无穷"固然不好，但坚持真理、坚持信仰，并且为之奋斗到底，却正是"君子自强不息"的精神体现，它的正面表达应该是"自强不息，永不停息"，如果把这种人性特点引导到正面的社会道德建设上来，那就会为人类创造无穷的精神食粮和物质财富，推动社会前进。

第五，黄老之术之根本的特点之一是君主专制："知天之所始，察地之理，圣人麋论（麇沦）天地之纪，广乎独见，〔卓乎〕独〔知〕，□〔乎〕独□，□〔乎〕独在。"（《黄帝书·称》）君主是不是"广乎独见，卓乎独知"，是不得而知的，但是，君主大权独揽，则是确凿无疑的。换言之，在黄老之术领导下的国度里，君主与臣子之间是没有信任感的。在先秦儒家的政治哲学中，"君臣、朋友，其择者也"（郭店楚简《语丛·一》第87简），君主可以选择臣子，臣子也可以选择君主，全部的政治生活都是志同道合的人们为理想而奋斗的一次盛典。因此，"为上可望而知也，为下可类而志也，则君不疑其臣，臣不惑于君矣"（郭店楚简《缁衣》第3—4简），"君之视臣如手足，则臣视君如腹心；君之视臣如犬马，则臣视君如国人；君之视臣如土芥，则臣视君如寇仇"（《孟子·离娄下》）。彼此信赖是君主与臣子的基本关系定位。但是，在黄老之术的笼罩之下，政府上下所有的管理者各怀鬼胎，人人自危，对君主的错误选择不可有任何的质疑与反抗："失其天者死，欺其主者死，翟（佻）其上者危。"（《黄帝书·称》）把"主""上"与"天"相提并论，有"主""上"就是"天"的话语暗示。要坚决地捍卫和保护君主的权力，君主的权力是不可动摇的，是《称》的基本思想前提之一，也是黄老之术真正的理论目的。它的结果只能是，君主的权力不能有任何的限制，不能接受任何的批评，任何人不能对君主的所作所为提出质疑。当臣子对君主的错误不能提出任何质疑的时候，臣子就会明哲保身，进一步变得自私自利起来。如此，整个社会的各级官员就各自为政，表面上平安无事，实际上是一盘散沙。

总之，黄老之术是一套地地道道的维护君主专制主义的权术，无论如何，在很大的程度上展现了中国古代政治生活的阴暗面，也揭示了中国古代的生产力得不到更大发展的真正原因。我们不是文化虚无主义者，但是，我们必须正视专制主义的权术在中国的流毒之深、惨祸之烈。对此我们必须保持清醒的头脑和彻底的批判精神。如果我们连这一点勇气都没有，那么，建立我们当代公平、公开、公正的政治哲学就很难有真正的成就。

三 儒家是历代统治者不能逾越的底线

由此看来，在很大程度上来讲，民本思想是孔子"为政以德"理念的主体。这种理念虽然是一股巨大的社会正义的力量，是先秦时期的显学，但是，相对深受先秦时期各个诸侯国统治者青睐的黄老之术来讲，儒家哲学只是活跃于民间、流行于学术界的抗衡力量，并不是真正操纵国家权力的统治者的精神靠山；只有当他们进行权利斗争、欺骗天下苍生的时候，在不得已的情况下，才把儒家这一面耀眼的旗帜拿出来晃上几下。这是儒家政治哲学的悲哀，也是我们民族的悲哀，更是中国人民的悲哀。那么，为什么统治者一到关键的时候还是离不开儒家呢？先秦儒家到底有什么东西是统治者无法逾越的底线呢？笔者拟从以下几个方面进行探讨：

第一，孔子明确提出了"政者，正也""为政以德"的正义原则，不仅对国家的君主提出了道德修养、人格表率方面的要求，而且为了创造全社会的诚信氛围，营造广大人民修身养性的社会条件打下了政治哲学上的基础。在一个充满昂扬精神的国度里，每一位个体的道德修养都是非常重要的，但是，如果国家的执政者没有任何的限制，无法无天，为非作歹，其危害就不仅仅在于他本人的人格丧失与堕落、对社会造成直接的危害了，他的行为还会给广大的人民树立了一个反面的典型，"作于其心，害于其事；作于其事，害于其政"（《孟子·滕文公下》），他们的各种劣行最终导致的是信念的坍塌，诚信的丧失和传统道德价值观念的崩溃。孔子说："上好仁，则下之为仁也争先。故长民者，章志以昭百姓，则百姓致行己以说其上。"（郭店楚简《缁衣》第10—11简）上行下效，把国家建设成一个道德教化的学校，形成"民以君为心，君以民为体。心好则体安之，君好则民欲之"（郭店楚简《缁衣》第8—9简）的和谐氛围，才能为全国上下养成积极进取的精神提供政治上的保障。

第二，"政者，正也""为政以德"的正义原则之最精妙之处还在对君主的权力来源问题提出了正面的规定。换言之，国家的权力到底应该掌握在谁的手里？这在中国政治思想史上具有极其重大的意义。郭店楚简和上海博物馆藏儒家文献之出土之所以引起了当今学术界的高度重视，关键就在于它明确提出了"何故以得为帝"（上博简《子羔》第1简）这样非常直切的问题；有的楚简文献还系统阐述了"禅也者，上德授贤之谓也。上德则天下有君而世明，授贤则民兴效而化乎道。不禅而能化民者，自生民未之有也"（郭店楚简《唐虞之道》第20—21简）。在政治哲学的理念上达到了任何其他哲学流派无法企及的正义高度。虽然它只是把政治的理想建立在唐虞的时代，而且很难真正贯彻落实在具体的政治运作过程中，但是，作为一种政治的哲学，作为一种人类精神哲学的向往，它提出了人类政治学科最高尚的理想，它像一面照妖镜一样，成了衡量一切现实政治模式的尺度："唐虞之道，禅而不传。尧舜之王，利天下而弗利也。禅而不传，圣之盛也。利天下而弗利也，仁之至也。故昔贤仁圣者如此。身穷不贪，没而弗利，穷仁矣。必正其身，然后正世，圣道备矣。故唐虞之道，禅也。"（郭店楚简《唐虞之道》第1—4简）只考虑老百姓的利益，而不顾及自己的私人利益；首先加强自己的道德修养，然后才能成为执政者，掌管国家的权力。

第三，民贵君轻的思想是始于孔子而光大于孟子的。孔子说："泰伯，其可谓至德也已矣！三以天下让，民无得而称焉。"

（《论语·泰伯》）又说："齐景公有马千驷，死之日，民无德而称焉。伯夷叔齐饿于首阳之下，民到于今称之。其斯之谓与?"（《论语·季氏》）政治的权力来自人民，只能归于人民。不论你做了好事还是做了坏事，人民是唯一的评判者。孟子的表达就更加透彻，更加彻底："民为贵，社稷次之，君为轻。"（《孟子·尽心下》）这是一条放之四海、贯穿千古而皆准的真理，它使先秦时期其他学派相形见绌。"天视自我民视，天听自我民听"（《孟子·万章上》引《尚书·泰誓》），人民既是一切政治活动的基础，也是政治生活的主体。以民为本，是先秦儒家在当时的历史时期提出的最先进的政治理想。虽然它与"以民为主"还因种种原因而相去甚远，但是，它却历史性地给中国的政治提供了一个举世瞩目的分野，那就是，一切关心人民、爱护人民、尊重人民、以人民为主，富有人道的政府就是属于人民的政府；一切仇视人民、宰制人民、盘剥人民以中饱私囊、偷天换日的政府就是反人民的政府。

第四，宗教性的向度是先秦儒家思想体系中非常珍贵的一个理论层面。儒家的宗教性表现在三个层面：第一个层面是祖先的崇拜。这实际上是来自中华民族母体的深层记忆，也是世界上一切宗教的最终起源。孔子的仁学把孝悌之道视为"仁之本"，真正的目的在于使人们"慎终追远，民德归厚矣"（《论语·学而》）。数千年的历史事实证明，儒家哲学为中国文化中的精神境界的拓展建立了不可估量的贡献。第二个层面就是人与"天""地"融通为一，从而在政治哲学上表现了与天地万物为一体、兼收并蓄的胸襟。这是孔子"天下为公"的政治理想的真正出发点，也是孔子思想中对祖宗崇拜的第一步超越。具体到政治学、伦理上来讲就是由亲亲而尊贤，由小家而大家。在上博简

《礼记·孔子闲居》中的表述就是"三王之德"的"天无私覆，地无私载，日月无私照。奉斯三者以劳天下，此之谓三无私"。当然，在现实社会中，凡夫俗子是无法超越这层天然壁障的，即便是对于达官贵人、皇亲国戚，也是难上加难。第三个层面是对"道"的追求，就是"朝闻道，夕死可矣"（《论语·里人》）的追求精神。从孔子的"三军可夺帅也，匹夫不可夺志也"（《论语·子罕》）到孟子的"鱼，我所欲也；熊掌亦我所欲也，二者不可得兼，舍鱼而取熊掌者也。生，亦我所欲也；义，亦我所欲也，二者不可得兼，舍生而取义者也"（《孟子·告子上》），始终具有一种把道义置于生命之上的大无畏精神，这实际上就是一种来自宗教精神的人的神性，人的高贵性。没有这种高贵的精神，中国文化就不可能香火流传，惠命不断，生生不息。先秦儒家宗教性的三个层次，实际上是儒家的仁人志士个人灵魂不断提升的一个过程，也就是由"血气心知"出发而"下学上达"，不断"纯洁"、不断"净化"、走向"圣洁"的过程。宗教学家麦克斯·缪勒说："宗教是一种知识。它给人以对自我的清澈洞察，解答了最高深的问题，因而向我们转达一种完美的自我和谐，并给我们的思想灌输了一种绝对的圣洁。"[1]这种特殊的宗教思想最终是以追求道义的精神作为归宿的，是先秦儒家学说中最为震撼人心、最具普世性的理论力量。

第五，诚如上面的阐述，儒家的道统是从它的宗教性中生发出来的一种精神。从孔子的"朝闻道，夕死可矣"，到孟子的"舍生而取义"，再到荀子的"从道不从君，从义不从父，人之

---

[1] ［英］麦克斯·缪勒：《宗教的起源与发展》，上海人民出版社1989年版，第10页。

大行也"（《荀子·子道篇》），先秦儒家始终把"道"置于比生命、比亲情、比政治权力、比一切世俗力量更加崇高的地位。说它来自宗教的精神，是说它有一种超乎一切世俗利害关系的崇高感，但是，它却又无不时时刻刻立足于现实生活，显示了先秦儒家学说追求真理的勇气与决心，表现了他们为捍卫道义、维护社会正义而视死如归的大无畏精神。郭店楚简中有《鲁穆公问子思》一文，这是值得我们深入研究的一篇文字，它提出的问题是："何如可谓忠臣？"子思子的回答是："恒称其君之恶者，可谓忠臣矣。"成孙弋的解读是："夫为其君之故杀其身者，尝有之矣。恒称其君之恶者，未之有也。夫为其君之故杀其身者，交（效）禄爵者也。恒称其君之恶者，远禄爵者也。为义而远禄爵。"这篇文字展示了"忠臣"与"远爵禄者"之间的矛盾，讲的是政治的附庸与具有独立批判精神的知识分子之间的分野，这表明子思子已经注意到了作为政治附庸的知识分子与具有独立精神的知识分子之间的重大区别。这当然不能说子思子已经完全具有了现代民主思想，但是，我们可以据此而毫不夸张地说，子思子的表述，是一种具有民主意识的真诚呼唤，是对孔子有关"人"的定义的进一步拓展，具有重大的哲学意义。尤其是，子思子认为知识分子的职责在于"恒称其君之恶"，就是永不停息地批评行政管理运作中的失误，纠正行政管理中的各种错误，从而提升政治生活的质量。这其中隐含了一种为"道义"而献身的独立精神，与当时或后代专制主义社会里的"净臣""谏士"是有本质区别的，是对具有独立精神之知识分子人格的全新构想。

综上所述，先秦儒家的政治哲学像诗一样充满了理想的道德光辉，把"人"这一政治生活中的主体视为政治生活的目的，因而具有非常深刻的合理性，其政治理念本身就是对伊尹、姜太公以来之黄老之术的批评与否定。在对待很多问题的态度上，先秦儒家看起来似乎是"博而寡要，劳而少功，是以其事难尽从"，但是，由于它的根本理念是人道主义，是要通过政治管理来成就人之所以为人者，而不是要把国家建设成为一个彼此屠杀的战场，因而，它具有黄老之术完全无法企及的思想高度。更为重要的是，先秦儒家的政治理想是把国家的发展与进步与每一个个体的发展与完善结合在一起的，因而"君子自强不息"的精神贯彻于整个社会的每一个角落，这对于我们民族长远的发展利益来讲，至关重要。所以，笔者认为，先秦儒家的政治哲学理念中具有很多民主政治思想的萌芽，它的理论路向和理论内核是指向现代民主政治的，与我们当代的民族崛起与腾飞具有深刻的一致性。因此，我们应当认真总结，阐幽表微，克服或纠正它的缺点，发挥并且弘扬它的优点，继往开来，理直气壮地弘扬其内在的精神实质，奠定起具有我们民族特色和传统的民主政治思想的肥沃土壤，全力以赴，让民主政治在中国这片古老而又富有活力的热土上，绽放出绚丽的鲜花来。

"焚书坑儒"新论

秦始皇"焚书坑儒"为历代文人所诟病，各种史书均视秦始皇为中国文化的罪人。然笔者在细读先秦典籍，梳理当时各种思潮的来龙去脉之后，深以为作为政治斗争的极端形式，"焚书坑儒"只是冰山一角，在它的下面还有源远流长的波涛汹涌。它的发生是当时思想较量、政治斗争的必然结果，是历史发展的必然选择。因此，深入研究"焚书坑儒"的思想渊源及其影响，对我们正确认识"焚书坑儒"的本质、正确总结先秦儒家哲学的得失具有重要意义，而且对我们当代新儒家思想的建设也具有不容忽视的启示作用。

一　原始儒家与黄老、法家的深刻矛盾

翦伯赞云："法家学说，始于申不害，而韩非发展之。其最早的渊源，则本于杨朱的学说，司马迁谓其归本于黄老，实为大谬。盖法家者言与杨朱的个人主义同为商人地主的意识。"[①] 法家推崇君主集权而视人民为"刍狗"，与杨朱之"拔一毛以利天下不为也"的思想是一致的，但是，说申、韩之学不是归本于

---

① 翦伯赞：《秦汉史》，北京大学出版社1983年版，第88页。

黄老，实在有违文本事实。蒯公没有把《老子》与《韩非子》进行系统的比较研究，是肯定的。萧公权似乎进了一步，云："吾人若舍历史渊源而仅据思想之内容论，道法二家思想之相近者皮毛，而其根本则迥不相同。"①但是，笔者在深究《老子》与《商君书》《韩非子》的文本之后，深以为：第一，萧公所谓"道"家是指的老子还是庄子，不太明确。这一判断如果是说庄子与法家的关系，倒似乎近切，因为老子与庄子在对待政治的态度上相去甚远；如果说的是老子与法家的关系，则十分不妥。故萧公的表述比较笼统。第二，《商君书》与《韩非子》骨子里都信奉老子的反知识论，商鞅的"不法古，不修今，法古则后于今，修今者塞于势"（《商君书·开塞》），韩非在其《主道》《有度》《扬权》《孤愤》《难势》《五蠹》《解老》《喻老》等诸多篇章中，都无不表明了法家与老子哲学在思想渊源上的紧密关系。第三，在理论的结果上，老子与商、韩之间确实是有区别的，但是，他们都尊崇并且强化君权，都在为君主的专制集权出谋划策，却是确凿的事实。尤其是在指导君主玩弄"阴毒"的"御臣之术"方面，完全一致。所以，司马迁将老子与韩非在《史记》中合传，且谓韩非"喜刑名法术之学，而其归本于黄老"②，实在是抓住了韩非思想的要害。

鉴于蒯、萧二公的论断及其影响之巨，笔者以为有必要对儒、道、法的文本关系做一个系统的表述，并且从儒家与法家思想深处的矛盾以及秦国与东方六国的殊死较量之中来探究"焚

---

①　萧公权：《中国政治思想史》（一），辽宁教育出版社1998年版，第236页。

②　司马迁：《史记·老子韩非列传》，中华书局1959年版，第2146页。

书坑儒"的必然。儒家哲学脱胎于殷商时代的母体之中，由于它的历史文化土壤是中国先民由来已久的家族本位与亲亲之爱，因此，坚持刚健不息的入世精神就成了它的必然选择，当然，这也是中华民族赖以生存、赖以发展的必然选择。它在自本自根、自给自足的自然经济条件下，天然地形成了一整套人生哲学的道德信条和政治哲学理念。但是，由于儒家来自古老的文化母体，它所追求的是一以贯之的忠与恕，人之所以为人的道德圆满，始终坚持在天人合一的理论预设之中提升人的精神境界，因此，在以攻伐为尚的春秋战国时代，它已经像一个古老的传说，被浮躁、功利的群体视为"博而寡要，劳而少功"①了。

先秦儒家自信自己已经找到了人学的真理，因此在以攻伐为尚的春秋战国时代并没有改弦更张的意思，独立寒秋，于是遭到了来自各个方面的猛烈批评，以《老子》为首。在先秦儒家的思想体系中，孝悌、孝慈为仁学的根本（见《论语·学而》），老子则针锋相对：

> 大道废，安有仁义。慧智出，安有大伪。六亲不和，安有孝慈。国家昏乱，安有忠臣。绝圣弃智，而民利百倍。绝仁弃义，而民复孝慈。绝巧弃利，盗贼无有。此三言也，以为文未足，故令之有所属。见素抱朴，少私而寡欲。绝学无忧。（《帛书老子乙本·道经》）②

---

① 司马迁：《史记·太史公自序》，中华书局 1959 年版，第 3289 页。
② 本文所引用的《老子》文本均采用帛书老子乙本。请参见高明《帛书老子校注·帛书老子乙本勘校复原》，中华书局 1996 年版，第 466—478 页。以下不再注明。

老子不仅否定了孝悌、孝慈，进而否定了儒家的政治理想，而且还否定了儒家的知识论。原始儒家以"克己复礼"为"仁"，谓"一日克己复礼，天下归仁焉"（《论语·颜渊》）。但是，老子的批判尖锐而且深刻："失道而后德，失德而后仁，失仁而后义，失义而后礼。夫礼者，忠信之薄也，而乱之首也。前识者，道之华也，而愚之首也。是以大丈夫居其厚而不居其薄；居其实而不居其华。故去彼而取此。"（《帛书老子乙本·德经》）把儒家的伦理视为社会道德衰败之后，社会思潮愚昧浅薄，华而不实的表现。

孔子一生对中国文化有极其重大的贡献，其中最突出的就是整理殷周以来的各种历史文献。《诗》《书》《礼》《乐》《易》《春秋》，作为中国最具代表性的传世经典得以流传至今，孔子及其学派功不可没。之所以重视传统，重视历史的文化传承，是因为先秦儒家认为，人之所以为人，必须"慎终追远"（《论语·学而》），由父母而祖先，由祖先而神灵，由神灵而天人合一，"与天地合其德，与日月合其明，与四时合其序，与鬼神合其吉凶"（《周易·乾·文言》），必须从文化的传承开始。但是，老子的批判直指儒家的知识论：

> 不出于户，以知天下。不窥于牖，以知天道。其出弥远者，其知弥少。是以圣人不行而知，不见而明，弗为而成。为学者日益，为道者日损。损之又损，以至于无为。无为而无不为。取天下，恒无事，及其有事也，不足以取天下。（《帛书老子乙本·德经》）

老子对儒家的批判条条道路通罗马，最终都是归结到反知识论和统治之"术"上面来，既昭示了他自己"无为而无不为"的政治哲学思想，又迎合了各路诸侯的贪欲、专权之心，因此具有很大的诱惑性。至关重要的是，老子将先秦儒家的知识论与人的自然性情对立起来，从"五色令人目盲，五音令人耳聋，五味令人口爽，驰骋畋猎令人心发狂，难得之货令人行妨"抵达"民多利器而国家滋昏。人多智巧，而奇物滋起，法物滋彰，而盗贼多有。是以圣人之言曰：我无为而民自化，我好静而民自正，我无事而民自富，我欲不欲而民自朴"（《帛书老子乙本·德经》）。在老子看来，知识是丧德败性的罪魁祸首，是扰民的"异物"，它一旦被人民所掌握，就成了人民对抗国家、挑战君权的"利器"，因此，只有取消知识的传授，才可以轻松地达到国家"大治"的目标：

> 不上贤，使民不争。不贵难得之货，使民不为盗。不见可欲，使民不乱。是以圣人之治也，虚其心，实其腹，弱其志，强其骨。恒使民无知无欲也，使夫智不敢，弗为而已，则无不治矣。（《帛书老子乙本·道经》）

这种极富煽动性的表述方式在奖励耕战、提倡君主专制的商鞅身上激发了无穷的灵感：

> 刑生力，力生强，强生威，威生德，德生于刑。故刑多则赏重，赏少则刑重。民之有欲有恶也，欲有六淫，恶有四难。从六淫，国弱；行四难，兵强。故王者刑于九而赏出一。刑于九则六淫止，赏出一则四难行。六淫止则国无奸，四难行则兵无敌。民之所欲万，而利之所出一；民非一则无

以致欲，故作一。作一则力抟，力抟则强。……塞私道以穷其志，启一门以致其欲。（《商君书·去强》）①

"刑生力"是指统治者通过专制的手段强迫百姓专心于"耕战"，归心于农，则"力生强"。威，畏也。畏生德，就是通过对刑法的恐惧而产生"德"，以至于"无讼"，这就是"德生于刑"，也就是商鞅常说的"以刑去刑"。这种推理的方法与理路对孝公时代内忧外患的秦国来说的确有明显的治国效果，但是，从普世性的法理来讲，确实是不可理喻。"六淫"指的是儒家的"六虱"②；"四难"指的是法家的严刑、峻法、力农、务战。把儒家的道德信条视为国家之"奸"、之"私"，故止"六淫"而兴"四难"，则国富兵强。这种旨在"作一则力专"的"穷其志""致其欲"思想明显是来自老子"侯王得一以为天下正"的政治哲学理念。其践踏人权，陷人于"愚"的权术，有违人类的普遍常理，是反人类的。这种极端的"尊君抑民"③思想导致了商鞅非常极端的治国方针：

圣人不法古，不修今。法古则后于时，修今者塞于势。周不法商，夏不法虞。三代异势而皆可以王。故兴王有道，而持之异理。武王逆取而贵顺，争天下而上让。其取之以力，持之以义。今世强国事兼并，弱国务力守。上不及虞、

---

① 本文所引用的《商君书》文本，均出自蒋礼鸿撰，由中华书局 1986 年出版的《商君书锥指》。

② 《商君书·靳令》云："六虱：曰礼乐，曰诗书，曰修善，曰孝弟，曰诚信，曰贞廉，曰仁义，曰非兵，曰羞战。"

③ 萧公权：《中国政治思想史》（一），辽宁教育出版社 1998 年版，第 218 页。

夏之时，而下不修汤、武。汤、武之道塞，故万乘莫不战，千乘莫不守。(《商君书·开塞》)

老子的"知识论"在商鞅这里就发展成了一种反对继承一切古代文化的国家行政管理方略。这种理念在一个没有任何制衡观念的专制极权主义的国度里，终究会导致类似"焚书坑儒"这样的暴行。事实上，据《韩非子·和氏》载，早在秦孝公执政的商鞅变法时期，秦国就发生过"焚书"的事件，只是影响没有秦始皇闹得那么大而已：

商君教秦孝公以连什伍，设告坐之过，燔《诗》、《书》而明法令，塞私门之请而遂公家之劳，禁游宦之民而显耕战之士。

这是一条十分珍贵的史料。它表明，秦始皇的"焚书坑儒"在当时激烈的思想斗争中由来已久，不是一起偶然的事件，而是历史发展、思想斗争、政治军事较量的必然结果。因此，如果说秦始皇的"焚书坑儒"是中国文化史上的一次浩劫，那么，罪就不在秦始皇一人，至少道家的老子，法家的李悝、申不害、商鞅、韩非、李斯等很多人都难辞其咎，是思想史不断向前推进的时候，在特殊的时势下不可避免的结果。

二 焚书坑儒的深刻原因

但是，当我们努力克制被"焚书坑儒"的暴行刺激的情感，平心静气，客观地分析、研究当时的史料时，会惊奇地发现，

"焚书坑儒"在富国强兵、抵御外侮（指东西南北各少数民族的侵扰）的政治形势下，实在是不得已的事情。

任何一种政治理论，都一定有其相应的历史文化的传承，有它赖以生存、传播的现实土壤。先秦儒家以孝悌、孝慈为"仁"之"本"，并不是说，孝悌、孝慈就是"仁"。关于"仁"，孔子在《论语》中从多个层面、多个角度进行了即时性地多种解释，就是重要的证据。所以，这个仁之本的"本"字，只是根源、出发点的意思。先秦儒家的理路是，如果一个人对父母兄弟姐妹都不能献出一颗爱心，就更谈不上去爱世界上的其他人了，因此，"亲亲"是每一个人做人的第一步。但是，这只是一个起点，郭店楚简《六德》云："门内之治恩掩义，门外之治义斩恩。"（第30—31简，同样的表述还见于《礼记·丧服四制》）就是要人们彻底划清"亲亲之爱"与"天下为公"的界线。相对于先秦诸子百家而言，"天下为公"实际上是先秦儒家最大的特点。

先秦儒家哲学最重要的内容是修身。《礼记·大学》云："自天子以至于庶人，壹是皆以修身为本。"儒家的道德主体是通过"五达道"通向"三达德"。三达德，《礼记·中庸》界定为仁、智、勇，也就是后来被子思子、孟子完善为仁、义、礼、智、圣的"五行"（见郭店楚简《五行》与长沙马王堆的帛书《五行》）。它是在"亲亲之爱"的基础上扩而充之"老吾老以及人之老，幼吾幼以及人之幼"，在孟子看来，只有这样，人才能够成长为圣贤，才能够去管理国家："天下可运于掌。"（《孟子·梁惠王上》）孟子又说："尽其心者，知其性也。知其性，则知天矣。存其心，养其性，所以事天也。夭寿不贰，修身以俟之，所以立命也。"（《孟子·尽心上》）尽心、知性，参赞天地，进而知天；存心、养性，至诚动天，进而事天，由浅显而博厚，由凡俗而高明，由近切而悠久，逐步提升，层层递进，抵达"善、信、美、大、圣、神"。这是一种典型的境界哲学，把人之所以为人者视为一种逐步完善的过程。

先秦儒家的政治哲学也是由这一基本的人学理论自然延伸而成的。换言之，先秦儒家认为，只有在自身修养的过程中，通过尽心、知性达到了知天，通过存心、养性达到了事天的人，才能够"上下与天地同流"，完全超越自己的一己之私，己立立人，己达达人。只有这种人才能够担任国家的君主，因为只有他们才能够"匍匐救民"（《上海博物馆藏战国楚竹书·二·民之父母》第9简，同样的表述还见于《礼记·孔子闲居》《孔子家语·论礼》），成为民之父母。孔子曰："政者，正也。"（《论语·颜渊》）这个命题有三层含义：第一，君主作为国家的首领，必须是道德的表率，甚至是哲学的圣王，否则不足以化民，孔子曰："子帅以正，孰敢不正？"（《论语·颜渊》）又曰："无为而治者，其舜也与！夫何为哉？恭己正南面而已矣。"（《论语·卫灵公》）此之谓也。第二，整个国家的行政体系应当是一个以仁、义、礼、智、圣为追求目标的道德教化体系，因此"君主"是第一教主。他是历史文化传承的结晶，是各种美德的渊薮，所以在这样的语境下，整个社会发展就是一个不断提升道德境界的奋进过程。第三，全国上下，人学、政治学一以贯之，上行下效，无刑、无狱、无讼，"正"，是儒家理想王国中最高的理想。

孟子引用《尚书·泰誓》曰："天视自我民视，天听自我民听"（《孟子·万章上》），把人民群众的意志视为"天"，并且直谓"民为贵，社稷次之，君为轻"（《孟子·尽心下》）。所以，先秦儒家的政治哲学极端重视君权与人民的关系，极端重视君权的合法性，先秦儒家的经典作家在各种经典中花费了大量的篇幅来论证君权是从哪里来的。尤其是，他们并不仅注重君权的来历，而且更为注重君主在执政期间的表现，明确提出"四境之内不治"，使人民饱受"倒悬"之苦的君主就是"残""贼"，就应该"变置"。因此，武王伐纣就是替天行道，"贼仁者，谓之'贼'；贼义者，谓之'残'，残贼之人，谓之'一夫'。闻诛一夫纣矣，未闻弑君也"（《孟子·梁惠王下》）。

而代表商人地主集团的商鞅却认为，国家是不需要依托于人民的，只需要依靠自上而下的严刑峻法。他也强调"德"，但是，这个"德"并不是人之所以为人的主体自觉，而是"德生于刑"，是严刑峻法使人生畏，人民应去掉一切主体性、独立性的自我意识（这被法家称为"私学"），归心于农，专力于战，"弱其志，强其骨"，一心为了专制君主的"公"，就是最大的"德"。很明显，这种所谓的"德"是恐怖主义的结果，它在抽掉了人的主体精神之后，把国民改造成国家的工具，以牺牲全国人民的意志来烘托、强化、突出专制君主一个人的意志。这当然是一种反人类的哲学。

现代法学中的"法"是保护无辜、约束犯罪，以维护人之所以为人的自由、平等、生命、健康、财产等自然的权利不受侵犯，而法家的"法"却完全是维护君主专制的利益，它只对专制君主一人负责。因此，从现代法学的角度来讲，秦国在法家的理论指导下对人民执行严刑峻法的同时，其本身就是在犯罪。更为重要的是，法家的政治哲学中始终没有讨论过"君权"是从哪里来的，既不说它来自"天"，也不说它来自民。在《韩非子》的原始文本中，君权来自两个方面，在没有取得之前，讲的是"霸术"；在已经取得之后，讲的是"权术"。在这样的国度不可能有真正的公正，不可能有代表公正的"法"，更不可能建设一以贯之的道德体系。

如此说来，是不是先秦儒家的政治哲学就是十全十美的呢？不是的。实际上，笔者以为，先秦儒家存在着根本性的缺陷，而且这也正是"焚书坑儒"的大灾难发生的原因。第一，儒家的修身之学是非常重要的，任何社会，任何时代，不论对天子还是庶人，都是有必要的，但是到底何以判断一个人有德还是无德？在实际的操作中很难规定每一位社会成员都能接受并且执行的客观标准。在纷繁复杂的社会里，人性的表现千奇百怪，人们众口一词称道的人，未必就有一颗端正、诚悫的心，许多仁人志士也未必就能够得到人民大众的理解。颠倒错乱的现实，给有德无德的判断造成了很大的混乱。孔子"乡原，德之贼也"（《论语·阳货》）的感慨正是就此而言的。可惜这个问题几千年来一直是个重大的问题，无法解决。第二，孝悌，仁之本。通览《论语》《孟子》，都是一致的。本，是根源，是出发点。但是，在这个世界上，绝大多数人都是凡夫俗子，在一个以"亲亲之爱"为出发点的国度里，人们怎么才能超越自己，在大是大非问题上真正做到"天下为公"呢？战国时期东方六国之所以不是秦国的对手，关键问题就在于，以贵族领主集团为基础的国家体制，任人唯亲，结党营私，钩心斗角，内耗太重，毫无战斗力，完全违背了孔子、孟子的政治理想。笔者的意思是，先秦儒家哲学的理念是很好的，但是在现实的实行过程中，缺乏制度的制约，很难量化（如"门内之治恩掩义，门外之治义斩恩"的判断就难以深究）。因此，改革成功的国度就战无不胜，如商鞅变法的秦国；改革失败的国度就君臣离散，国破家亡，如"肢解吴起"的楚国。第三，以民为天，修德而成圣王，这是先秦儒家政治哲学的精华。但是，在现实社会之中怎么诞生这个"圣王"，实在是一个很大的问题。郭店楚简《唐虞之道》明确指出："禅也者，上德授贤之谓也。上德则天下有君而世明，授贤则民兴效而化乎道。不禅而能化民者，自生民未之有也。"（第20—21简）这是非常古老而又先进的思想，可惜先秦儒家并没有也不可能在经验的层面、制度的层面进行进一步的阐述。

一方面是政治理念的极端先进，另一方面是在经验的、制度的层面无法落实，于是，贯通天人的政治哲学就成了一个具有良好愿望的梦想，博厚、高明、悠久，"唯天为大，唯尧则之"（《论语·泰伯》），可望而不可即，成了中国的知识分子"永恒的乡愁"。①正是拥有这种让东方六国的知识精英视为精神归宿的政治哲学理论，导致了他们把来自游牧民族（原住鄂尔多斯原野的羌族苗裔），实行军事化的管理，"以刑去刑"，富国强兵的秦国视为"虎狼之国"。

秦国的政权"不法古，不修今"，建立在摧毁历史文化传承的基础之上，所以，它的命运只能犹如纸炮一声，轰然而灭。但是，秦国在夺取天下的过程中所表现出来的雷厉风行、战无不胜的业绩，②正好让我们对当时的那段历史进行反思。也许在孔子、孟子等正统的先秦儒家看来，六国之所以被秦国消灭，完全是没有按照孔子、孟子的思想来建立国家才导致的结果。但是，六国的残余，终究又投靠了秦国的知识分子们在批判秦国的政治时，

---

① 黄俊杰：《儒学与现代台湾》，中国社会科学出版社2001年版，第271页。

② 贾谊《过秦论》云："秦人开关延敌，九国之师逡巡逃遁而不敢进，秦无亡失遗镞之费，而天下诸侯已困矣。于是从散约解，争割地以奉秦……"

却又无不是以《尚书》《诗经》《春秋》等儒家的经典作为思想上的武器。所以，秦国与六国集团的政治矛盾，最终演变成了秦国的政治意识形态与先秦儒家死而不僵的政治幽灵的矛盾。于是，龙颜大怒的秦始皇就不仅要在物质形式上让六国集团从地球上消失，而且也要让它们依托的精神化为乌有。这就是"焚书坑儒"的本质。

在血与火的灾难之后，儒家又以新的面貌在汉代站立了起来，并且在汉代以后一直被人篡改、修正，变来变去，为中国历代的专制主义者所利用，失去了先秦孔子、孟子所倡导的原始儒家的战斗精神和人民性。并且，上述孔子、孟子原始儒家的政治哲学体系中原本存在的致命问题也没有得到根本性的解决，于是雪上加霜，到了五四时期受到更为猛烈的清算与批判，布衣孔子、孟子再次成为历史的替罪羊。追求极端君权专制的秦国与追求极端民主自由的五四运动都要彻底地消灭儒家学说，这是中国人在人类文明史上创造的奇迹。

但是，没有想到，在改革开放的今天，儒家哲学又火热了起来。是福还是祸，学术界拭目以待。笔者以为，世界上任何事物的发生，都肯定有它的前因后果，有它内在的理据。这正是儒家哲学再次抬头的真正原因。当代儒学在当代中国的命运，关键取决于从事儒家哲学研究的学者是否能够直面儒家的缺点，要敢于从历史的不幸遭遇中总结经验，既不可以妄自尊大，也不可以讳疾忌医。只有面对现实，脚踏实地，在否定中前进，才有发展的可能；只有在批判中建设，才有可能重振雄风。

从韩非的《难言》《说难》谈起

韩非的"孤愤"之文《难言》《说难》所引发的问题是一个言论自由的问题。深究之，几千年来，这个问题实际上并没有得到人们的高度重视和深入研究，当然也就不可能得到根本性的解决。但是，笔者以为，这又不仅仅是一个言论自由的问题，它还是一个政治理论所倡导的价值观的问题，是一个在现实之中政治体制怎样打造的理念问题。由于它终究涉及了创新性人才是否能够脱颖而出的问题，因此，在我们目前的国际环境下，就更是一个事关中华民族伟大复兴的重大问题。

一　韩非子理论的根本缺陷

韩非在《难言》一文中列举了大量因为"至言忤于耳而倒于心"，"小者以为毁訾诽谤，大者患祸灾害死亡及其身"的人物史实：

> 文王说纣而纣囚之，翼侯炙，鬼侯腊，比干剖心，梅伯醢，夷吾束缚，而曹羁奔陈，伯里子道乞，傅说转鬻，孙子膑脚于魏，吴起收泣于岸门，痛西河之为秦，卒枝解于楚，公叔痤言国器，反为悖，公孙鞅奔秦，关龙逢斩，苌弘分

脤，尹子穽于棘，司马子期死而浮于江，田明辜射，宓子
贱、西门豹不斗而死人手，董安于死而陈于市，宰予不免
于田常，范雎折胁于魏。此十数人者，皆世之仁贤忠良有
道术之士也，不幸而遇悖乱暗惑之主而死，然则虽贤圣不
能逃死亡、避戮辱者，何也？则愚者难说也，故君子难言
也。①

细细品味，可谓不寒而栗，令人发指！对于这些"仁贤忠良"
而言，他们面对社会不平不公的现实，无论如何不能保持沉默，
因为他们具有社会的责任感，历史的使命感，但是仗义执言的结
果却是万古同悲。几千年来，中国的仁人志士抛头颅洒热血，前
赴后继，汇聚而成的是流不尽的"英雄血"。

可惜，韩非的《难言》《说难》都只是试图提高"说"的
水平，一方面希望游说者说的都是"至言"，另一方面也希望当
权者都是"圣贤"。韩非是一位智者，直面现实，他本身对所谓
"至言"表示怀疑，因为世界上本来就没有十全十美的事物；对
所谓"圣贤"也表示怀疑，对二者交接之后所产生的后果更不
抱什么幻想。他说得很清楚："度量虽正，未必听也；义理虽
全，未必用也。大王若以此不信，则小者以为毁訾诽谤，大者患
祸灾害死亡及其身。"（《难言》）

但是，韩非的理论体系中存在深刻的矛盾。度量正，"大
王"为什么不听？义理全，"大王"为什么不用？韩非在这个
时候丧失了自己的主体人格，他不是像孔子、孟子那样："君
之视臣如手足，则臣视君如腹心；君之视臣如犬马，则臣视君

---

① 陈奇猷校注：《韩非子新校注》，上海古籍出版社 2000 年版，第 52—53 页。

如国人；君之视臣如土芥，则臣视君如寇仇。"（《孟子·离娄下》）而是完全把成功的希望寄托在"大王"的"圣贤"之上。问题在于，如果孔子、孟子抱有这种幻想倒是情有可原的，因为，孔子、孟子都在"大王"的来历上进行过十分深入的讨论，所谓的"大王"必须是社会道德的"圣王"，是人民的表率，否则，他就无权占据君主的要位。而韩非从来没有讨论过君主的权力是从哪里来的，从来没有怀疑过君主的权力的合法性，他的理论完全匍匐在君主的脚下。在《主道》一文中，韩非子将《老子》虚静无为的思想运用到他的政治哲学之中，给君主出谋划策：

> 寂乎其无位而处，漻乎莫得其所。明君无为于上，群臣竦惧乎下。明君之道，使智者尽其虑，而君因以断事，故君不穷于智；贤者敕其材，君因而任之，故君不穷于能；有功则君有其贤，有过则臣任其罪，故君不穷于名。是故不贤而为贤者师，不智而为智者正。臣有其劳，君有其成功，此之谓贤主之经也。

君主高高在上，而群臣却不知道他要干些什么，国家没有统一的明确目标，上上下下笼罩在恐惧之中，有功则是君王之功，有罪则是臣子之罪。在《说难》中韩非还讲了几个发人深省的故事，来描绘"大王"深不可测的心思：

> 昔者，郑武公欲伐胡，故先以其女妻胡君以娱其意。因问于群臣："吾欲用兵，谁可伐者？"大夫关其思对曰："胡可伐。"武公怒而戮之，曰："胡，兄弟之国也，子言伐之

何也!"胡君闻之,以郑为亲己,遂不备郑,郑人袭胡取之。宋有富人,天雨墙坏,其子曰:"不筑,必将有盗。"其邻人之父亦云。暮而果大亡其财,其家甚智其子,而疑邻人之父。此二人,说者皆当矣,厚者为戮,薄者见疑,则非知之难也,处知则难也。故绕朝之言当矣,其为圣人于晋,而为戮于秦也。此不可不察。

昔者,弥子瑕有宠于卫君。卫国之法,窃驾君车者罪刖。弥子瑕母病,人闲往夜告弥子,弥子矫驾君车以出。君闻而贤之,曰:"孝哉,为母之故,忘其刖罪!"异日,与君游于果园,食桃而甘,不尽,以其半啖君,君曰:"爱我哉,忘其口味,以啖寡人!"及弥子色衰爱弛,得罪于君,君曰:"是固尝矫驾吾车,又尝啖我以余桃。"故弥子之行,未变于初也,而以前之所以见贤,而后获罪者,爱憎之变也。故有爱于主,则智当而加亲;有憎于主,则智不当,见罪而加疏。

关其思忠心耿耿,却惨遭屠戮;卫君出尔反尔,更是让人捉摸不定。在此,韩非没有进一步地深究游说者与君主之间如此的原因,没有从政治体制上来纠正这种畸形的关系,而是从游说者的角度提出了相应的要求:"故谏说谈论之士,不可不察爱憎之主而后说焉。夫龙之为虫也,可柔狎而骑也;然其喉下有逆鳞径尺,若人有婴之者,则必杀人。人主亦有逆鳞,说者能无婴人主之逆鳞,则几矣。"(《说难》)从文章的结构来看,韩非说得似乎有一些道理,但是到头来呢?韩非最终还是没能逃脱自己的一手好文章招来的杀身之祸。司马迁在给韩非写传记时,走笔至此,产生了强烈的共鸣,谓"余独悲韩子为《说难》而不能自脱耳"（《史记·老子韩非列传》）。这是说，虽然韩非研究了"说之难"，总结了很多经验，但是终究没有摆脱悲剧的命运。韩非的死，正是从一个特殊的角度证明，韩非的政治理论是一种不彻底的理论，其"循名实、因参验"（《韩非子·奸劫》）的认识论也是片面的。

本来，韩非"以法治国"（《韩非子·有度》）的理论是对儒家"父子相隐"、亲亲之爱有可能产生的负面效应的尖锐批判，①对调动全国人民的积极性，富国强兵，抵御强敌具有深远的意义。但是，他的理论是建立在君主与臣下对立、政府与人民对立的基础之上的。韩非的"法"与我们现在所谓的"法"具有根本的不同，它是绝对体现君主个人的"私法"，是高悬在全国人民头上的一把利剑，是对全国人民的天赋权利（自然权利）的践踏，是典型的只许州官放火，不许百姓点灯的"法"。这实际上是最大的"私"，最大的"奸"，最大的"邪"，因为它最终是对整个社会道德体系的毁灭。"威不贷错，制不共门"（《韩非子·有度》），极大地限制了广大官员的积极性，限制了人民群众的创造力，所以，国家在韩非的理论指导下可以在短期内有较大的发展，但是绝不可能长治久安，因为君主"若电若雷"（《韩非子·扬权》）的所作所为是纸包不住火的，因为它的根本问题是不知道什么是"人"，不知道人之所以为人的本质到底是什么。

---

① 《韩非子·五蠹》云："楚之有直躬，其父窃羊而谒之吏，令尹曰：'杀之。'以为直于君而曲于父，报而罪之。以是观之，夫君之直臣，父之暴子也。鲁人从君战，三战三北，仲尼问其故，对曰：'吾有老父，身死莫之养也。'仲尼以为孝，举而上之。以是观之，夫父之孝子，君之背臣也。故令尹诛而楚奸不上闻，仲尼赏而鲁民易降北、上下之利若是其异也。"

二 韩非子提出的问题至今没有解决

任何一种政治理论，首先必须建立在人之所以为人的基础之上。这是任何国家、政府赖以成立的第一要务。法国哲学家笛卡尔说："我思故我在。"可思想是要表达之后才有可能转化为现实的力量，所以笛卡尔的话的实际意思就是"我说故我在"。换言之，如果没有独立思想的自由，没有表达思想的自由，出版的自由，批判社会现实的自由，人就不是人，那个相应的社会也就不是真正健康的、人的社会。

从事物的起源来讲，国家本来是人们自发地组织起来的一个社会形式，它的目的就是充分地满足人们的生存需要，要最大限度地体现广大人民的根本意志，极大地维护和激发他们的创造性，从而实现他们的价值，以便推动社会前进。如果国家由于各种反人民的原因走向了这一目的的反面，它就必须"变置"（《孟子·尽心下》）。在孟子看来，这就是作茧自缚。从另外的一个角度来讲，历史是在不断前进的，任何先进的思想都有衰落、变质的一天，因此就像一个正常的机体一样，任何国家都必须在思想上吐故纳新，为了保证整个社会的积极向上，始终保持先进的价值观和思想水平。它必须为所有的人提供一个可以自由表达言论、展示思想、批判现实的舞台和空间，否则这个社会就一定是笼罩在阴霾之中，充满病态的萎靡。在这样的社会里，谈什么人才创新、管理创新、科技创新，都是不可能的。

在这样的社会里，首先是正义得不到伸张，一切都是当权者说了算，谁有权，谁有钱，谁就拥有真理。它的结果只能是社会的良心不断丧失，社会的道德意识逐步淡漠以至毁灭，正所谓"强者胁弱，众者暴寡，知者诈愚，勇者苦怯，疾病不养，老幼孤独不得其所，此大乱之道也"（《礼记·乐记》）。其次，社会毫无创造力，一切庸才都如鱼得水，一切有贡献的人才都不得好死。龚自珍所谓"牢盆狎客操全算，团扇才人踞上游"（《咏史》）正是描述的这样一种邪恶、昏暗、令人愤慨的状况。用者非所养，养者非所用，所以清代末年甚至出现了将军不像将军，教师不像教师，官僚不像官僚，连小偷都不像小偷的混乱状态。最后，整个社会民心散乱，有似一盘散沙。国家没有国际上的竞争力，社会更没有积极向上的风貌，大家心灰意冷，什么未来，什么理想，什么希望，都成了掩耳盗铃的皇帝新装。

在人类社会的早期，特别是韩非所处的战国时代，诸侯各国以攻伐为尚，全国统一的趋势已经昭然若揭。作为对东方六国成败得失的总结，韩非顺应历史潮流，大力提倡将国家的权力集中在君主手中，对儒家所提倡的、往往无法"参验"的"为政以德"的理念进行了有效的补充与批判，这本来是应该提倡的，但是，他的政治理论没有直面两个关键的问题：第一，君权是从哪里来的？第二，国家的政权到底是建立在君主的"权术"之上，还是建立在人之所以为人的天赋权利之上？

在认真研读韩非的文本之后，笔者领会到，韩非认为君权的唯一来源是君主的"术"。也就是君主深不可测，"若电若雷"

的"权术"。①本来韩非的政治理论是法、术、势三者的组合，但是，君主的"法"是其"术"借助"势"而制造出来的御人工具，所以是君主为一己之私制造了"法"，而不是"法"产生了君权。在韩非的笔下，"势"也不能产生君权，但是"势"对一位善于因势利导的君主来讲，对一个因"术"而造"势"的"大王"来讲，它是君主一手制造出来，并且直接为自己服务的社会保障。因此，在韩非的理论体系中，"术"是根本性的因素，在还没有获得权力的时候，君主要靠它来获得（准确地讲，应该叫"窃取"）权力，在已经获得权力之后，君主又必须用它来保持、捍卫以及扩大自己手中的权力，因此，君权的唯一来源只能是"术"。本来，任何国家，任何时代，任何一个水平高超的政治家都不可能没有"术"，都不可能不适当地运用一些必不可少的政治手段，即便是在公开、公正、公平的民主体制里也概莫能外。但是关键是要摆正法、术、势的关系。

如果韩非在理论上真正地吸收先秦儒家的人学理论，在人格平等的思想基础上，遵循"君臣、朋友，其择者也"（郭店楚简《语丛·一》第 87 简）的政治理念，一切依托于"法"，把

---

① 《管子·法法篇》有云："君之所以为君者势也。"慎子也曾说："势位足以诎贤者。"（转引自《韩非子·难势》）韩非却提出了不同的见解："飞龙乘云，腾蛇游雾，吾不以龙蛇为不託于云雾之势也。虽然，夫释贤而专任势，足以为治乎？则吾未得见也。夫有云雾之势，而能乘游之者，龙蛇之材美也。今云盛而蚓弗能乘也，雾醲而蚁不能游也。夫有盛云醲雾之势，而不能乘游者，蚓、蚁之材薄也。今桀、纣南面而王天下，以天子之威为己之云雾，而天下不免乎大乱者，桀、纣之材薄也。且其人以尧之势，以治天下也，其势何以异桀之势，以乱天下者也。夫势者，非能必使贤者用已，而不肖者不用已也，贤者用之，则天下治；不肖者用之，则天下乱。人之情性，贤者寡，而不肖者众，而以威势之利，济乱世之不肖人，则是以势乱天下者多矣，以势治天下者寡矣。"（《韩非子·难势》）在《主道》《有度》《奸劫》等诸篇中，韩非始终是在阐述君主驾驭群臣的"术"，是尊君强国的法宝。

"法"视为"法、术、势"的根本，把君主的权力获得、运作、扩大的过程也彻底地纳入"法"的范围之中，那么，举国上下就真正建立了一以贯之的"以法治国"的正义原则。但是，恰好相反，韩非把"法"与"术"本末倒置了，以"术"作为国家的根本，"术"就成了国家最大的奸，最大的恶，因为君主一人"在深宫之中；而明照四海之内，而天下弗能蔽、弗能欺"（《韩非子·奸劫》）的"大王"之"术"是怎么也玩不过所有臣子的，其结果只能是"身死人手，为天下笑"（《过秦论》上），贾谊的这句话既可以说秦始皇，也可以用来说韩非。

韩非的第二个不应该回避的问题，就是人之所以为人的本质到底是什么的问题。他始终没有摆正君主与人民，政府与人民之间的关系。富国强兵对于人民来讲，对于任何一个国家来说，在任何时代，当然都是必需的，而且富国强兵的同时也一定能够相应地提高广大人民的物质生活水平，但是，问题在于，人不是畜生，他们不可能在满足衣食住行的生理需要的同时，丢掉人之所以为人的人格尊严。儒家所讲的博厚高明，悠久无疆，慎终追远的性命观照对他们来说同样是不能有丝毫忽视的，任何时代的任何统治者，都无权取缔、限制，甚至践踏人民在精神上的自由选择。韩非理论的最大问题在于把人民视为君主的奴才，国家掠夺的工具。萧公权先生云："韩非尊君抑民，可谓至极。"[1] 正是就此而言的。任何一种不把人当人的政治理论，肯定是一种不能成立的理论；任何一个不把人当人对待的政府，也肯定是一个不得善终的政府。孟子云："桀纣之失天下也，失其民也；失其民者，失其心也。得天下有道：得其民，斯得天下矣；得其民有

<hr>

[1] 萧公权：《中国政治思想史》（一），辽宁教育出版社1998年版，第218页。

道：得其心，斯得民矣；得其心有道：所欲与之聚之，所恶勿施，尔也。民之归仁也，犹水之就下、兽之走圹也。故为渊驱鱼者，獭也；为丛驱爵者，鹯也；为汤、武驱民者，桀与纣也。"（《孟子·离娄上》）秦始皇采用了韩非的政治主张，并且实施到了具体的国家管理之中去，最后导致了"天下云集响应，赢粮而景从"（《过秦论》上）的陈胜吴广起义，正说明了孟子论断的英明。从加强中央集权，建立统一国家政权来说，秦始皇毫无疑问是顺应了历史的潮流，但是，从人学的角度来讲，他却是实实在在的倒行逆施，铸成了人类历史上的重大错误。

先秦儒家云："夫天生百物，人为贵。"（郭店楚简《语丛·一》第18简）又云："故人者，其天地之德，阴阳之交，鬼神之会，五行之秀气也。"（《礼记·礼运》）可见，人是一种充满创造力的神灵之物，他的言论是他的思想的显发。没有畅所欲言的自由环境，任何政府都不可能代表人民群众的根本利益。因此，从根本上保证人民有充分的言论自由，是政府的天职。否则，这个政府就肯定是一个霸道的、不合法的政府。而且，言论自由，说到底也是充分调动人的潜力，激发人的创新能力的一个最为重要的途径。没有言论的自由，人民的创新能力肯定要大打折扣，所谓中华民族的伟大复兴就将成为一句空话。

第五部分　从孔孟到陆九渊

陆九渊学述

一　陆九渊与江西学派

陆九渊，字子静，南宋绍兴九年（1139）二月生于江西抚州金溪（今江西临川县）。早年据孟子"庶民去之，君子存之"（《孟子·离娄下》）之谓，自号存斋。晚年结精舍于贵溪象山讲学，自号象山翁，学界尊称为象山先生。

在象山先生的笔下，象山先生家乡的人民安居乐业，有上古质朴淳厚的君子遗风："民皆自食其力，畏事自爱，输公先期，无催期之扰。家用饶给，风俗醇美，岁时伏腊，鸡豚相遗，杯酒相欢，熙熙如也。"①象山先生讲学的象山，地处江东信州贵溪，蟠松怪石，奇峰万叠，自然风光极为优美。②南宋的江西，全称

---

① 《与宋漕》，《陆九渊集》（卷八），中华书局1980年版，第106—107页。
② 象山先生写道："乡人彭世昌得一山，在信之西境，距敝庐两舍而近，实龙虎山之宗。巨陵特起，然如象，名曰象山。山间自为原坞，良田清池，无异平野。山涧合为瀑流，垂注数里。两崖有蟠松怪石，却略偃蹇，中为茂林。琼瑶冰雪，倾倒激射，飞洒映带于其间，春夏流壮，势如奔雷。木石自为阶梯，可沿以观。佳处与玉渊卧龙未易优劣。往岁彭子结一庐以相延，某亦自为精舍于其侧。春间携一僆二息，读书其上。又得胜处为方丈以居，前挹闽山，奇峰万叠，后带二溪，下赴彭蠡。学子亦稍稍结茅其旁，相从讲习，此理为之日明。舞雩咏归，千载同乐。"[《与朱元晦》，《陆九渊集》（卷二）第22页]

江南西路，春秋战国时期属于古代楚国的疆域，正是浪漫而清丽、阔大宏远而旷达洒脱，"坐忘""心斋"的老庄哲学诞生的地方，更是屈原、陶渊明、李白、苏东坡、王安石等无数文化巨星照耀过的土地。中唐以后，中国的禅宗心学，以黄梅为中心，东至长江下游的润州，西至江汉平原的当阳、荆州。命慧各异、彼此渗透，万法唯心，即心即佛的宗旨，与千百年来中国厚重的、自本自根的文化传统相裹挟，像润物细无声的甘霖一样，为开启江西象山心学滋润了肥沃的文化土壤。江西抚州金溪与江东信州贵溪接壤，与道教圣地龙虎山、佛教圣地庐山为临，这里"泉石之胜，云山之奇，平生所鲜见"①。孔子曰："知者乐水，仁者乐山。知者动，仁者静。知者乐，仁者寿。"（《论语·雍也》）象山的心学就是从长江流域特殊的历史文化的灵山秀水中成长起来的一棵生命之树。

象山兄弟六人，其中四兄九韶，字子美，号梭山居士，一生"不事场屋，兄弟共讲古学，与朱元晦友善"②。他首言《太极图说》有误，挑起了朱陆之间无极太极之辩，深化并扩展了鹅湖之会的讨论内容。有《梭山日记》一部，其中的心学思想具体而微，切于日用。以道德仁义为本，富贵贫贱为末，认为"得其本则末随，趋其末则本末俱废"③。为象山"先立乎其大者"的理路奠定了基调。象山日后曰："知道，则末即是本，枝即是叶。又曰：有根则自有枝叶。"④ 二人异曲同工，象山思维路径深得其兄精神。五兄九龄，字子寿，号复斋先生。自言"稽百

---

① 《与尤延之》，《陆九渊集》（卷十一），第154页。
② 《年谱》，《陆九渊集》（卷三十六），第480页。
③ 《梭山日记》见《梭山复斋学案》，《宋元学案》（卷五十七），第1864页。
④ 《语录下》，《陆九渊集》（卷三十五），第435页。

氏异同之论，出入于佛、老，反复乎孔子、子思、孟子之言，潜思而独究之，焕然有明焉。穷天地，亘万古，无易乎此也"①。为象山心学的确立做出了重要的贡献。其友曰：复斋"文辞近古，有退之子厚之风，道学造微，得子思孟轲之旨"②。与象山心学大段相同。全祖望在《梭山复斋学案》中指出："三陆子之学，梭山启之，复斋昌之，象山成之。梭山是一朴实头地人，其言皆切近，有补于日用。复斋却尝从襄陵许氏入手，喜为讨论之学。《宋史》但言复斋与象山和而不同，考之包恢之言，则梭山亦然。今不尽传，其可惜也。"③兄弟三人和而不同，亦兄弟亦学友，以儒家思想为主体，继承并发扬思孟之学，借助并涵化道家与禅宗的思想资源，在与程朱理学的彼此讨论、对垒中，成长壮大起来，携手成就了江西学派，另辟蹊径，创立心学，开了儒家学说的生面，与浙东金华学派、永康学派、永嘉学派和福建考亭学派、湖湘南轩学派并显于世，实在难能可贵。

二　收拾精神，自作主宰

象山先生早在三四岁时，就因思天地何所穷际不得而废寝忘食。十多岁的时候，因读古书至宇宙二字，解者曰："四方上下曰宇，往古今来曰宙。"忽大省曰：天地"元来无穷，人与天地万物，皆在无穷之中者也"。于是得出了"宇宙内事乃己分内事，己分内事乃宇宙内事"，"宇宙便是吾心，吾心即是宇宙。

---

① 《与章彦节》，载黄宗羲《宋元学案》（卷五十七），中华书局1986年版，第1872—1873页。

② 《全州教授陆先生行状》，《陆九渊集》（卷二十七），第313页。

③ 《宋元学案》（卷五十七），第1862页。

东海有圣人出焉，此心同也，此理同也。西海有圣人出焉，此心同也，此理同也。南海北海有圣人出焉，此心同也，此理同也。千百世之上至千百世之下，有圣人出焉，此心此理，亦莫不同也"的结论。这一发现，奠定了象山先生一生的学术思想基调："道塞宇宙，非有所隐遁。在天曰阴阳，在地曰柔刚，在人曰仁义。仁义者，人之本心也。"①仁义之本心就是天地宇宙的精神，吾心与天心，人道与天道，就浑然成了一体："天之所以予我者，至大、至刚、至直、至平、至公。……无偏无党，王道荡荡；无党无偏，王道平平；无反无侧，王道正直。"②顺应了自然，不为外物牵引，永葆了我天生具备的这一颗赤子之心，涵泳其中而不外骛，就保住了精神，收拾住了仁义的本心。"不惑于多歧，不蔽于浮说"③，"不求名胜，不较胜负，不恃才智，不矜功能，故通体皆是道义"④。"无事时，只似一个全无知无能底人。及事至方出来，又却似个无所不知，无所不能之人。"⑤因此，收拾精神，就成了陆象山人学的第一要务！

这一理论的渊源，实际上是孟子的"气论"："其为气也，至大至刚，以直养而无害，则塞于天地之间。"（《孟子·公孙丑上》）尤其是"存夜气"与养"平旦之气"（《孟子·告子上》）。象山先生换了一句话来说，就是"收拾精神"。但是，象山先生的思想体系中毕竟打上了时代的烙印，增添了现实的修炼节目。"收拾精神"是针对学者们"用心多驰骛于外而未知自反"来说

---

① 《年谱》，《陆九渊集》（卷三十六），第482—483页。
② 《语录下》，《陆九渊集》（卷三十五），第441页。
③ 《与詹子南》，《陆九渊集》（卷七），第96页。
④ 《与包显道》，《陆九渊集》（卷七），第101页。
⑤ 《语录下》，《陆九渊集》（卷三十五），第455页。

的。象山先生用了一个生动的比喻来形容这种精神散乱、神不守舍的状态："年少子弟，居一故宅，栋宇宏丽，寝庙堂室，厩库廪庾，百尔器用，莫不备具，甚安且广。而其人乃不自知，不能自作主宰，不能泛扫堂室，修完墙屋，续先世之业而不替，而日与饮博者遨游市肆，虽不能不时时寝处于故宅，亦不复能享其安且广者矣。及一旦知饮博之非，又求长生不死之药，悦妄人之言，从事于丹砂、青芝、煅炉、山屐之间，冀蓬莱瑶池可至，则亦终苦身亡家，伶仃而后已。惟声色、臭味、富贵、利达之求，而不知为学者，其说由前；有意为学，而不知自反者，其说由后；其实皆驰骛于外也。"① 第一种情况说的是恣情纵欲之人，第二种情况说的是寻章摘句、致力于训诂考索而不知尊德性之人。

然而，象山先生的理论目的却是"自作主宰"。发明本心是从灵性感悟，体认天人合一的明觉来说的，而自作主宰则是从道德践履处入手，为主体性的现实扩展提出的原则。象山先生曰："精神全要在内，不要在外，若在外，一生无是处。"②因为"君子役物，小人役于物。夫权皆在握，若在物，即为物役矣"③。精神在内，则主体在我，我是我自己的精神主宰，俯仰屈伸，皆在我的主体性的控制之中；精神为外物所牵引，驰骛于外，被外物所役，我就不是我了，因为我的主体性已经被众多非主体性因素所支离，故而"一生无是处"。象山先生又曰："高底人不取物，下人取物，粘于物。"④象山先生认为，厚重的物欲，是一条

---

① 《与胡达材》，《陆九渊集》（卷四），第56—57页。
② 《语录下》，《陆九渊集》（卷三十五），第468页。
③ 同上书，第463页。
④ 同上书，第462页。

勾引人走向邪路、堕落灭亡的毒蛇。它在私欲、私智的鼓荡下把自我引向非我，并且最终使人丧失主体性。象山先生曰："将以保吾心之良，必有以去吾心之害。何者？吾心之良吾所固有也。吾所固有而不能以自保者，以其有以害之也。有以害之，而不知所以去其害，则良心何自而存哉？故欲良心之存者，莫若去吾心之害。吾心之害既去，则心有不期存而自存者矣。夫所以害吾心者何也？欲也。欲之多，则心之存者必寡，欲之寡，则心之存者必多。故君子不患夫心之不存，而患夫欲之不寡，欲去则心自存矣。然则所以保吾心之良者，岂不在于去吾心之害乎？"①收拾精神的主要工夫在于去害己之心，存吾心之良。但是，去害存良的根本在于去"欲"。"吾心之良"是世界的唯一真实，因此，去欲，就是去掉一切私心杂念而归于正："人之精爽，负于血气，其发露于五官者安得皆正？不得名师良友剖剥，如何得去其浮伪，而归于真实？又如何得能自省、自觉、自剥落？"②只有纯诚专一，"自省、自觉、自剥落"，做存养的工夫，才能逐步收拾精神，自作主宰。

象山先生的学问作为一种大人之学，其精神流散之谓，更多是对学术的方法、路径和它导致的结果而言："人心有消杀不得处，便是私意，便去引文牵义，牵枝引蔓，牵今引古，为证为靠。"③这种人性的斜出，是时代风气和社会潮流的遮蔽所致："此学之不明，千有五百余年矣。异端充塞，圣经榛芜，质美志笃者，尤为可惜。"④心中油然而生出一股排斥异端、拯救圣学、

---

① 《拾遗·养心莫善于寡欲》，《陆九渊集》（卷三十二），第380页。
② 《语录下》，《陆九渊集》（卷三十五），第464页。
③ 同上书，第485页。
④ 《与李省干》，《陆九渊集》（卷一），第14页。

传递香火的豪情和历史的使命感，力倡"弃去谬习，复其本心，使此一阳为主于内，造次必于是，颠沛必于是，无终食之间而违于是"①，"还我堂堂地做个人"。只有堂堂地做个人，才有可能使自己在心智上、学问上达到"至善"的境界："予举荀子《解蔽》'远为蔽，近为蔽，轻为蔽，重为蔽'之类，说好。先生曰：'是好，只是他无主人。有主人时，近亦不蔽，远亦不蔽，轻重皆然。'"②在认识上首先达到了轻盈自适、无所不至的境地，就必然会在主体性上达到一个新的境界："居广居，立正位，行大道。"③"动容周旋中礼，此盛德之至。"④然后推而广之："成教化，厚人论，美教化，移风俗"⑤，完成了儒家内圣外王的全部过程，由是而自作了由里到外的真正主宰。

深究象山先生所有文献，我们发现，"自作主宰"是其思想的本质，是他继承孟子"天爵"思想，在学绝道丧、人心淆乱、浮躁的南宋时期，力挽颓世狂澜的理论壮举。因此他斩钉截铁地说："这里是刀锯鼎镬的学问。"⑥大有孟子"富贵不能淫，贫贱不能移，威武不能屈"的大丈夫气概。⑦这种气概在象山先生，是由孔子、曾子、子思子、孟子传承而来的独立精神。但是，笔者以为，对"收拾精神，自作主宰"，象山先生还有更为坚实的圣训支持，他把它视为由天而降的天秩、天命，是"天理"在人身上的自然显现：

---

① 《与曾宅之》，《陆九渊集》（卷一），第6页。
② 《语录下》，《陆九渊集》（卷三十五），第448页。
③ 同上书，第451页。
④ 《语录上》，《陆九渊集》（卷三十四），第396页。
⑤ 《语录下》，《陆九渊集》（卷三十五），第449页。
⑥ 同上书，第453页。
⑦ 《孟子·滕文公下》。

《复》是本心复处，如何列在第三卦，而先之以《履》与《谦》？盖《履》之为卦，上天下泽，人生斯世，须先辨得俯仰乎天地而有此一身，以达于所履。其所履有得有失，又系于谦与不谦之分。谦则精神浑收聚于内，不谦则精神浑流散于外。惟能辨得吾一身所以在天地间举措动作之由，而敛藏其精神，使之在内而不在外，则此心斯可得而复矣。①

履卦实言人生在世雨雪风霜，路途险恶，如履猛虎之尾，如临百丈深渊，稍有疏忽就有可能带来灭顶之灾。因此拳拳服膺，奋发自强，才能履虎尾而善终，履薄冰而无虞。象山先生认为，《易经》以履卦为九卦之首，这正是人之所以为人的道德践履、实践为第一原理的经典佐证，并为他的心学理论找到了上承于天，昭示于儒家先祖的遗训。但是，"其所履有得有失，又系于谦与不谦之分。谦则精神浑收聚与内，不谦则精神浑流散于外。惟能辨得吾一身所以在天地间举措动作之由，而敛藏其精神，使之在内而不在外，则此心斯可得而复矣"，这种理论依据，正是象山先生在与程朱理学据理力争时理直气壮、为真理而斗争的根本原因。

三 心即理与性即理之辨

心即理与性即理之辨是陆王心学与程朱理学的根本差别，这种差别在象山与朱熹的理论之中尤为明显，历来为学者所关注。象山之学在发明本心，收拾精神，自作主宰，把孟子

---

① 《年谱》，《陆九渊集》（卷三十六），第490页。

的性善论发扬光大；朱熹之学则在格物穷理，"盖为学之道，莫先于穷理，穷理之要，必在于读书，读书之法，莫贵于循序而致精，而致精之本，则又在于居敬而持志，此不易之理也"。①象山之学，先立乎其大者，在道问学之先即进入"纯一之地"，在虚空、纯净的心境里唤起尊德性、明天理的本心。象山之心，兼具众理，涵咏万物，发明本心的过程也就是心与理不断走向同一、统一、融合的过程："盖心一心也，理一理也。至当归一，精义无二。此心此理实不容有二。"②朱熹则大异其趣，诚如冯友兰先生所言："盖朱子以心乃理与气合而生之具体物，与抽象之理，完全不在同一世界之内。心中之理，即所谓性；心中虽有理而心非理。故依朱子之系统，实只能言性即理，不能言心即理也。"又曰："朱子所见之实在，有二世界，一不在时空，一在时空。而象山所见之实在，则只有一世界，即在时空者。只有一世界，而此世界即与心为一体。"③

但是，根据笔者对朱陆二公现存文献的了解，他们并不能分割得太分明、太细，在一个共同的历史与哲学的背景下，他们有同根同源的思想资源，彼此渗透、彼此依持、彼此补充。象山的"理"就不仅仅是心中之理。他说："此理在宇宙间，未尝有所隐遁，天地之所以为天地者，顺此理而无私焉耳。人与天地并立而为三极，安得自私而不顺此理哉？"④"塞宇宙一

---

① 《行宫便殿奏札二》，《朱文公文集》（卷十四）。
② 《与曾宅之》，《陆九渊集》（卷一），第4—5页。
③ 冯友兰：《中国哲学史》（下），华东师范大学出版社2000年版，第281页。
④ 《与朱济道》，《陆九渊集》（卷十一），第142页。

理耳，学者之所以学，欲明此理耳。此理之大，岂有限量？"①而且在文字上，他们都讲心即理与性即理，只不过是在不同的理论体系下，有不同的理论趋向而已。朱熹就说："理即是心，心即是理。"②又曰："心与理，不是理在前面为一物，理便在心中。"③还曰："心即理，理即心，动容周旋，无不中理。"④象山则曰："凡子之病，皆性之不纯，理之不明，而外之势，又有以增其病而无以药之者。子之病，非独子有之也，人皆有之。"⑤性之不纯故不能认知理，与理融为一体。王阳明说得更为直接："心之本体即性，性即理也。"⑥又曰："心之体，性也。性即理也。"⑦双方连说话的口气、句式都有相似之处。⑧因此我们在研究朱陆之性即理与心即理的差异或相互之间的关系时，尤不可流于浮泛的字面游戏，而是要深入心学与理学的思想体系之中去做阐幽表微的工作。

朱陆的性即理与心即理的区别首先发源于他们各自对心性的理解上。象山之心性论上承孟子，认为心、性、情、才为一浑然主体，在天为理，在人为心，而心实际上是心、性、情、才的浑厚景象：

---

① 《与赵咏道》，《陆九渊集》（卷十二），第 161 页。

② 《朱子语类》（卷三十七）。

③ 《朱子语类》（卷五）。

④ 《朱子语类》（卷十八）。

⑤ 《与张辅之》，《陆九渊集》（卷三），第 37 页。

⑥ 《传习录上》，《王文成公全书》（卷一）。

⑦ 《答顾东桥书》，《王文成公全书》（卷二）。

⑧ 象山言："动容周旋中礼，此盛德之至。"（《语录上》）与朱熹的"动容周旋，无不中理"实一字之差。

伯敏云："如何是尽心？性、才、心、情如何分别？"
先生云："如吾友此言，又是枝叶。虽然，此非吾友之过，
盖举世之弊。今之学者读书，只是解字，更不求血脉。且如
情、性、心、才，都只是一般物事，言偶不同耳。"伯敏
云："莫是同出而异名否？"先生曰："不须得说，说着便不
是，将来只是腾口说，为人不为己。若理论得自家实处，他
日自明。若必欲说时，则在天者为性，在人者为心。此盖随
吾友而言，其实不须如此。只是要尽去心之累者，如吾友适
意时，即今便是。……'狮子咬人，狂狗逐块。'以土打狮
子，便径来咬人，若打狗，狗狂，只去理会土。圣贤急于教
人，故以情、以性、以心、以才说与人，如何泥得？若老兄
与别人说，定是说如何样是心，如何样是性、情与才。如此
分明说得好，划地不干我事，须是血脉骨髓理会实处始得。
凡读书皆如此。"①

很明显，在这里，象山先生的"心"并不是朱熹的认知之
"心"，而是一个由性、心、才、情混合而成的德性主体，它是
通过长期修炼，透过心灵的明觉，"近亦不蔽，远亦不蔽，轻重
皆然"的一种"主人"境界。这个境界具有活性的流通灵明的
生命之源，具有人生初始的善质、善端，它空明澄澈，涵咏万
物。象山的理论用意是，在人精神的灵空里，开辟出一块洁净的
田地——纯一之地，通过剥落存养的工夫，摒弃一切尘世的杂念
与羁绊，去感受天理的澄明，并与宇宙之理融为一体，使人的主
体性至高、至洁、至纯，发挥到极致（仰首攀南斗，翻身倚北

---

① 《语录下》，《陆九渊集》（卷三十五），第444—445页。

辰。举头天外望，无我这般人），以至于最终达到"吾心便是宇宙，宇宙即是吾心"，彼此互不限隔的境界。因此，心即理，实际上是一个高扬人的主体性的人学概念，其目的是抬高人之所以为人的立足点，使学绝道丧的颓世风习都回归到孟子"四端"的善端（此即象山的本心）上去，养其大体、止于至善，"还我堂堂地做一个人"。

朱熹在根本上没有把握住象山哲学的命脉，没有在一个崇尚不立文字，简易直截，直指人心的忠厚长者身上，下一些分析考究（或者说是语言哲学）的工夫，这是中国哲学史的悲哀："今人往往以心来说性，须是先识得方可说，如天命之性便有气质，若以天命之性为根于心，则气质之性又安顿在何处？谓如人心惟危，道心惟微，都是心，不成只道心是心，人心不是心？"①朱熹认为，心只是一个认知的主体，心有知觉，而性与理无知觉；由于受气质之性的影响，心的知觉不可能完全合乎理的要求。以知觉为性，是典型的禅宗和告子的思想，②因为以知觉为性，任心而行，必然忽视儒家礼仪规范，终究会走向颠倒狂妄的末路。这种说法也许有其体系（朱熹把性划分为天命之性与气质之性）上的合理性，因为气质之性确实有上述的缺点，但是朱熹忽略了陆象山在虚空的"纯一之地""先立乎其大者"的理论构架，其中蕴含着对南宋假道学充斥社会各个阶层的现实的批判，因而具有深远的历史意义。朱熹的错误还在于，不能冷静地对待一个宏大的理论框架，从而不能从本质上把握象山哲学的实质，然后融会贯通，共扶圣教。

①　《朱子语类·四》。
②　《朱子语类·一百一十六》："陆子静所学分明是禅。"

四 鹅湖之会与尊德性、道问学

据《东莱年谱》记载:"淳熙二年乙未,四月二十一日如武夷,访朱编修元晦,潘叔昌从,留月余。同观关洛书,辑《近思录》。朱编修送至信州鹅湖,陆子寿、陆子静、刘子澄及江浙诸友皆来会。"对朱陆二派在"尊德性""道问学"的分歧,吕祖谦早有了解,于是,就想借此路过鹅湖寺的机会来调和双方的意见,共扶圣教。

赴会之前,复斋对子静曰:"伯恭约元晦为此集,正为学术异同。某兄弟先自不同,何以望鹅湖之同?"于是,兄弟二人议论致辩,把思想都统一到象山这里来了。复斋夜来思之,成诗一首:"孩提知爱长知钦,古圣相传只此心。大抵有基方筑室,未闻无址忽成岑。留情传注翻榛塞,着意精微转陆沉。珍重友朋相切琢,须知至乐在于今。"①会议一开始,吕祖谦就要复斋谈一谈别后新功,复斋就把这首诗吟诵出来,不料只读了一半,朱熹便对吕祖谦说:"子寿早已上了子静舡了也。"双方便辩论起来。过了一会儿,象山便起来发言说:"途中某和得家兄此诗云:'墟墓兴哀宗庙钦,斯人千古不磨心。涓流滴到沧溟水,拳石崇成泰华岑。简易工夫终久大,支离事业竟浮沉。'"象山读到这里,元晦脸上为

---

① 此诗大意是:小孩子是什么都不知道的,等他长大以后就无不敬兄爱亲了。历来古代圣贤传承的就是这种仁义的本心。仁义之心是一切道德、意识、行为的基址,否则,大厦不能建立,高山没有了根基。发明本心的方法并不是驰骛于外的舍己追求,也不是牵枝引蔓的文字解析,只有超脱现实的羁绊,直指本心,自求于内,才能构成就儒家的人学。

之失色，至"欲知自下升高处，真伪先须辨只今"①时，元晦"大不怿"，会议进行不下去了，只好各自休息（这里足见朱熹作为一代"儒学大师"的理论气量，同时也反衬出象山之学果然抓住了朱熹的痛处）。

翌日，朱吕二公"商量数十折议论来，莫不悉破其说，继日凡致辨，其说随屈"②。会议整整讨论了三天，六月八日散会。不仅彼此的观点没有统一起来，而且朱陆两家的分歧公开化，把无数的门人、学生都卷了进去，在中国哲学史上产生了深远的影响，一直到明末清初时期，中国哲学才走出了由于这场论战导致的思想峡谷，有了新的突破。

鹅湖会上争论的焦点就是"尊德性"与"道问学"的分歧。表面上看，这似乎只是一个哲学的方法论问题，但实际上却是哲学体系上的区别。黄宗羲在《宋元学案·象山学案》中写道：

> 先生之学以尊德性为宗，谓"先立乎其大，而后天之所以与我者，不为小者所夺。夫苟本体不明，而徒致功于外索，是无源之水也"。同时紫阳之学，则以道问学为主，谓"格物穷理，乃吾人入圣之阶梯。夫苟信心自是，而惟从事于覃思，是师心之用也"。两家之意见既不同……于是，宗朱者诋陆为狂禅，宗陆者以朱为俗学，两家之学各成门户，

---

① 此诗大意是：看到荒凉的坟墓就会兴起悲哀的情绪，走近肃穆的宗庙就会让人油然而起崇敬的心情。这种天生的情绪、情感，就是千古都不会磨灭的本心。就像沧溟之水一样，是由涓涓细流积渐而成的；就像泰山华山一样，是由一点一滴的小土石块堆积而成。发明本心的方法就是"易简"，易简可以使养心的工夫立竿见影，产生真正的效果，而支离则是肢解离散，抓不住自我的本心，不能立其大，烦琐庞杂，不得要领，就不会有什么成就。孰是孰非，今天就是要变个水落石出来。

② 《语录上》，《陆九渊集》（卷三十四），第427—428页。

几如冰炭矣。

梨洲先生说得很清楚，所谓尊德性，在象山先生的体系中就是
"先立乎其大"。象山先生的思路是，人之所以为人者，在于
"先立乎其大"。亦即用剥落的存养工夫，去掉人七情六欲所带
来的各种私心杂念——"小者"，"打叠田地净洁"，在人主体
性的心灵世界里，拓展一片纯净之地。这是一片虚空清明、生
生不息的生命境界，它是在剥落存养的过程中逐步显现的一种
主体的澄明意识，惟精惟一，纯诚专一，从而唤醒人的主体性
中与天地之善同一的"本心"：恻隐之心、羞恶之心、辞让之
心、是非之心。这是一切学问的主体条件、前提、基础。"若
田地不净洁，则奋发植立不得。古人为学即'读书然后为学'
可见。然田地不净洁，亦读书不得。若读书，则是假寇兵，资
盗粮。"①象山认为，学者必须做到"不求名声，不较胜负，不恃
才智，不矜功能"，俯仰周旋只事天——发明本心，尊崇德性，
才能真正达到"道问学"的目的——"通身纯是道义"。②象山
说得很形象："知道，则末即是本，枝即是叶。又曰：有根则自
有枝叶。"③因此，"精神全要在内，不要在外，若在外，一生无
是处"④。

　　基于上述思考，象山直指朱熹格物致知的学术路径流于支
离。所谓支离，就是学者没有"笃敬之心，践履之心"⑤，用心

---

① 《语录下》，《陆九渊集》（卷三十五），第463页。
② 《与严泰伯》，《陆九渊集》（卷十四），第182页。
③ 《语录下》，《陆九渊集》（卷三十五），第435页。
④ 同上书，第468页。
⑤ 《程文·天地之性人为贵论》，《陆九渊集》（卷三十），第348页。

驰骛于利欲，"引文牵义，牵枝引蔓，牵今引古"①，"从俗浮沉，与时俯仰，徇情纵欲，汨没而不能自振。"②也就是说，朱熹穷理格物的工夫与唤醒灵明本心、加强道德修养之间并没有本质的联系，"有意为学，而不知自反"③。"自弃而不之求"④（自求于自己灵明之本心），在这样的情况下，"其心不正，其事不善，虽多读书，有何所用？用之不善，反增罪恶耳"⑤。

象山以为，"大抵学者且当大纲思省"⑥，求血脉处，求骨髓处，在德性的初始本心上用力，才能做一个顶天立地的堂堂的人。纯诚专一，脚踏实地，走道德践履的路，做"养大体"之"实学"⑦，才不会陷溺于蒙蔽之中。因此，"尊德性"对于"道问学"来说，具有不容置疑的先在性，德性是主体，是基础，是前提，是先导，而"问学"则是次，是从，是用，是末。关于尊德性与道问学孰先孰后、谁主谁次的问题，早在先秦儒家哪里就进行过讨论，只不过所用的名词不同罢了。尊德性，在孔子孟子那里称为"仁"，道问学称为"知"。孔子就说过："知及之，仁不能守之，虽得之，必失之。"（《论语·卫灵公》）这里是在说，即便有丰富的知识，如果没有高尚的道德作为向导，那么知识最终将等于零。孟子也讨论过仁与知的问题。《公孙丑下》载："燕人畔。王曰：'吾甚惭于孟子。'陈贾曰：'王无患焉。王自以为与周公孰仁且智？'王曰：'恶！是何言也？'曰：

① 《语录下》，《陆九渊集》（卷三十五），第458页。
② 《与曹挺之》，《陆九渊集》（卷三），第38页。
③ 《与胡达材》，《陆九渊集》（卷四），第57页。
④ 《拾遗·求则得之》，《陆九渊集》（卷三十二），第377页。
⑤ 《讲义·荆门军上元设厅皇极讲义》，《陆九渊集》（卷二十三），第285页。
⑥ 《语录下》，《陆九渊集》（卷三十五），第458页。
⑦ 《与詹子南》，《陆九渊集》（卷七），第97页。

'周公使管叔监殷，管叔以殷畔；知而使之，是不仁也；不知而使之，是不智也。仁智，周公未之尽也，而况于王乎？贾请见而解之。'见孟子，问曰：'周公何人也？'曰：'古圣人也。'曰：'使管叔监殷，管叔以殷畔也，有诸？'曰：'然。'曰：'周公知其将畔而使之与？'曰：'不知也。''然则圣人且有过与？'曰：'周公，弟也；管叔，兄也。周公之过，不亦宜乎？且古之君子，过则改之；今之君子，过则顺之。古之君子，其过也，如日月之食，民皆见之；及其更也，民皆仰之。今之君子，岂徒顺之，又从为之辞。'"从本质上来讲，这就是一段尊德性的话，象山先生可以说是得其神髓。

然而，我们在前面已经提到，象山与朱熹在同样的历史背景之下，二人思想本应该是互相渗透、彼此依持的，不应该形同冰炭。象山尊德性，积渐成悟，并不是不要人读书，只是提出了主体上的修养要求罢了；朱熹道问学，集渐成理，也并不是不要人修养德性，只不过是格物致知，从学问做起罢了。故梨洲先生在《象山学案》中曰："考二先生之生平自治，先生之尊德性，何尝不加功于学古笃行，紫阳之道问学，何尝不致力于反身修德，特以示学者之入门各有先后，曰'此其所以异耳'。……二先生同植纲常，同扶名教，同宗孔孟，即使意见终于不合，亦不过仁者见仁，知者见知，所谓'学焉而得其性之所近'。"在面对彼此的学术思想时，朱、陆双方都显得很不冷静，并由此影响了儒学在新的时期进一步深化，这不能不说是很遗憾的事情。

五　陆氏门人、杨简与天地万物通为一体

象山先生在南宋时期独树一帜，与朱熹对垒而大力倡导心

学，以简易之法，剥落存养之功，先立乎其大，吸引了众多学子来归。他早年在家乡青田槐堂书屋授徒，晚年又在象山精舍讲学，成百上千的人来听他讲学，影响十分久远。象山先生的门人及弟子，大致集中在江西和浙东两地。两地弟子也具有不同的风格和建树。在江西，以傅梦泉、邓约礼、傅子云、俞廷椿、李伯敏等为代表，史称"槐堂诸儒"。《槐堂诸儒学案》中共收录六十五人，阵容庞大，但是，这一批人总的来说学术疏浅，旨趣不高，流于佛老而不自知，抓不住陆学思想实质。他们的贡献不在心学理论的突破与创新，而在为陆氏学派、门户的确立上立下了汗马功劳。他们屈己从师，创建槐堂书屋，确立象山精舍，为扩大象山之学的社会、政治影响，并进而为取得象山之学的正统地位做出了不懈的努力。在浙东，以杨简、袁燮、舒璘、沈焕四人为代表。因为他们都生活在四明山麓，活动于甬江流域，故史称"甬上四先生"。文天祥曾说过："广平（舒璘）之学春风和平；定川（沈焕）之学，秋霜肃凝；瞻彼慈湖（杨简），云间月澄；瞻彼絜斋（袁燮），玉泽冰莹。"（《郡学祠四先生文》）说明这四位学者在南宋时期学术地位相当的高，而且风格各异，在继承象山之学的理论路径上有不同的特色。其中特别是杨简的心学，上承陆象山，下开王阳明，是中国哲学史上一重要的逻辑环节。

杨简，字敬仲，南宋高宗十一年（1141）生于浙江慈溪。因曾经筑室德润湖（又称慈湖）之上，世称慈湖先生。孝宗乾道五年（1169）举进士，历任富阳主簿、绍兴府司理、浙江抚干等闲散小官，最后以耆宿大儒膺宝谟阁学士，官阶至正奉大夫。曾向宋宁宗上书三札，"极言时弊，陈经国之要"（《慈湖遗书·行状》）。1214年，北方人遭受大饥荒，每天有成千上万的人涌向南宋，南宋政府居然用弓弩临淮水射杀之，使其退却。杨简闻此，悲伤之极！曰："得土地易，得人心难。薄海内外，皆吾赤子，中土故民，出涂炭，投慈父母，顾靳斗升粟而迎杀之，蕲脱死乃速得死，岂相上帝绥四方之道哉？"杨简上书阻止这种不仁不义的行径，但是官员不报。无奈之际，自叹曰："逾七十又几年三，八修门，四经陛对，言无可采择，不被于天下。"（《慈湖遗书·行状》）于是辞官而去，表现了一位儒学思想家自珍自爱的高风亮节。他于理宗宝庆二年（1226）去世，享年86岁。他的著作，后人编为《慈湖遗书》，事迹详见《宋史》本传及《宋元学案·慈湖学案》。

早在其28岁，还没有碰到象山先生之前，杨简即已经悟到"己心"，确立了他独特的人生宇宙观：

> 某之行年二十有八也，居太学之循理斋。时首秋，入夜斋仆以灯至。某坐于床，思先大夫尝有训曰："时复反观。"某方反观，忽觉空洞无内外，无际畔，三才、万物、万化、万事、幽明、有无通为一体，略无缝罅。畴昔意谓万象森罗，一理贯通而已，有象与理之分，有一与万之异。及反观后所见，元来某心体如此广大，天地有象、有形、有际畔，乃在某无际畔之中。（《慈湖遗书·炳师讲求训》）

没有象与理之分，没有一与万之别，也没有物我、内外的对立，千变万化的世界都在吾广大无际的心体之中，"三才、万物、万化、万事、幽明、有无通为一体，略无缝罅"。"通为一体"就是在我与万事万物之间消除了一切间隔，是一种独特的、哲学化的心理体验和世界观。在其《己易》一文中，这种特殊的观点得到了彻底的阐发：

目可见也，其视不可见；耳可见也，其听不可见；口可见，噬者不可见；鼻可见，臭者不可见；手足可见，其运动步趋者不可见；血气可见，其使之周流者不可见；心之为脏可见，其能思虑者不可见。其可见者，有大有小，有彼有此，有纵有横，有高有下，不可得而一。其不可见者，不大不小，不彼不此，不纵不横，不高不下，不可得而二。视与听若不一，其不可见则一；视听与噬臭若不一，其不可见则一；运用、步趋、周流、思虑若不一，其不可见则一。是不可见者，在视非视，在听非听，在噬非噬，在臭非臭，在运用屈信非运用屈信，在步趋非步趋，在周流非周流，在思虑非思虑。视如此，听如此，噬如此，臭如此，运用如此，步趋如此，周流如此，思虑如此，不思虑亦如此。昼如此，夜如此，寐如此，寤如此，生如此，死如此，天如此，地如此，日月如此，四时如此，鬼神如此，行如此，止如此，古如此，今如此，前如此，后如此，彼如此，此如此，万如此，一如此，圣人如此，众人如此，自有而不自察也，终身由之而不知其道也。为圣者不加，为愚者不损也，自明也，自昏也。此未尝昏，此未尝明也。或者蔽之二之，自以为昏为明也。昏则二，明则一，明因昏而立名，不有昏者，明无自而名也，昏明皆人也，皆名也，非天也。天即道，天即乾，天即《易》，天即人，天与人亦名也。（《慈湖遗书·己易》）

宇宙一己，宇宙一性。这里的"心"，已经上升为一种无思无为、寂然不动、为天地万物之源的精神实体。

杨简三十一岁时在富阳任主簿，象山先生中进士后路经富阳回家，与杨简共同讨论心学达半月之久，象山先生在发明本心问题上给予了杨简至关重要的启发。《陆九渊集·年谱》载："三月二十一日，先生过之，问：'如何是本心？'先生曰：'恻隐，仁之端也，羞恶，义之端也，辞让，礼之端也，是非，智之端也。此即是本心。'对曰：'简儿时已晓得，毕竟如何是本心？'凡数问，先生终不易其说，敬仲亦未省。偶有鬻扇者讼至于庭，敬仲断其曲直讫，又问如初。先生曰：'闻适来断扇讼，是者知其为是，非者知其为非，此即敬仲本心。'敬仲忽大觉，始北面纳弟子礼。故敬仲每云：'简发本心之问，先生举是日扇讼是非答，简忽省此心之无始末，忽省此心之无所不通。'先生尝语人曰：'敬仲可谓一日千里。'"①事后，杨简在不同的场合多次提起这次重要的会晤，他说：

> 某积疑二十年，先生一语触其机，某始自信某心之即道，而非有二物。始信天下人之心皆与尧、舜、禹、汤、文、武、周公、孔子同，皆与天地、日月、四时、鬼神同。（《慈湖遗书·二陆先生祠记》）

某心即道，某心即圣，一切人生现实的伦理是非、好恶、美丑的道理都在我虚灵之心的自然发明之中：

> 此四方之所知，至于即扇讼之是非，乃有澄然之清，莹然之明，非思非为，某实有之。无今昔之间，无须臾之离，

---

① 《年谱》，《陆九渊集》（卷三十六），第487—488页。

简易和平，变化云为，不疾而速，不行而至，莫知其乡，莫穷其涯，此岂惟某独有之，举天下之人皆有之。为恻隐，为羞恶，为恭敬，为是非，可以事亲，可以事君，可以事长……（《慈湖遗书·祖象山先生辞》）

杨简与天地万物通为一体的精神境界，进一步得到了道德伦理上的升华，这是杨简拜仅仅比他大两岁的象山先生为师的根本原因。

黄宗羲在评论王阳明的弟子王畿时，深刻地指出："象山之后不能无慈湖，文成之后不能无龙溪。"（《明儒学案》卷十二）"不能无"，一个否定之否定的句式，准确揭示了从象山到杨简、从阳明到王畿哲学史内在发展规律中不可阻挡的必然趋势。杨简与天地万物通为一体的心学精神，是直接从象山哲学体系中荡漾出来的一股理论的激流。他彻底去掉了象山理论中对于程朱理学的依赖——沿袭之累，完全彻底地摆脱了理学的制约，将象山先生的"三才"同归于心，与天地万物融为一体："夫道一而已矣，三才一，万物一，万事一，万理一。"（《杨氏易传·卷一·乾》）"此心至妙，奚庸加损。日月星辰即是我，四时寒暑即是我，山川人物即是我，风雨霜露即是我，鸢飞鱼跃无非我。"（《慈湖遗书·卷十八·炳讲师求训》）从而把象山的哲学推向了极端。于是，王阳明的出现，已成为哲学发展历史的必然。

陆九渊哲学的诗化境界

中国传统文化的主流是由儒、道、释三者彼此激励、交融而共同构成的。虽然儒、道、释三家各有各的价值取向，但是，相对于西方古典主客二分的哲学形态而言，它们都主张心与物、人与天的融合。儒家追求的是礼乐诗书、天生人成的人格境界；道家哲学追求的是对"性命之情"的返璞归真；而禅宗追求的则是由小乘、中乘、大乘，直到"万法尽通、万行具备、一切无杂、但离法相、作无所得"的"最上乘"（《坛经·智常来参》）。究其实，都是天人合一的境界哲学。境界哲学就是诗化哲学。这里的"境界"，说的是精神，说的是性情，说的是人格境界的提升过程。陆象山的哲学实际上是一种典型的境界哲学，亦即诗化哲学。它围绕"先立乎其大者"的思想核心，层层论说，以儒家哲学为灵魂，融会了道家以及禅宗的思想资源，加强了其理论体系的诗化性质，在整个中国哲学史上都是较为特殊的。

一　纯一之地

象山自谓曰："近有议吾者云：'除了先立乎其大者一句，

全无伎俩。'吾闻之曰:'诚然。'"①语气中有引以为自豪、自负者。盖"先立乎其大者"一句,贯穿象山思想的始终。在《陆九渊集》中,多次出现"先立乎其大者"的命题。"先立乎其大者"一句的思想,应该来源于《孟子·告子上》:

> 公都子问曰:"钧是人也,或为大人,或为小人,何也?"
>
> 孟子曰:"从其大体为大人,从其小体为小人。"
>
> 曰:"钧是人也,或从其大体,或从其小体,何也?"
>
> 曰:"耳目之官不思,而蔽于物。物交物,则引之而已矣。心之官则思,思则得之,不思则不得也。此天之所与我者,先立乎其大者,则其小者不能夺也。此为大人而已矣。"

象山对孟子的思想心领神会,抓住了其中的本质融会贯通而自得之,并形成了自己的思想体系。认真考察象山的具体文献,我们会发现陆九渊"先立乎其大者"一句的意思,在他的文集各处,表面上并不一致。为了较为准确、客观地把握象山思想的原始面貌,我们还是从文本出发,抓第一手资料:

> 前日窃闻以夫子所论齐景公、伯夷、叔齐之说,断命以祛俗惑,至今叹服,不能弭忘。笑谈之间,度越如此,辅之切磋,何可当也。允其所见,推其所为,勿急勿画,益著益察,日跻于纯一之地,是所望于君子,夷、齐未足言也。
>
> 此天之所以予我者,非由外铄我也。思则得之,得此者也;先立乎其大者,立此者也;积善者,积此者也;集义

---

① 《语录上》,《陆九渊集》(卷三十四),中华书局1980年版,第400页。

者，集此者也；知德者，知此者也；进德者，进此者也。同此之谓同德，异此之谓异端。心逸日休，心劳日拙，德伪之辨也。岂唯辨诸其身人之贤否，书之正伪，举将不逃于此矣。自有诸己至于大而化之，其宽裕温柔足以有容，发强刚毅足以有执，齐庄中正足以有敬，文理密察足以有别，增加驯积，水渐木升，固月异而岁不同。然由萌蘖之生而至于技叶扶疏，由源泉混混而至于放乎四海，岂二物哉？《中庸》曰："诚者，物之终始，不诚无物。"又曰："其为物不贰。"此之谓也。①

关于这段文字的解读，有的学者是这样说的："'此'就是心，天给的一切知识，都先验的在心中，这就是不虑而知、不学而能的'良知良能'。这显然是陆九渊'宇宙便是吾心'和'万物皆备于我'的主观唯心主义哲学在认识论上的贯彻。"②对于所谓唯心、唯物的问题，笔者没有兴趣，但是，说这段文字的"此"是指的"心"，是"良知良能"的说法，笔者殊不能同意。笔者以为，这是一个基本的语法上的错误。故不能不在此着重指出。

根据《钦定四库全书·象山集》《四部丛刊·象山先生全集》两个版本的排版，我们可以知道，这段文字本来是不分段的，但是 1980 年 1 月中华书局出版的《陆九渊集》却人为地将这一段本来不应该分开的文字分成了两个自然段，成了上面所引述的样子。我们依据原文的语义结构和文气的血脉，可以一眼就看得很清楚，在"此天之所以予我者，非由外铄我也。思则得

---

① 《与邵叔谊》，《陆九渊集》（卷一），第 1 页。
② 杨宪邦主编：《中国哲学通史》（第三卷），中国人民大学出版社 1990 年版，第 173 页。

之，得此者也；先立乎其大者，立此者也；积善者，积此者也；集义者，集此者也；知德者，知此者也；进德者，进此者也。同此之谓同德，异此之谓异端”这几句话中的“此”字，全部是指代“日跻于纯一之地”的。这段文字的中心就是在提倡“日跻于纯一之地”，并且以《中庸》之“不诚无物”和“为物不贰”为结，其思想的脉络非常清楚。

在《与邵叔谊》中，“先立乎其大者”的“大者”，指的是“纯一之地”。[①]纯一之地，从思想源流上来讲，首见于古文《尚书·商书·咸有一德》：“非天私我有商，惟天佑于一德；非商求于下民，惟民归于一德。德惟一，动罔不吉，德二三，动罔不凶。”被象山推崇的明道先生就极重视“咸有一德”（《二程集·论王霸札子》），倡言“纯王之心”“纯王之政”（《二程集·南

① “纯一之地”，明显是对道家“纯任自然”与禅宗“于六尘中不离不染，来去自由，即是般若三昧，自在解脱，名无念行”（《坛经》）出神入化的涵摄。但是，在《陆九渊集》中，陆子静却不露痕迹，只说这是“尊德性”，就是知德、进德、积善、集义，在当时的学术界，就是针对朱熹“道问学”提出的批评。子静曰：“今谓学问思辨，而于此不能深切著明，依凭空言，傅著意见，增疣益赘，助胜崇私，重其狷忿，长其负恃，蒙蔽至理，捍格至言，自以为是，没世不复，此其为罪，浮于自暴自弃之人矣。此人之过，其初甚小，其后乃大；人之救之，其初则易，其后则难，亦其势然也。物有本末，事有终始，知所先后，则近道矣。于其端绪知之不至，悉精毕力求多于末沟浍皆盈，涸可立待，要之其终，本末俱失。”（《陆九渊集》，第2页）纵观中国思想的发展历史，笔者以为，陆九渊与朱熹之“尊德性”和“道问学”的斗争，本质上是宋代社会已经走过了唐代门阀等级的古典时期，商业化、城市化的兴起，导致了市民阶层的崛起，农民进一步脱离土地，自由化的程度有所加强，要求平等的呼声日益壮大的现实生活状况的反映。陆九渊“不求名声，不较胜负，不恃才智，不矜功能，通身纯是道义”（第184页），“若某则不识一个字，亦须还我堂堂地做个人”（第447页），“小疑则小进，大疑则大进”（第482页）等诸如此类的表述中，一直透露着道家与禅宗的意蕴。而众所周知，不立文字，不断胜负，明心见性的慧能禅宗的后来居上，本来就代表了下层贫民的呼声，是社会由古典时期向近代转化的重要标志。应该说，象山的哲学实际上也具有同样的特征和历史背景。

庙试策五道·第一道》），并有诗为证："南去北来休便休，白𬞟
吹尽楚江秋。道人不是悲秋客，一任晚山相对愁。"（《二程集·
题淮南寺》）纯王之心与纯王之政都是哲学家的幻想，但是，明
道先生却冷静地昭示了"纯一之地"不为外物所动的状态。象
山的"纯一之地"在《与邵叔谊》中，指的是纯净、虚空之心，
像一种诗化的空灵境界，与明道先生心领神会，彼此相通，其根
本的精神是"勿忘勿画、益著益察"的"诚"。这种"纯一"
之诚的思想追求贯穿于象山先生的始终。绍兴二十二年，象山十
四岁，尝言："吾于践履未能纯一，然才自警策，便与天地相
似。"①淳熙十五年，象山五十岁，在山间精舍，与陈宰书云：
"同志之士，方此盍簪，绅绎简编商略终古，粗有可乐。虽品质
不齐，昏明异趣，未能纯一，而开发之验，变化之证，亦不可谓
无其涯也。"②很显然，象山先生一直把"纯一之地"当成道德
修养、品格提升的至高境界。哲学的诗化，最引人注目的地方，
在于哲人就是诗人，哲学就是诗学。哲人所追求的诗化境界本来
就是可望而不可即，却又具有巨大感召力量的目标。陆象山
"纯一之地"的境界，就具有这样一种特殊的诗化性质，因为在
现实中，这一境界"是只可永远接近而又永远不可能最终达到
的"诗化的境界。③

　　"纯一之地"的理论来源，王阳明又谓之曰《尚书》的十六
字心法："圣人之学，心学也。尧舜禹之相授受曰：'人心惟危，
道心惟微，惟精为一，允执厥中。'此心学之源也。中也者，道

---

① 《年谱》，《陆九渊集》（卷三十六），第483页。
② 同上书，第502页。
③ 张世英：《哲学导论》，北京大学出版社2002年版，第24页。

心之谓也。道心精一之谓仁，所谓中也。孔孟之学，惟务求仁，盖精一之传也。自是而后有象山陆氏……简易直截，真有以接孟氏之传。其议论开阖，时有异者，乃其气质意见之殊，而要其学之必求诸心，则一而已。"①所以象山曰："盖心，一心也；理，一理也。至当归一，精义无二，此心此理，实不容有二。"②心与理合而为一的最高境界，就是去掉了各种私心杂念的"纯一之地"：

> 今时士人读书，其志在于学场屋之文以取科第，安能有大志？其间好事者，因书策见前辈议论，起为学之志者，亦岂能专纯？不专心致志，则所谓乡学者未免悠悠一出一入。私意是举世所溺，平生所习岂容以悠悠一出一入之学而知之哉？必有大疑大惧，深思痛省，决去世俗之习，如弃秽恶，如避寇仇，则此心之灵自有其仁，自有其智，自有其勇，私意俗习，如见晛之雪，虽欲存之而不可得，此乃谓之知至，乃谓之先立乎其大者。③

排除私意，大疑大惧，深思痛省，摒弃一切秽恶，则仁、义、智、勇自显，这就是一种精诚专一、"纯诚专一"④的境界。这种境界，用冯友兰先生的话来说，实际上是一种人生的精神境界，⑤换句话说，就是诗化的境界。

---

① 《王守仁序》，《陆九渊集》（附录一），第537—538页。
② 《与曾宅之》，《陆九渊集》（卷一），第4—5页。
③ 《与傅克明》，《陆九渊集》（卷十五），第196页。
④ 《与吴叔有》，《陆九渊集》（卷六），第89页。
⑤ 冯友兰：《中国哲学史新编》（下），人民出版社1999年版，第227—228页。

但是，象山在《与朱济道》的三封信中，对"先立乎其大者"还有另外的解释：

> 此理在宇宙间，未尝有隐遁，天地之所以为天地者，顺此理而无私焉耳。人与天地并立而为三极，安得自私而不顺此理哉？孟子曰："先立乎大者，则其小者不能夺也。"人惟不立乎大者故为小者所夺，以叛乎此理，而与天地不相似。（第一封）
>
> 此理于人无间然，昏明何事与天渊？自从断却闲牵引，俯仰周旋只事天。尊兄平日只被闲牵引，所以不能自立。今既见得此理，便宜自立。此理即是大者，何必使他人明指大者？既见此理，此理无非，何缘未知今是？此理非可以私智揣度附会。若能知私智之非，私智废灭，此理自明。若任其私智，虽高才者亦惑，若不任私智，虽无才者亦明。（第二封）

这些表述是值得我们认真玩味的。这里的"理"毫无疑问是天理。而信中明确指出，"此理即是大者"。只有"立乎大者"，才不为小者所夺。这里的小者，就是"私智"，就是为外物所牵引而引发的情欲。为情欲左右之后，人就远离了天理。因此，"自从断却闲牵引"，去掉了对七情六欲五光十色的诱惑，就可以"先立乎其大者"。第三封信里的话更是力透纸背："平居不与事接时，切须鞭策得炯然，不可昧没对越上帝，则遇事时自省力矣。"①可见，象山的"理"就是"天"；而"天"就是上帝，"诚心求之""俯仰周旋只事天"，透露了象山先生明显的宗教倾

---

① 《与朱济道》，《陆九渊集》（卷十一），第142—143页。

向。正是这种宗教性的超越之"诚",把象山的性情世界扩展得十分丰富,空明澄澈,高远无极。

那么,一个是外界的风吹雨打都不能动摇的"纯一之地",一个是高高在上的天理,二者之间是怎么逻辑性地搭挂在一起的呢?我们认为,其答案在《与冯传之》一信中:

> 天降衷于人,人受中以生,是道固在人也。又曰:"先立乎其大者",立乎此者也。居之谓之广居,立之谓之正位,行之谓之大道。非居广居,立正位,行大道,则何以为大丈夫?①

纯一之地,就是天贯注于人的"衷","道固在人",言人人都具有天赋的"道",用孟子的话讲就是善端,用陆象山的话讲就是本心,也就是象山的"天理"。②不为外物所动,坚守"纯一之地",不驰骛于外,就可以居广居、立正位、行大道,与天理融为一体,达到"宇宙便是吾心,吾心即是宇宙"③,心即是理的心灵超越与融合。天,固然降衷于人,是人的性命源头,但天生百物人为贵,人伫立于天地之间,居广居,立正位,行大道,极具创发的力量,因而,"宇宙"与"吾心"通同为一,则天即在我的心中,而"我"也被完全"天"化。这种天与人彼此涵括,

---

① 《陆九渊集》(卷十三),第180页。

② 《陆九渊集·杂说》曰:"人心至灵,此理至明,人皆有是心,心皆具是理。"此之谓也。

③ 《年谱》,《陆九渊集》(卷三十六),第483页。

彼此包容的结果，实际上就是哲学的诗化。①

二　发明本心的"存"与"养"

　　所谓诗化的境界，愚以为首先是一种哲学的超越境界，其中必然蕴含着浓厚的宗教意味，是信念，是热忱，也是拳拳服膺追求理想的超迈情怀。与原始先儒孔子、孟子之"三军可夺帅也，匹夫不可夺志也"（《论语·子罕》）、"朝闻道，夕死可矣"（《论语·里仁》），"居天下之广居，立天下之正位，行天下之大道；得志，与民由之；不得志，独行其道。富贵不能淫，贫贱不能移，威武不能屈，此之谓大丈夫"（《孟子·滕文公下》）为真理、道义始终不渝、终身追求的入世、救世情怀相比较，象山哲学的最大特色，在于"自作主宰"，"先立乎其大者"，天与人之间的贯通更加通体透明："道塞宇宙，非有所隐遁。在天曰阴

---

　　①　象山哲学的诗化性质，笔者以为，还深刻地受到了《周易》思想的启发，其中特别是《易传》思想的影响。其"纯一之地"与"天理"的统一，"宇宙便是吾心，吾心即是宇宙"的超越，实际上与《易传》"昔者圣人之作易也，将以顺性命之理。是以立天之道，曰阴与阳；立地之道，曰柔与刚；立人之道，曰仁与义。兼三才而两之，故易六画而成卦。分阴分阳，迭用柔刚，故易六位而成章"，天地人上下相通，阴阳、刚柔、动静损益之思维模式是有学理上的联系的。据笔者初步统计，除了《易说》《易数》《三五以变错综其数》等专门章节讨论《周易》以外，《陆九渊集》一书中还有四十多处涉及《周易》的各种讨论，而且其理论的归宿基本上都是"纯一之地"。例如，他说："《履》德之基；《谦》德之柄；《复》德之本。得罪于《履》，得罪于《谦》，难以言《复》矣。"（《与包敏道》）这是典型的心性学《易》学，可谓别开生面。象山又曰："天地既位，人居其中，向明而立，则左右前后为四方。天以气运而为春夏秋冬，地以形处而为东西南北，四数于是乎见矣。然后有四方。中与四方，于是为五。故一生水而水居北，二生火而火居南，三生木而木居东，四生金而金居西，而五生土而土居中央。"（《三五以变错综其数》）把《周易》，特别是《象传》的思想与象山哲学加以比较之后，笔者深以为，象山的天人观从《易传》里面吸取了很多营养。

阳，在地曰柔刚，在人曰仁义。仁义者，人之本心也。"①仁义之本心就是天地宇宙的精神，吾心与天心，人道与天道，就浑然成了一体："天之所以予我者，至大、至刚、至直、至平、至公。……无偏无党，王道荡荡；无党无偏，王道平平；无反无侧，王道正直。"②顺应了自然，不为外物牵引，永葆了我天生具备的这一颗赤子之心，涵泳其中而不外骛，就保住了精神，收拾住了仁义的本心。"不惑于多歧，不蔽于浮说"③，"不求名胜，不较胜负，不恃才智，不矜功能，故通体皆是道义"④。把天人性化，把自然世界诗意化，把哲学要义宗教化，从而构成了象山哲学天人合一、天人冥合的心理基础，这是象山哲学的根本之所在。因此，象山对先秦儒家哲学的宗教性，实际上进行了一次淋漓尽致的发挥。诗化境界的第二大特征，当是一种人生理想的提升过程。在先秦原始儒家那里，这种提升是道德践履的"十有五而志于学，三十而立，四十而不惑，五十而知天命，六十而耳顺，七十而从心所欲，不踰矩"（《论语·为政》），是自我修养的过程，也是孟子善、信、美、大、圣、神各个层级逐步超拔的过程：反身而致诚，修身以立命，尽心知性而知天，存心养性以事天。象山对这一思想传统曾经有一个诗化的概括："此理于人无间然，昏明何事与天渊？自从断却闲牵引，俯仰周旋只事天。"⑤天与人熔融无间的关系，只是在于人不断地"断却闲牵引"，去掉庞杂诱惑，追求"纯诚专一"的过程。深究象山的思

---

① 《年谱》，《陆九渊集》（卷三十六），第482—483页。

② 《语录下》，《陆九渊集》（卷三十五），第441页。

③ 《与詹子南》，《陆九渊集》（卷七），第96页。

④ 《与包显道》，《陆九渊集》（卷七），第101页。

⑤ 《陆九渊集》（卷十一），第143页。

想理路，笔者以为，他确实是继承了先秦时期原始儒家的精髓。最近出土之郭店楚简的文献中有一篇《缁衣》，其文在篇章的排序与安排上，都与《礼记·缁衣》不同。北京大学李零先生以为，那是一篇直接记载孔子思想的文献。该文以"仪型文王，万邦作孚"之"孚"始，以"人而无恒"之"恒"结，全文结构紧凑，起承转合，掩映有致，把原始儒家的各种理论面向都建立在"咸有一德"之上。象山先生自称传承孟子，而孟子又深得孔子"心性"真传，此诚非虚言也。诗化境界的第三大特征，是超凡脱俗的化外景象，悠然飘荡、显隐于哲学化的表述之中。子静对象山精舍的精心描述展示的是一幅远离人间俗务，修养心性于蟠松怪石，奇峰万叠之间的琼瑶冰雪的画面。子静的哲学表述，往往紧紧扣住儒家心性之学的底蕴，援禅入儒，点石成金，别有洞天："二十五日观半山瀑，由新蹊抵方丈已亭午。山木益稠，蝉声益清，白云高屯，叠嶂毕露，疏雨递洒，清风潎然，不知其为夏也……"①这是自然的景观，但是，它们却是从陆子静的心中漂流而出，是其性情心志的投射，是"纯一之地"中理想境界的诗意化、直观化的表述。象山哲学的这一特殊境界，实际上也是直接传承了孔子思想的质素："饭疏食饮水，曲肱而枕之，乐亦在其中矣。不义而富且贵，于我如浮云。"（《论语·述而》）"莫春者，春服既成；冠者五六人，童子六七人，浴乎沂，风乎舞雩，咏而归。"（《论语·先进》）没有孔子由来已久的乐山乐水的传统以及道家精神的融汇，象山哲学的诗化性质，毕竟难以形成。

当然，象山哲学诗意化的最突出之处，在他在"先立乎其

---

① 《陆九渊集》（卷十一），第147页。

大"基础之上的心本论与发明本心。象山先生认为，人之所以为人，就在于有一颗既可以向内收敛、自我反索，又可以向外扩展、自我显扬的心。这是人的本质。"心于五官最尊大。《洪范》曰：'思曰睿，睿作圣。'《孟子》曰：'心之官则思，思则得之，不思则不得也。'"①又曰："心官不可旷职。"②人没有心的内在精神张力，就成了禽兽。心是人生命存在的根本象征。然而，"心当论正邪"③。所谓正，系指自天而降，植根于人心中的"赤子之心"，它下可以使人的言行合乎道德准则，上可以下学上达，成就"无我""无物"④的浑厚、纯一景象。所谓邪，就是出入于"利、害、毁、誉、称、讥、苦、乐"⑤等牵引于情欲、陷溺于利害的物质欲望与主观成见（对此，后学杨简扩展为"意"）。

象山曰："人心至灵，此理至明，人皆有是心，心皆有是理。"⑥这就是心之正、心之理、也就是天理。象山曰："吾所谓心，天之所予我者也。"⑦弟子杨简反复追问"如何是本心"，象山数次回答，终不易其说："恻隐，仁之端也，羞恶，义之端也，辞让，礼之端也，是非，智之端也。此即是本心。"⑧象山自谓是"因读《孟子》而自得之"⑨而形成的思想体系，故其"本心"说实与孟子的四端性善论相去不远。这是一种愚夫愚妇皆

① 《与李宰》，《陆九渊集》（卷十一），第149页。
② 《语录下》，《陆九渊集》（卷三十五），第435页。
③ 《与李宰》，《陆九渊集》（卷十一），第149页。
④ 《年谱》，《陆九渊集》（卷三十六），第483页。
⑤ 《语录下》，《陆九渊集》（卷三十五），第435页。
⑥ 《杂著》，《陆九渊集》（卷二十二），第273页。
⑦ 《序赠·赠丁润父》，《陆九渊集》（卷二十），第247页。
⑧ 《年谱》，《陆九渊集》（卷三十六），第487—488页。
⑨ 《语录下》，《陆九渊集》（卷三十五），第471页。

天生具备的灵明纯善之端。在孟子，谓之"天爵"。象山的"本心"，在他的现实践履工夫中是一种以心见心、自我发现、自我昭明，更是自我实现的心理状态：

> 先生举"公都子问钧是人也"一章云："人有五官，官有其职，某因思是便收此心，然惟有照物而已。"他日侍坐无所问，先生谓曰："学者能常闭目亦佳。"某因此无事则安坐瞑目，用力操存，夜以继日。如此者半月，一日下楼，忽觉此心已复澄莹。中立窃异之，遂见先生。先生目逆而视之曰："此理已显也。"某问先生："何以知之？"曰："占之眸子而已。"因谓某："道果在迩乎？"某曰："然。昔者尝以南轩张先生所类洙泗言仁书考察之，终不知仁，今始解矣。"先生曰："是即知也，勇也。"某因言而通，对曰："不惟知勇，万善皆是物也。"先生曰："然，更当为说存养一节。"①
>
> 四明杨敬仲时主富阳簿，摄事临安府中，始承教于先生。及反富阳，三月二十一日，先生过之，问："如何是本心？"先生曰："恻隐，仁之端也，羞恶，义之端也，辞让，礼之端也，是非，智之端也。此即是本心。"对曰："简儿时已晓得，毕竟如何是本心？"凡数问，先生终不易其说，敬仲亦未省。偶有鬻扇者讼至于庭，敬仲断其曲直讫，又问如初。先生曰："闻适来断扇讼，是者知其为是，非者知其为非，此即敬仲本心。"敬仲忽大觉，始北面纳弟子礼。故敬仲每云："简发本心之问，先生举是日扇讼是非答，简忽

---

① 《语录下》，《陆九渊集》（卷三十五），第 471 页。

省此心之无始末，忽省此心之无所不通。"先生尝语人曰：
"敬仲可谓一日千里。"①

詹阜民收敛此心，日夜"安坐瞑目"，觉到了此心的"澄莹"，
象山认定"此理已显"。在象山的指导下，杨简通过"断扇讼"，
忽然大彻大悟，原来"此心无始末"，是"无所不通"的精神境
界。象山曰："义理之在人心，实天之所与，而不可泯焉者也。
彼其受弊于物而至于悖理违义，盖亦弗思焉耳。诚能反而思之，
则是非取舍盖有隐然而动，判然而明，决然而无疑者矣。"②这就
是陆象山先生提出的"发明本心"的理路。他的思路是，我们
每一个人本来天生具有一颗淳厚善良的赤子之心，但是后世环境
的习染、驳杂的外物牵引，使人在不同程度上越陷越深，以至于
不能自拔。因此，人就必须通过经典的学习、与师友的日常切
磋，摒弃一切情欲、私心杂念而带来的遮蔽，日渐恢复到人之初
始的赤子之心的状态。所以，象山曰："知非则本心即复。"③
"知非"的前提是"尊德性"，用简易、直截的方法系统地学习
先圣经典："《中庸》《大学》《论语》诸书，不可不时读之，以
听其发扬告教。"④但是，学习之前，"学者须是打叠田地净洁，
然后令他奋发植立。若田地不净洁，则奋发植立不得。古人为学
即'读书然后为学'可见。然田地不净洁，亦读书不得。若读
书，则是假寇兵，资盗粮"⑤。

---

①　《年谱》，《陆九渊集》（卷三十六），第487—488页。
②　《拾遗·思则得之》，《陆九渊集》（卷三十二），第376页。
③　《语录下》，《陆九渊集》（卷三十五），第454页。
④　《与戴少望》，《陆九渊集》（卷五），第63页。
⑤　《语录下》，《陆九渊集》（卷三十五），第463页。

在发明本心的方法上，象山提出了"存"与"养"两条道路。存，就是摒弃一切外在的干扰与"牵引"，反对一切不以尊德性为前提的寻章摘句式的考索工夫（道问学），认定"万物皆备于我"心，本心是世界最真实的本质存在，是认识的目的，是人之所以为人的精神主宰。养，就是"廓然、昭然、坦然、广居、正位、大道、安宅、正路"①之上的践履、涵养、完善，最终使本心与理同一，与天同一，"动容周旋中礼，此盛德之至"②。"仰首攀南斗，翻身倚北辰。举头天外望，无我这般人。"③这正是发明本心的人学目的。

存心，一般来说，在养心之前："只'存'一字，自可使人明得此理。此本天所以与我，非由外铄。明得此理，即是主宰。真能为主，则外物不能移，邪说不能惑。"在象山先生看来，他之所以要提出"存"的方法，主要就是我们都不生活于古代先圣盛世，因此没有"蒙被先圣王之泽"，所以大家都害了精神、心理、道德上的毛病，"惟其生于后世，学绝道丧，异端邪说充塞弥满，遂使有志之士罹此患害，乃与世间凡庸恣情纵欲之人均其陷溺"④，因此，存心的首要任务就是"强贼陷溺"，一边消除各种"陷溺"的恶习，一边"时时发见，若火之始然，泉之始达"⑤。象山由此而开辟了两条存心的道路：剥落、减担：

　　人心有病，须是剥落。剥落得一番，即一番清明，后随

---

① 《语录下》，《陆九渊集》（卷三十五），第449页。
② 《语录上》，《陆九渊集》（卷三十四），第396页。
③ 《语录下》，《陆九渊集》（卷三十五），第459页。
④ 《与曾宅之》，《陆九渊集》（卷一），第4页。
⑤ 《与戴少望》，《陆九渊集》（卷五），第63页。

起来，又剥落，又清明，须是剥落得净尽方是。①

　　圣人之言自明白。且如"弟子入则孝，出则弟"是分明说与你入便孝，出便弟，何须得《传》、《注》。学者疲精神于此，是以担子越重，到某这里，只是与他减担，只此便是格物。②

存心是内心的反省，是由外向内的收敛、内索工夫；而养心则是由内向外的扩充方法：

　　孟子曰："苟得其养，无物不长，苟失其养，无物不消。"今吾友既得其本心矣，继此能养之而无害，则谁得而御之。如木有根，苟有培浸而无伤伐，则枝叶当日益畅茂。如水有源，苟有疏浚而无壅窒，则波流当日益冲积。所谓"源泉混混，不舍昼夜，盈科而后进，放乎四海"有本者如是。大抵读书，古训既通之后，但平心读之，不必强加揣量，则无非浸灌、培益、鞭策、磨励之功。或有未通晓处，姑缺之无害。且以其明白昭晰者日加涵泳，则自然日充日明，后日本原深厚，则向来未晓者将亦有涣然冰释者矣。③

这是一条说得非常清楚的养心路径，就是在存心去欲的基础上，日充日明，日夜涵泳，尊德性、求血脉，是一种"养大体"之"实学"。④由此，象山先生提出了中国哲学史上"学苟知本，六

---

　① 《语录下》，《陆九渊集》（卷三十五），第458页。
　② 同上书，第441页。
　③ 《与邵中孚》，《陆九渊集》（卷七），第92页。
　④ 《与詹子南》，《陆九渊集》（卷七），第96页。

经皆注脚"的著名观点，把阅读经典当作自我精神扩充的手段，
"自得、自成、自道，不倚师友载籍。"①于是，"鼓钟于宫，声闻
于外，鹤鸣于九皋，声闻于天。"②顶天立地，"还我堂堂地做个
人"③。

　　象山哲学之"发明本心"与其说是一种特殊的体悟过程，
还不如说是一种宗教性的信仰追求。其"打叠田地净洁"的主
体心态，是只有在宗教性的赤诚状态下才能抵达的一种精神境
界。因此，"发明本心"与"先立乎其大者"是彼此依持的，换
言之，"发明本心"的"存"与"养"的过程，也就是"先立
乎其大者"的具体操作过程，前者是途径，是手段，后者是归
宿，是目的，二者实际上不可斯须分离，其最终的结果，既是哲
学精神的诗化，也是人生境界的诗化。

---

①　《语录下》，《陆九渊集》（卷三十五），第438页。
②　同上书，第444页。
③　同上书，第447页。

陆九渊在湖北

淳熙十六年（1189）二月，南宋孝宗皇帝退位，皇太子赵惇登基，五月，诏令陆九渊出知荆湖北路荆门军，并覃恩由宣义郎转宣教郎，六月，经审官院考核勘定，又转为奉议郎。这次任命，开始了陆九渊（1139—1193）远离江西故土，任职于边防小城，躬行荆门之政的重要人生阶段。作为一代"精神哲学大师"①，陆九渊的哲学思想像一朵绚丽的思维之花，含苞于鹅湖，绽开于象山，最终怒放于湖北荆门。在湖北荆门，他的精神哲学得到了实践的洗礼和考验，他的思想更趋成熟而达到了顶峰，这些是值得我们认真总结的。

一　陆九渊荆门政绩的哲学思考

陆九渊，字子静，号存斋，抚州金溪（今江西临川）人，因讲学于贵溪应天山（象山），世称象山先生。总的来讲，象山先生的哲学在"人皆具是心，心皆具是理，心即理也"②的基点上，提出了"盖心，一心也；理，一理也。至当归一，精义无

---

① 语出徐梵澄：《陆王学述》，上海远东出版社1994年版，第36页。
② 陆九渊：《与李宰》，见《陆九渊集》（卷十一），中华书局1980年版，第149页。

二，此心此理，实不容有二"①的哲学观点。根据当时南宋所面对的国际国内形势，陆九渊的哲学"收拾精神""发明本心""立主宰""养大体"，强调以"纯王之心"进入"纯王之政"，与朱熹的"道问学"相对立，走的是精神化、心灵化的路向，是"尊德性"的思想代表。从陆九渊的政治实践来看，他的思想确乎切中当时的社会时弊，有"擒龙打凤底手段"②。

与朱熹相比，陆九渊不仅在哲学思想上与朱熹针锋相对，而且在政治实践上也展现了大不相同的才华。③陆九渊常说："道外无事，事外无道。"④"道理只是眼前道理，虽见到圣人田地，亦只是眼前道理。"⑤"古人皆是明实理，做实事。"⑥在有些曲解的人看来，陆九渊是"空谈心性"，但他实际上是一位真正把儒家的政治理想落到实处的社会实践者。从上任荆门到临终咯血仙逝，陆九渊在荆门总共只度过了一年零四个月，但是，就是在这

---

① 陆九渊：《与曾宅之》，《陆九渊集》（卷一），中华书局1980年版，第4—5页。

② 陆九渊：《语录》，《陆九渊集》（三十四卷），中华书局1980年版，第420页。

③ 当代哲学史家冯契先生在其《中国古代哲学的逻辑发展》（下）论述到朱熹"中国所恃者德，夷狄所恃者力。……盖以力言之，则彼常强我常弱，是无时而可胜，不得不和也。以的研制，则振三纲，明五常，正朝廷，励风俗，皆我之所可勉，而彼之所不能者，是乃中国治夷狄之道"（《答汪尚书》，《文集》卷三十）这种面对强敌不提倡富国强兵，而只提倡进行德教的观点时指出："这真是腐儒之论！"对朱熹"区区东南，事有不可胜虑者，何恢复之可图乎"（《文集》卷十一）表现出来的悲观情绪也进行了批评（参见冯契《中国古代哲学的逻辑发展》，上海人民出版社1985年版，第825页）。

④ 陆九渊：《语录》，《陆九渊集》（卷三十四），中华书局1980年版，第395页。

⑤ 同上。

⑥ 同上书，第396页。

短暂的时间里，陆九渊"造次于是，颠沛于是"，忧国忘家，鞠躬尽瘁，做了大量利国利民的好事，以亲身的"躬行之效"，证明了陆氏的心性之学具有重大的社会震撼力。陆九渊出任荆门知军，"君将蒙其益，民将被其泽，道将行于时"①，实在是荆门一方百姓的幸事。

陆九渊走马上任的第一件大事就是整饬边防，严肃军纪，加强抵御金兵犯境的能力。在接到任命之后，陆九渊让他的学生傅季鲁在象山主持教学事务，自己准备千里走单骑，只身上任；但后来从贵溪县宰那里得知金人有进犯之意后，陆九渊就决定："如此则荆门乃次边之地，某当挈家以行，未免少迟。若以单骑，却似某有所畏避也。"②豁出身家性命准备与来犯之敌决一死战。这种心理素质，这种献身精神，这种大义凛然、为国分忧的气概，实在是儒学思想家的典范，在宋明心性学派的发展过程中是明代王阳明的先驱。

更为重要的是，陆九渊表现了非凡的社会活动能力和管理才能。上任伊始，他就认识到，荆门虽偏远小镇，弹丸之地，但是它"拥江带汉，控蜀抚淮，岂惟古争战之场，实在今攻守之要"③。经过实地勘察，陆九渊发现，荆门的城防、政务，尤其是财政方面的问题相当严重：府藏匮乏，簿书零散，庐舍败坏，

---

① 陆九渊：《与张监》，载王心田《陆九渊知军著作研究》，武汉大学出版社1999年版，第392页。

② 陆九渊：《语录》（上），《陆九渊集》（卷三十四），中华书局1980年版，第422页。

③ 陆九渊：《荆门到任谢表》，《陆九渊集》（卷十八），中华书局1980年版，第225页。

以至于"仓廪府库之间麋鹿可至"①！以前的官员也多次议论修筑城墙抵御金兵，但最终都因为经费困难不敢轻易动工。陆九渊经过多方核算、审计，多方筹措款项，经上级批准，于绍熙二年十二月初四动工，调动义勇兵丁劳作，自己亲自临场监督指挥，军民上下，齐心协力，仅仅花了20天的时间，就把荆门用于防御的土城墙建筑起来，后来又在土城墙外包砖块，城墙上面设置角台、敌楼、护险墙等，总共只花费了三万缗钱。花钱少而工程坚固、实用，成了当时的一项罕见的工程，致使当地群众"携持来观，自腊至今，踵系不绝"②。

陆九渊上任后的另一件大事，就是兴建军学、贡院、客馆、官舍，改善军政建设，树立政府形象，使荆门地方官员的精神面貌有了重大的改变。此前，荆门官员"初俗习惰，人以执役为耻，吏惟好衣闲观"，为了改变官吏好逸恶劳的坏习惯，陆九渊"躬身劝督"，以身作则，把哲学思想贯彻到具体的政务之中，采取思想启迪的办法，自上而下，打造朴实厚道的民风。据史料载，"至是此风一变，督役官吏，布衣杂役夫佐力，相勉以义，不专以威，盛役如此，而人情晏然，郡中恬若无事"③。在行政管理上，陆九渊经验丰富，所有军政大事有缓有急，有条不紊，次第展开。其中成功的原因是陆九渊始终将他的军务政事都涵盖在他的哲学思想的

---

① 陆九渊：《与庙堂乞筑城札子》，《陆九渊集》（卷十八），中华书局1980年版，第225页。

② 陆九渊：《与章茂献论筑城书》，载王心田《陆九渊知军著作研究》，武汉大学出版社1999年版，第327页。

③ 杨简：《象山先生行状》，《陆九渊集》（卷三十三），中华书局1980年版，第392页。

理论框架之中：

> 或劝先生之荆门，为委曲行道之计。答云："《仲虺》言汤之德曰：'以义制事，以礼制心。'古人通体纯是道义，后世贤者处心处事，亦非尽无礼义，特其心先主乎利害，而以礼义行之耳。后世所以大异于古人者，正在于此。古人理会利害，便是礼义，后世理会礼义，却只是利害。"①
>
> 学者问："荆门之政何先？"对曰："必也正人心乎！"②

陆九渊的表达非常深刻，字斟句酌，富有哲理。陆九渊是怎么说的就怎么去做，把思想贯彻到具体的行动之中。陆九渊根据当时的社会历史环境和行政管理体系，从官员抓起："任贤，使能，赏功，罚罪"③，只有把官员的精神面貌振作起来，全社会的"人心"才有"正"的可能。"政者，正也"，此乃先秦儒家孔子的祖训，陆九渊可谓深得其中精神。笔者的意思是，陆九渊在哲学思想上追求"通体纯是道义"的精神境界，以"礼义"来带动"利害"，又以"利害"来促进"礼义"。

陆九渊认为自己"生于末世"。"末世"的最大特点就在于士大夫的志向"在于学场屋之文以取科第"，由此而导致"私意是举世所溺"。这确实是抓住了南宋时期中国士大夫苟且偷安的本质。在陆九渊看来，人之所以是人者，就是要"大疑大惧，深思痛省，决去世俗之习，如弃秽恶，如避寇仇，则此心之灵自

---

① 陆九渊：《语录》（上），《陆九渊集》（卷三十四），中华书局1980年版，第424页。

② 同上书，第425页。

③ 同上书，第407页。

有其仁，自有其智，自有其勇，私意俗习，如见晛之雪，虽欲存之而不可得，此乃谓之知至，乃谓之先立乎其大者。"①这实际上显示了陆九渊面对社会现实，在现实之中"大疑大惧，深思痛省，决去世俗之习""此乃谓之知至，乃谓之先立乎其大者"的根本路向。不论是从学以致用的角度来讲，还是从人性的自我解放以及主体性的确立来讲，朱熹都确实是不能与陆九渊相比拟的。因为陆九渊云："千虚不博一实，吾平生学问无他，只是一实。"②只是"在人情、事势、物理上做些工夫"③。由于陆九渊出生、成长于一个钟鸣鼎食的大家族里，各种家务、商务活动使他精通世务，"知人情之无常"，因而能够将儒家传世经典的要义从"践履实地上说出"，进而来"料理得人"，④取得了"正人心"的最好效果。

陆九渊在荆门的政绩之一，是革除税务的弊端，疏通商贸的渠道，免除了商户和民众的许多沉重的负担。荆门军的当阳、长林，处商家来往频繁之地，过往使节官绅很多，迎来送往，耗费巨大，各种支出在很大程度上依赖商税。可是有关的税收政策却相当过分："日差使臣及小吏伺商人于门，检货给引，然后至务。务唯据引入税。出门又复视。管收无几，而出入其费已多。初唯以严禁榷，杜奸弊，而门吏取贿，多所藏覆，禁物亦或通行。商苦重费，多由僻途，务入日缩。"引文中的"务"，指的

---

① 陆九渊：《与傅克明》，《陆九渊集》（卷十五），中华书局1980年版，第196页。

② 陆九渊：《语录》（上），《陆九渊集》（卷三十四），中华书局1980年版，第399页。

③ 同上书，第400页。

④ 同上书，第415页。

是商业衙门；"引"指的是凭单。官府垄断的项目和势力范围，官员们把持了特别的职权，就势必变为牟取私利的工具。陆九渊经过调查之后，坚决废除这种所谓的搜刮商人的政策，张贴告示，取消搜检，所有商人直接到商业衙门（务）去纳税就可以了，并且完全杜绝了一切滥收费的途径。这样一来就废除了三道门的引钱，又减去援例费，商人们欢天喜地，诚实纳税，张贴告示的当天，纳税人的数量就增加了，大大活跃了荆门地方的商业活动，有效地遏制了官吏的腐败。

另外，荆门因为是边防小镇，为了防止铜钱流入金朝，南宋政府禁止使用铜钱，改用铁钱。但是老百姓在上缴税钱、役钱的时候，政府却又要求交铜钱。老百姓手里没有铜钱，被迫远走鄂州兑换，承受出差差价的损失以及各种官吏的敲诈之苦（加收三分利息）。陆九渊得知此事以后，反复向荆湖北路转运使薛向先申辩。谓荆门"铁钱地分，其铜钱之森严，民不敢有此，义不当责之输"，要求"断然因民之请而尽罢之"。①

自孔子的"富而可求也，虽执鞭之士，吾亦为之"（《论语·述而》），"富之""教之"（《论语·子路》），到孟子的"夫仁政，必自经界始。经界不正，井地不均，谷禄不平，是故暴君污吏必慢其经界"（《孟子·滕文公上》），先秦儒家鼻祖没有不探讨经济的。历史发展到南宋《清明上河图》所展示的经济发达的时代，陆九渊在对待经济的问题上采取了与时偕行的开明态度，把正常经济秩序的建立以及扫除贪污腐败视为"必也正人心"的一个重要的先决条件，这是与孟子"夫仁政，必自

---

① 陆九渊：《与薛向先·二》，《陆九渊集》（卷十五），中华书局1980年版，第199页。

经界始"具有同样社会政治目的的正确选择。陆九渊在维护社会正义、帮助老百姓解决铜钱税捐等问题上，依据孔子"博施于民而能济众"（《论语·雍也》）的信条，最大限度地为他实现"必也正人心"的政治理想扫除了障碍。

当然，陆九渊在荆门执政期间，始终以民众的教育者自居。每逢初一、十五以及节假日他都要亲自去郡学讲学。荆门人属于古代楚国地区，好祭神信巫，有正月十五元宵节设醮求神赐福的习惯。陆九渊就抓住这个机会面对五六百官吏民众讲《尚书·洪范》"敛福赐民"一章，用以代替念诵求神祭文。不要说在南宋时期，就是贯穿整个中国历史，能够在大庭广众之中，面对群众讲述儒家经典，进行通俗的教化、说服工作的思想家，又有几个人呢？我们现在打开《陆九渊集》中《荆门军上元设厅皇极讲义》一文，无不为陆九渊的良苦用心而感动。他讲解时突出了"发明本心之善，所以自求多福"的主题，既不离老百姓关心的话题，也不脱离自己长期以来关注的理论理想。他说，什么是幸福？幸福就在于人的"心"：

> 实论五福，但当论人一心。此心若正，无不是福；此心若邪，无不是祸。世俗不晓，只将目前富贵为福，目前患难为祸。不知富贵之人，若其心邪，其事恶，是逆天地，逆鬼神，悖圣贤之训，畔君师之教，天地鬼神所不宥，圣贤君师所不与，忝辱父祖，自害其身。静时回思，亦有不可自欺自瞒者，若于此时，更复自欺自瞒，是直欲自绝灭其本心也。纵是目前富贵，正人观之，无异在囹圄粪秽之中也。患难之人，其心若正，其事若善，是不逆天地，不逆鬼神，不悖圣贤之训，不畔君师之教，天地鬼神所当佑，圣贤君师所当

与，不辱父祖，不负其身，仰无所愧，俯无所怍，虽在贫贱患难中，心自亨通。正人达者管制，即是福德。作善降之百祥，作不善降之百殃，积善之家，必有余庆。但自考其心，则知福祥殃咎之至，如影随形如响随声，必然之理也。愚人不能迁善远罪，但贪求富贵，却祈神佛以求福，不知神佛在何处，何缘得福以与不善之人也。①

这是一段文采飞扬，结构紧凑，主题集中的漂亮讲义。既是儒家哲学对"幸福"的一种创造性的诠释，也是陆九渊本人对儒学宗教性的一种准确理解，其中包含了他对荆门地方民众的鞭策，也寄予了他作为一代哲人对整个世界的一种期望。

二　陆九渊任职荆门时期的哲学思想

陆九渊任职荆门时期的哲学思想是与他的政绩分不开的，也是与此前在江西时期的哲学思想分不开的。但是，笔者在上文已经说了，陆九渊的哲学思想像一朵绚丽的思维之花，含苞于鹅湖，绽开于象山，最终怒放于湖北荆门。所以，他思想的顶峰是以理论联系实际的形态掀开了他思想体系中最为光辉的一页。陆九渊在任职荆门时期的哲学思想是他此前哲学思想的延续，故其思想的核心依然是"塞宇宙一理耳"②，故"学者求理，当唯之是从，岂可苟私门户！理乃天下之公理，心乃天下同心，圣贤之

---

　　① 陆九渊：《荆门军上元设厅皇极讲义》，《陆九渊集》（卷二十三），中华书局1980年版，第284—285页。

　　② 陆九渊：《与吴斗南》，《陆九渊集》（卷十五），中华书局1980年版，第201页。

所以为圣贤者，不容私而已。"① 因此，突破"私意""私欲"而"先立乎其大者"，抵达"专纯"之地，②仍然是陆氏哲学的主体路向。

但是，陆九渊任职荆门时期的主要精力是放在处理荆门的军政事务之上的。金兵南下入侵的可能，使陆九渊多方筹措经费加强城防工程，对各种军政、地方行政、商贸事务进行了紧锣密鼓的改革、整饬。不仅如此，据史料记载，陆九渊任职荆门的第二年（绍熙三年）春夏之交，荆门地区干旱，老百姓苦不堪言。从四月初六到四月十四，不到十天的时间，陆九渊就写下了《荆门祷雨文》、《望坛谢雨文》（一）、《望坛谢雨文》（二）、《东山谢雨文》、《东山刑鹅谢雨文》和《上泉龙潭取水祷雨文》六篇祷雨文，在文章中极端悲悯旱农，向上苍一再表达了"守臣不德，当身受其咎，斯民何辜"的至诚情怀。除此之外还有铜钱问题、逃兵问题、兴办郡学问题、三道门引钱问题，等等。诸如此类的紧要公务，必然要改变陆九渊撰写文章，表情达意的思维路径。为了更好地体味和分析一代大儒在这一特殊的历史时期的思维方式，笔者于此抄录一封写作于荆门的书信，来做一系统梳理：

> 见所与毛君书及《颜渊善言德行论》，知为学不懈，大旨不畔，尤以为慰。然学不亲师友，则斯文未昭著处，诚难责于常才。独力私意未能泯绝，当责大志。今时士人读书，

---

① 陆九渊：《与唐司法》，《陆九渊集》（卷十五），中华书局1980年版，第196页。

② 陆九渊：《与傅克明》，《陆九渊集》（卷十五），中华书局1980年版，第196页。

其志在于学场屋之文以取科第，安能有大志？其间好事者，因书册见前辈议论，起为学之志者，亦岂能专纯？不专心致志，则所谓向学者未免悠悠一出一入。私意是举世所溺，平生所习岂容以悠悠一出一入之学而知之哉？必有大疑大惧，深思痛省，决去世俗之习，如弃秽恶，如避寇仇，则此心之灵自有其仁，自有其智，自有其勇，私意俗习，如见晛之雪，虽欲存之而不可得，此乃谓之知至，乃谓之先立乎其大者。何时合并，以究此怀。①

这封书信内容十分显明、充实，言简意赅地把陆九渊的思想和盘托出。笔者有下面几个层次的解读：

第一层，"毛君"者，不知何许人也。然其《颜渊善言德行论》虽"大旨不畔"，但据陆九渊的行文，估计有三方面的问题，一是"不亲师友"，没有发人深省的内容，所以陆九渊称之为"斯文未昭著处"，文章平平，没有创造性；二是有"场屋之文"的某些气息，被陆九渊一眼识破，因而一针见血，痛批了"场屋之文"对读书人立志读书做人的害处；三是没有"大疑大惧，深思痛省"的思想基础，因而没有切近社会实际问题的工夫，没有独立思考带来的理论深度。

第二层，陆九渊认为，读书人读书，首先在于立志。但是何以立志？仅仅依据书册中"前辈议论"就"起为学之志"的"志"是靠得住的吗？在书册之中"一出一入"而得来的东西是

---

① 陆九渊：《与傅克明》，《陆九渊集》（卷十五），中华书局1980年版，第196页。

十分肤浅的，不是深入人的灵魂的"专纯"之"大志"。"一出一人"，用的是《荀子》的典："君子之学也，入乎耳，著乎心，布乎四体，形乎动静。端而言，蝡而动，一可以为法则。小人之学也，入乎耳，出乎口；口耳之间，则四寸耳，曷足以美七尺之躯哉！古之学者为己，今之学者为人。君子之学也，以美其身；小人之学也，以为禽犊。"（《劝学》）陆九渊一直声称自己是"私淑"孟子的学者，但是现在看来，他丝毫没有忽视孟子的对立面《荀子》中的思想资源，这反映了陆九渊厚实、阔大的胸襟和学术基础。陆九渊在此尖锐地指出了当今之世读书人不能立大志的根本原因是"私意未能泯绝"，贪图名利而急功近利，自然就人云亦云，不可能"立大志"。反对从书册中"前辈议论"之中来立志，言下之意就是要通过现实的人生体悟，通过切身的、深入灵魂的"深思痛省"，独立思考，获得有创造性的思想。这既展示了他对"为学"（学术活动）的界定，也透露了陆九渊"先立乎其大"的真正含义。至关重要的是，陆九渊在这里真切地表明了他的理论是建立在"知行合一"的基础之上的。

第三层，陆九渊一直认为自己"生于末世"。在这里也是不例外的。在这篇文章中他对他所面对的时代有一个总的概括，那就是："私意是举世所溺！"这在当时的历史条件下，是振聋发聩的呼声和呐喊。通过这个判断，我们可以给"朱陆之争"定性，此其一；还可以解读陆九渊"人皆具是心，心皆具是理，心即理也"的真正含义，此其二。其一者，在陆九渊看来，朱熹的"道问学"用一些古人的条条框框装点门面，为统治者服务，是陷溺了中国文化的创造性特质，扭曲了先秦孔孟的精神；

其二者，陆九渊说"天理人欲之分论极有病"①，他的意思是说，天与理不可分，心与理也不可分，人与天更不可分。陆九渊的诗作"仰首攀南斗，翻身倚北辰。举头天外望，无我这般人。"（《仰首》）描述的就是这种超人的状态。

第四层，何以立志？陆九渊有十分生动而深刻的表述："大疑大惧，深思痛省，决去世俗之习，如弃秽恶，如避寇仇，则此心之灵自有其仁，自有其智，自有其勇。"笔者以为，没有长期深入的思考，尤其是在那个时代，是写不出这段话来的。武汉大学的萧萐父先生在解读陆九渊"还我堂堂地做个人"时说道，陆九渊是在强调人们"必须警惕依附、盲从和奴化。他痛斥一切依附别人，依附权势，随波逐流或甘当'声、色、利、达'的奴隶的人，统称之为'附物'。他说'今人略有些气焰者，多只是附物，元非自立'。而强调人要有独立自主精神，不盲从，不迷信，不随风倒，'不随人脚跟，学人语言'，而要'自立'、'自重'在治学学风上更力主'自得、自成、自道、不倚师友载籍'。针对当时的堕落风气，一些人'奔名逐利'，一些人'卑陋凡下'，一些人自陷于伦理异化的困境中而不能自拔，陆九渊大声疾呼：'要当轩昂奋发，莫恁地沉埋在卑陋凡下处。''此理在宇宙间，何尝有所碍？是你自沉埋，自蒙蔽，阴阴地在个陷阱中，更不知所谓高远底。要决裂破陷阱，窥测破罗网！''激厉奋迅，冲破罗网，焚烧荆棘，荡夷污泽！'这类激烈言词，散见于他的语录中，近乎冲决网罗的愤怒呐喊。"②萧萐父先生把陆九

① 黄元吉记录：《荆州日录》，载王心田《陆九渊知军著作研究》，武汉大学出版社1999年版，第412页。

② 萧萐父：《吹沙二集》，巴蜀书社1999年版，第133—134页。

渊定性为"十二世纪中国南宋时富有平民意识、独立不苟的思想家"①正是依据了陆九渊敢于"大疑大惧，深思痛省，决去世俗之习，如弃秽恶，如避寇仇"的精神。

第五层，只要在"大疑大惧，深思痛省，决去世俗之习，如弃秽恶，如避寇仇"的基础上树立了大志，"则此心之灵自有其仁，自有其智，自有其勇，私意俗习，如见晛之雪，虽欲存之而不可得，此乃谓之知至，乃谓之先立乎其大者"，这是陆九渊的理论目的。"先立乎其大者"之谓，在《陆九渊集·与邵叔谊》一文中是指的"纯一之地"。②这个"纯一之地"就是"此心之灵自有其仁，自有其智，自有其勇，私意俗习，如见晛之雪"的诗化境界，是哲学性、美学性与宗教性三个层面的融合。陆九渊的意思是，一个人一定不能盲目地依附权威，一定要有"大疑大惧"的精神，才能独立思考，养成自由的学术精神，成就一个"堂堂正正底人"。这个"人"是一个超人，是天与理、心与理、人与天的统一，是德性之"知至"与践履"工夫"的统一。

通过上述五个层面的分析，我们已经真切地领略到，置身抗金前线的陆九渊在资金匮乏、民心涣散、灾荒不断的情况下，以哲学的思想贯注他的军政工作，进一步强化了他知行合一、理论联系实际的思维方式。从整个陆王心学的体系上来看，我们的确从陆九渊的身上看到了王阳明"知是行的主意，行是知的工夫；知是行之始，行是知之成"（《阳明全书·卷一·传习录》上）的发展脉络。

---

① 萧萐父：《吹砂二集》，巴蜀书社1999年版，第131页。
② 此论请参见欧阳祯人《象山哲学的诗化境界》，《朱子学刊》第十四期，黄山出版社2005年版，第242—257页。

现实的事功只是陆九渊哲学思想的一个阶段。前面笔者已经说过了，陆九渊哲学思想的理论目的是"先立乎其大者"，那么，怎样才能将陆九渊这形似天渊的两方面联系起来呢？我们还是在陆九渊的文本中寻找答案："二程见周茂叔后，吟风弄月而归，有'吾与点也'之意。后来明道此意却存，伊川已失此意。"①在中国哲学史上，明道、伊川，并称"二程"，同为"洛学"大家，世人仰慕，但陆九渊善于"大疑大惧"，一叶知秋，准确地抓住了二程之间的区别，并且在文章中多次推崇明道。陆氏认为"此学之不明，千有五百余年矣。异端充塞，圣经榛芜"，原因在于孔子之学由"曾子传之子思；子思传之孟子"②，孟子之后不得其传。那么，"吾与点也"之意，到底是什么意思呢？陆九渊是怎么来解读《论语·先进》中这段著名的对话的呢？

> 子路、曾皙、冉有、公西华侍坐。子曰："以吾一日长乎尔，毋吾以也！居则曰：'不吾知也！'如或知尔，则何以哉？"
>
> 子路率尔而对曰："千乘之国，摄乎大国之间，加之以师旅，因之以饥馑，由也为之，比及三年，可使有勇，且知方也。"夫子哂之。
>
> "求，尔何如？"对曰："方六七十，如五六十，求也为之，比及三年，可使足民；如其礼乐，以俟君子。"
>
> "赤，尔何如？"对曰："非曰能之，愿学焉！宗庙之事，如会同，端章甫，愿为小相焉。"

---

① 陆九渊：《语录》（上），《陆九渊集》（卷三十四），中华书局1980年版，第401页。

② 陆九渊：《与李省幹》，《陆九渊集》（卷一），中华书局1980年版，第14、15页。

"点，尔何如？"鼓瑟希，铿尔，舍瑟而作。对曰："异乎三子者之撰！"子曰："何伤乎？亦各言其志也。"曰："莫春者，春服既成；冠者五六人，童子六七人，浴乎沂，风乎舞雩，咏而归。"夫子喟然叹曰："吾与点也。"

长期以来，人们大多只是对《论语》的这段文字进行了美学或人学方面的诠释，人们往往把它与"志于道，据于德，依于仁，游于艺"（《论语·述而》）和"兴于诗，立于礼，成于乐"（《论语·泰伯》）结合起来，揭示它的美学意蕴。这本来也是不错的。但是，文本的解读不能脱离文本本身。现在，笔者在陆九渊的启发下发现，这段文字实际上是一种政治哲学的理想，它表达的是一种政治的理想境界。换言之，从治理国家的方式、手段来讲，这里实际上只有两个层次，一个层次是由子路、冉有、公西华构成的，另一个层次是由曾点构成的。子路、冉有、公西华表达的是具体事物的层面，或者说是"礼"的层面，而曾点表达的却是天人合一的层面。

陆九渊说："四方上下曰宇，往古来今曰宙。宇宙便是吾心，吾心便是宇宙。千万世之前，有圣人出焉，同此心同此理也。千万世之后，有圣人出焉，同此心同此理也。东南西北海有圣人出焉，同此心同此理也。……宇宙内事，是己分内事。己分内事，是宇宙内事。人心至灵，此理至明，人皆有是心，心皆有是理。"①又云："塞宇宙一理耳，学者之所以学，欲明此理耳。此理之大，岂有限量？程明道所谓有憾于天地者矣，则大于天地

---

① 陆九渊：《杂说》，《陆九渊集》（卷二十二），中华书局1980年版，第273页。

者矣，谓此理也。"① 有诗为证："此理于人无间然，昏明何事与天渊。自从断却闲牵引，俯仰周旋只事天。"②说的就是天人合一的内涵。那么陆九渊在他的生命过程中是怎样来体悟这种"四方上下曰宇，往古来今曰宙"的天人境界的呢？

对此，我们只需稍微考察一下他的人生历程就不难发现，陆九渊在知荆门军之前，已经在象山精舍讲学五个年头了。对于象山的自然环境，对象山精舍，陆九渊魂牵梦绕，在其文集中有精致的描写：

> 乡人彭世昌得一山，在信之西境，距敝庐两舍而近，实龙虎山之宗。巨陵特起，嶷然如象，名曰象山。山涧自为原坞，良田清池，无异平野。山涧合为瀑流，垂注数里。两崖有蟠松怪石，却略偃蹇，中为茂林。琼瑶冰雪，倾倒激射，飞洒映带于其间，春夏流壮，势如奔类。木石自为阶梯，可沿以观。佳处与玉渊、卧龙未易优劣。往岁彭子结一庐以相延，某亦自为精舍于其侧。春间携一侄二媳，读书其上。又得胜处为方丈以居，前挹闽山，奇峰万叠，后带二溪，下赴彭蠡。学子亦稍稍结茅其旁，相从讲习，此理为之日明。舞雩咏归，千载同乐。③
>
> 二十五日观半山瀑，由新蹊抵方丈，已亭午。山木益稠，蝉声益清，白云高屯叠嶂毕露，疏雨递洒，清风瀄然，

①　陆九渊：《与赵咏道·四》，《陆九渊集》（卷十二），中华书局1980年版，第161页。

②　陆九渊：《与朱济道·二》，《陆九渊集》（卷十一），中华书局1980年版，第143页。

③　陆九渊：《与朱元晦》，《陆九渊集》（卷二），中华书局1980年版，第22页。

不知其为夏也……①

这是自然的景观，但是，它们却是从陆九渊的心中漂流而出，是其性情心志的投射，是"纯一之地"中理想境界的诗意化、直观化的表述。在行文的过程中，陆九渊已经透露了醉心于大自然"蟠松怪石，却略偃蹇，中为茂林，琼瑶冰雪，倾倒激射，飞洒映带"的原因在于"舞雩咏归，千载同乐"，已经把《论语·先进》"子路、曾皙、冉有、公西华侍坐"章与他的描写结合在一起了。

当然，这些文字都是在江西写下的，不属于陆九渊在湖北的思想表现。但是，他在湖北是否也有类似的追求呢？回答当然是肯定的。在荆门时期给上司张伯言的信件就准确地反映了陆九渊在这方面与众不同的品格：

> 属者伏承使华临贲，侍坐陪吟，日饱德义，慰喜可知。至如风露凄清，星河错落，月在林杪，泉鸣石间，薰炉前引，茶鼎后殿，方池为鉴，回溪为佩，冰玉明莹，雪霜腾耀，则喷玉新亭，真蓬壶、瀛洲已。方士徒尔幻怪，安知真仙在此而不在彼也。奇石悉已如教置之，作者屹立瀑间，濑池四辈，耸然相望，如五老后有三峰，硅步之间便使人应接不暇。如闻玉泉，亦蒙点化，光价十倍起初，此邦何幸。自此天下名胜皆有望于门下矣。②

---

① 陆九渊：《与傅秀鲁》，《陆九渊集》（卷十一），中华书局1980年版，第147页。

② 陆九渊：《与张伯言》，《陆九渊集》（卷十七），中华书局1980年版，第219页。

文中提到的"五老"即是庐山的五老峰，在距庐山万松坪一公里处，五峰耸立，恰似五位老人并坐。玉泉，是当时荆门军当阳县境内的山名，坐落于荆门城西十五公里处，其山佳木林卉，四季葱茏，奇洞怪石，幽谷深藏；曲溪名泉，蜿蜒倾泻，山麓有玉泉寺、玉泉塔、珍珠泉等名胜，素有"三楚名山"之称。张伯言，字伯信，江西鄱阳人，时任荆南观察副使，应陆九渊之邀，于1192年秋视察了荆门军。当时陆九渊正在荆门进行园林建设，请张伯言提出了指导性意见（"奇石悉已如教置之"），而且请张伯言挥毫题写了"蒙泉"两个遒劲的大字，陆九渊于十月吉旦将其镌刻在大石碑上，至今还竖立在荆门市的龙泉公园中，一直是荆门的一大名胜，供游人凭吊。

如果说，打造象山精舍是为了修身养性，营造一个清静的切磋道学的讲坛氛围，为"纯一之地"的抵达创造一个理想的基地，那么，加强荆门市区的园林建设，则是面对整个社会，针对整个民众的身心修养与道德境界提升的重大举措。这对别人来讲，也许是一个平淡无奇的事情，但是对于刚刚从象山下来的陆九渊来讲，却具有十分重要而深远的意义。对于陆氏本人来讲，这代表了一种从精英文化到大众文化的转变，从象牙塔向平民大众文化的转变。[①]从荆门的政绩来讲，陆氏则是要在"必也正人心"的基础之上，在逐步实现人民的性情端正诚悫、社会的风气厚道朴实的基础上，进一步实现"舞雩咏归，千载同乐"的

---

　　① 陆九渊的思想体系中始终贯注着一种深厚的平民意识和精神，他对当时没有权力限制的君权提出过质疑，谓："后世人主不知学，人欲横流，安知天位非人君所可得而私？"对当时的官吏管理体系也是否定的，谓："今日为民之蠹者，吏也。民之困穷甚矣，而吏日以横。"陆氏在荆门工作期间，长期深入民间访贫问苦的史料记载也充分地证明了这一点。

政治理想。

我们应该把这一工作视为陆九渊修筑城墙、兴建军学、贡院、客馆、官舍，改善军政建设，树立政府形象，短平快解决三道门引钱问题、铜钱问题、逃兵问题、兴办郡学问题等的继续。陆九渊"造次于是，颠沛于是"，确实是继承了孔子"吾与点也"的精神。也就是说，陆九渊在荆门的事功可以视为子路、冉有、公西华政治理想的总和，而荆门园林建设的努力，则是"舞雩咏归，千载同乐"的初步尝试，二者之间是有内在联系的，其中有深远的哲学意蕴。

第六部分　从孔孟到王阳明

从"知行合一"看王阳明对
孔子的继承和发展

长期以来，学界公认王阳明哲学的思想的源头主要是孟子。这当然是不可否认的事实。但是，我们也应该看到，王阳明哲学的本质是实践。王阳明哲学的核心和基石是"知行合一"。在其哲学体系中，"知行合一"使他的"心即理"和"致良知"落到了实处。也就是说，没有"知行合一"的思想，王阳明"心即理"和"致良知"就没有了落实的基础。从这个角度上来讲，阳明心学的真正灵魂，来自工夫，也就是来自孔子。深究孔子的学说，我们都应该知道，孔子是一位真正的道德践履者，从孔子的道德践履角度，来探究阳明心学的特征，这应该是一个极为深刻，而且不可或缺的视点。当然，从理论的构架与形态来说，阳明心学确实是对孔子的实践哲学有了巨大的发展与创造性转化，这也是一个十分值得我们关注的重大问题。

一 先秦儒学对阳明心学的影响

记载孔子言行及思想的主要文献，是《论语》《孟子》《礼记》《周易》《春秋》《荀子》等。外围的资料还要涉及《孔子家语》《说苑》《史记》《汉书》以及长沙马王堆、郭店楚墓竹简、上海博物馆藏战国楚竹书等相关文献资料。如果把这些著作的思想整合起来，那么孔子的思想是一个什么样的状态呢？第一，我们看到的孔子始终具有神秘的天道背景。第二，孔子对学生（社会的管理人才）具有圣洁的要求。第三，孔子政治哲学的真正目标是人之所以为人的精神解放。第四，孔子极其注重进德修业和道德践履，他认为这是我们人生的目的，所以，孔子从来没有在事事物物之外谈进德修业。第五，孔子十分重视礼乐对人性的提升，以及礼乐对全社会的教化。第六，孔子十分重视他的教育事业，而且极其重视他的教学方法。第七，孔子忠恕之道的核心是实践哲学，其本质是世界大同，在政治哲学的理念上超越了宗法体制。第八，孔子十分重视社会诚信的建立。第九，孔子十分重视对他人的尊重，提倡和而不同，周而不比。第十，孔子对自己的命运得失、成败休戚，十分超然。下面，我们就上面各个方面对孔子的思想进行进一步的阐述，顺便看一看王阳明对孔子的全面继承。

第一，我们看到的孔子始终具有神秘的天道背景。孔子始终生活在一个神秘的世界里。孔子终其一生最大的贡献，就在于对这种由上古而来的神秘文化的内容进行了人文主义的改造，但是，孔子是逃脱不了时代的整体环境的。子曰："子罕言利，与命与仁。"（《论语·子罕》）"获罪于天，无所祷也。"（《论语·八佾》）"君子有三畏，畏天命，畏大人，畏圣人之言。"（《论语·季氏》）但是，孔子生活在历史的纠结之中：孔子一方面不语怪力乱神，另一方又创造性转化，提倡"下学而上达，知我者其天乎"（《论语·宪问》）。

我们应该看到，从北宋五子的"性即理"到王阳明的"心即理"，虽然其中有各种各样的义理分疏，但是，它们始终具有

"天"的背景，这是不容置疑的。虽然从孔子的"天"到北宋五子以及王阳明的"天"，具有重大的发展与变化，但是，它们真正的源头，是孔子的"天"。①这是没有任何问题的。没有孔子的人文主义转化及其内在超越的心学传统，"性即理""心即理"都是不可能的。笔者深以为，孔子的"下学而上达"，其实更注重人之所以为人的修为。它离"性即理"更远，而离"心即理"更近。从二者的比较来说，"性即理"是"敬"，而"心即理"是"诚"。"性即理"是虚灵不昧的冥想与体验，而"心即理"则是活在当下，是知体之"心"的认识面向，立足实践，在事事物物上用工夫，进而通过道德践履实现自我的价值呈现。王阳明哲学思想的根本之处，就是把高高在上的"天理"纳入了我的心中，纳入了我的生活实践之中。就其人学的思想实质来讲，其实这是对孔子思想的回归。

第二，孔子对学生（社会的管理人才）具有圣洁的要求。在整个孔子的政治思想中，孔子认为一切社会的管理的根源与前提，就是干部的管理。在《论语》中，孔子的后学深得其中奥妙，第一篇为《学而》，重点在突出学习，进德修业；第二篇就是《论语·为政》，这一篇的开头四章是这样安排的：

子曰："为政以德，譬如北辰，居其所而众星共之。"（《论语·为政》）

子曰："《诗》三百，一言以蔽之，曰：'思无邪'。"（《论语·为政》）

---

① 参见欧阳祯人《说天》，载氏著《先秦儒家性情思想研究》，武汉大学出版社2005年版。

子曰："道之以政，齐之以刑，民免而无耻；道之以德，齐之以礼，有耻且格。"（《论语·为政》）

子曰："吾十有五而志于学，三十而立，四十而不惑，五十而知天命，六十而耳顺，七十而从心所欲、不踰矩。"（《论语·为政》）

孔子后学这样的安排，真是耐人寻味。请看，第一章讲的是为政以德的总纲，第二章则讲《诗》的"思无邪"，第三章讲这种德政的好处与特征，第四章则讲人之所以为人的解放过程。因为它的总题目是"为政"，所以，笔者深以为，"思无邪"一章，表面上是在谈《诗》，但其实不是在论述《诗》。它讲的是孔子对社会管理者的圣洁的要求。据此，我们可以顺理成章地断言，《论语》之"兴于诗，立于礼，成于乐"（《论语·泰伯》）和"志于道，据于德，依于仁，游于艺"（《论语·述而》）都是对社会管理者的圣洁要求。我想，"思无邪"，首先是说管理者必须要有正常的人类情感，其次是说管理者必须尊重广大百姓的正常情感，最后是说管理者要有正确的审美尺度、审美伦理底线和高超的审美水平。试想，一个不懂得人类正常情感，进而不尊重人类情感，没有艺术审美能力的人，怎么能够去担任社会的管理者呢？正是从"思无邪"的角度，我们看到了王阳明"心即理"与"致良知"的终极源头。尤其是阳明学的"良知"学说，与孔子有真正的深层关系。

第三，孔子政治哲学的真正目标是人之所以为人的精神解放。这是核心问题。长期以来，我们对孔子一直抱有深刻的曲解。[①]其

---

① 五四运动反对的就是孔子，响彻云霄的口号是"只手打倒孔家店"。显然这是发生了深刻的误解。现在，有人仍然在继续叫嚣"孔子，是当代中国贪污腐败的老祖宗"。

实，从上面的四段引文，我们看得很清楚，"吾十有五而志于学"章所展现的就是，人之所以为人，只有在一个公正的社会里，为政以德的社会里，管理者都有审美能力的社会里，广大的老百姓都"有耻且格"的社会里，老百姓才有可能做到"吾十有五而志于学，三十而立，四十而不惑，五十而知天命，六十而耳顺，七十而从心所欲、不踰矩"。这是一个自我奋斗、自我觉醒、自我解放的过程。表面上这一章好像说的是孔子，但其实这是对一个理想国度的人们提出的要求。王阳明的"致良知"，就是一个穿越自己的私欲、成见、障碍，寻求天理、圣洁的过程，这当然也是人的自我解放的过程。其实，这里所谓的"穿越"，就是知行合一。王阳明的哲学被人们誉为思想解放的哲学，人性解放的哲学，但是在我看来，没有孔子的哲学起点，也就没有王阳明的哲学，王阳明的哲学一定是对孔子的继承。

第四，孔子极其注重进德修业和道德践履。《论语》《礼记》，尤其是《周易》，其精髓都在于道德的践履与修养。《论语》在这方面尤其突出：

> 子曰："居上不宽，为礼不敬，临丧不哀，吾何以观之哉？"（《论语·八佾》）
> 子曰："巧言、令色、足恭，左丘明耻之，丘亦耻之。匿怨而友其人，左丘明耻之，丘亦耻之。"（《论语·公冶长》）
> 子曰："默而识之，学而不厌，诲人不倦，何有于我哉？"（《论语·述而》）

翻开《论语》，这种把道德践履落实在"视、听、言、动"每一个人生细节的表述，真可谓俯拾即是。孔子虽然非常强调阅读书籍，他自己也非常努力，但是，对于学生，从根本上来讲，孔子更注重从生活实践之中来学习："弟子入则孝，出则弟，谨而信，泛爱众，而亲仁。行有余力，则以学文。"（《论语·学而》）这是大家都耳熟能详的教导。把生命当作修炼的平台，把身体当作修炼的道场，进德修业不离开事事物物的思想，并不是始于王阳明，而是早在孔子的时代就已经开始了。这方面的思想资源非常丰厚。中国台湾的杨儒宾先生有《儒家的身体观》一书，专门讨论这个问题。鄙人也有《〈乐记〉的"践形"思想研究》一文发表在《儒家文化研究》上面①，此文立足于心性修养的角度，讨论心性与身体的关系。

第五，孔子十分重视礼乐对人性的提升，以及礼乐对全社会的教化。在《论语》和《礼记》中，孔子对礼乐情有独钟，在很多情况下大力提倡。从中我们可以发现，孔子提倡礼乐，并不仅仅是为了社会的管理、社群的和睦，在很大程度上它解决了人之所以为人的性情建设问题，它保证了人之所为人的真正幸福和境界的高尚。王阳明继承了这一重要的文化遗产，把礼乐视为人生道德践履的重要内容。王阳明讲："譬之树木，这诚孝的心便是根，许多条件便是枝叶，须先有根然后有枝叶，不是先寻了枝叶然后去种根。《礼记》言：'孝子之有深爱者，必有和气；有和气者，必有愉色；有愉色者，必有婉容。'须是有个深爱做

---

① 《〈乐记〉的"践形"思想研究》，《儒家文化研究》（第四辑，心性论专辑）生活·读书·新知三联书店 2012 年版。

根，便自然如此。"①王阳明引用的话，其实就深深地植根于儒家礼乐文明之中。尤其是，王阳明整个的"乡约"内容，都是建立在孔子、孟子礼乐教化的基础之上的。没有《论语》与《礼记》的滋养，王阳明的礼乐思想就完全不可想象。而且，我们知道，王阳明不仅是伟大的思想家、军事学家，而且在诗歌创作、古琴、书法、绘画等方面也很有造诣，他尤其是一位文章圣手。这些都在在说明，王阳明在"兴于诗，立于礼，成于乐"等各个方面对孔子的含英咀华，心领神会。

第六，孔子十分重视他的教育事业，而且极其重视他的教学方法。孔子不仅是一位伟大的哲学家、政治理论家、历史学家、音乐家，而且是一位非常优秀的教育学家。在《论语》中，我们看到，孔子"默而识之，学而不厌，诲人不倦，何有于我哉?"（《论语·述而》），"有教无类"（《论语·卫灵公》），"不愤不启，不悱不发。举一隅不以三隅反，则不复也"（《论语·述而》），"知之者不如好之者，好之者不如乐之者"（《论语·雍也》），"因材施教"等各种教育思想不绝如缕，在学生面前那种客观、平等、推心置腹、直切中肯而又循循善诱、诲人不倦的作风，跃然纸上。这种对话形式的教学方式，完全被王阳明所继承。他与徐爱、冀元亨、钱德洪、王畿、王艮等学生广泛而深入地讨论各种问题的场面，以及王阳明大量书信中显示出来的深厚情感、诲人不倦的作风，至今令人神往。从教育思想上来讲，孔子对王阳明的影响，毫无疑问是极其巨大的。

---

① 王守仁:《王阳明全集》（上），吴光、钱明、董平、姚延福编校，上海古籍出版社 2012 年版，第 3 页。

　　第七，孔子忠恕之道的核心是实践哲学，其理论的归宿是世界大同，在政治哲学的理念上是对宗法体制的超越。从初步的层面上来讲，"忠"，就是自己的进德修业；"恕"，就是推己及人。但是，在孔子的思想体系中，忠恕之道，一以贯之，最终是天下苍生。孔子曾经语重心长地说过："虽有周亲，不如仁人。"（《论语·尧曰》）可惜我们对孔子知之甚少。孔子的思想非常超前。所以，晚年的孔子十分寂寞，①古来圣贤皆寂寞。对此我们都是有共识的，王阳明对此应该有深刻的体悟。笔者认为，王阳明知行合一的哲学体系，完全植根于孔子的忠恕之道。他的"知"，就是对孔子之"忠"的继承与发展，他的"行"，就是对孔子之"恕"的继承与发展。他的知行合一思想，最后的境界就是"天地万物一体之仁"（其实这个话题在北宋五子的思想中多有表述，尤其是张载和程颢。王阳明对此的含咏、理解与超越，当然非同寻常）。这是真正的一以贯之。他把孔子"虽有周亲，不如仁人"和"天下为公"的"大同"思想的境界改造成了一个富有诗意的境界。这在明代中后期到处是锦衣卫的社会里，是有特殊作用的。

　　第八，孔子十分重视社会诚信的建立。一切社会管理的目标，就是整个社会"讲信修睦，选贤与能"（《礼记·礼运》）。孔子认为，百姓厚道、社会诚信，人与人之间讲信修睦的根本前提和条件就是政治公正。没有社会的公正，就什么都没有。所以，孔子说："举直错诸枉，则民服；举枉错诸直，则民不服。"

---

　　①　子曰："谁能出不由户？何莫由斯道也？"（《论语·雍也》）子曰："莫我知也夫！"子贡曰："何为其莫知子也？"子曰："不怨天，不尤人；下学而上达。知我者其天乎！"（《论语·宪问》）

（《论语·为政》）孔子非常有名的"庶""富""教"（《论语·子路》）就直指全社会的道德修养。

> 或谓孔子曰："子奚不为政。"子曰："《书》云：'孝乎！惟孝，友于兄弟，施于有政。'是亦为政，奚其为为政？"（《论语·为政》）
>
> 子曰："君子怀德，小人怀土；君子怀刑，小人怀惠。"（《论语·里仁》）
>
> 子曰："巧言、令色、足恭，左丘明耻之，丘亦耻之。匿怨而友其人，左丘明耻之，丘亦耻之。"（《论语·公冶长》）

仔细想来，《论语》的这些表述无一不是与社会诚信的建设有着密切的关系。此后，孟子在此基础之上，在其仁政的理论体系中，还建立了庞大的教化理论："五亩之宅，树之以桑，五十者可以衣帛矣。鸡豚狗彘之畜，无失其时，七十者可以食肉矣。百亩之田，勿夺其时，数口之家可以无饥矣。谨庠序之教，申之以孝悌之义，颁白者不负戴于道路矣。七十者衣帛食肉，黎民不饥不寒，然而不王者，未之有也。"（《孟子·梁惠王上》）孟子的"仁政"思想受启迪于孔子的"德政"，这是大家公认的事实。王阳明在江西剿匪之后，全面提倡"乡约"，实行全方位的乡村道德教育运动。实在是孔子教育思想的创造性转化与现代性提升。①

第九，孔子十分重视对他人的尊重，提倡和而不同，周而不

---

① 当然，也包含了孟子的教化思想。另当别论。

比。这一条虽然属于忠恕之道，可以纳入"世界大同"的理论体系之中去，但是，君子"和而不同"的理论，"絜矩之道"的理论，是孔子对我们人类社会的伟大贡献。它超越了"大同"学说，在我们当今中国，具有独特的、重大的意义。"大同"学说距离我们现代，其实比较遥远，但是，君子"和而不同"的理论却给我们提供了现代社会人与人之间和睦相处的根本原则。这是万古不变的真理。王阳明的"心即理"和"致良知"，特别是"知行合一"学说，则是把孔子的"和而不同"理论推向了极致。阳明学的本质是把人当人，尊重每一个人的思想的独立性，它把我们每一个独特的我写到天上去了。这依然是对孔子和孟子的发展。

第十，孔子对自己的命运得失、成败休戚，十分超然。《论语·学而》开篇第一章记载孔子曰："学而时习之，不亦说乎？有朋自远方来，不亦乐乎？人不知而不愠，不亦君子乎？"这其实是对孔子波澜壮阔一生及其人生观点的全面总结。孔子勤奋努力，知识丰富，如切如磋，如琢如磨，全力推广他的思想，但是最终却有如茫茫大山之中的兰花，与众草为伍。虽然难免寂寞，难免孤独，但是，孔子自有一种潇朗超然的态度：

　　子曰："饭疏食、饮水，曲肱而枕之，乐亦在其中矣！不义而富且贵，于我如浮云。"（《论语·述而》）
　　叶公问孔子于子路，子路不对。子曰："女奚不曰：其为人也，发愤忘食，乐以忘忧，不知老之将至云尔。"（《论语·述而》）
　　子在齐闻《韶》，三月不知肉味。曰："不图为乐之至于斯也！"（《论语·述而》）

子曰："兴于《诗》，立于礼，成于乐。"（《论语·泰伯》）

子曰："师挚之始，《关雎》之乱，洋洋乎！盈耳哉。"（《论语·泰伯》）

孔子的可爱，非同寻常。孔子的"吾与点也"（《论语·先进》），在笔者看来，首先可能要视为一种自救的方式。如果没有上述引文中旷达、潇朗的态度，孔子在漫漫周游列国的道路上，风霜雨雪，风餐露宿，怎么能够活下来呢？当一切的政治事功付诸流水的时候，孔子的态度依然十分安然自在。他不仅有审美的心态，更有宗教性的情怀："下学上达，知我者其天乎？"（《论语·宪问》）上达苍穹，只求内在的超越，自足圆满。王阳明即便是在与朱宸濠恶战的时候，依然想到的是回家，再三再四，申请回家养病。这是一种什么样的心态呢？他会弹琴唱歌，会书法绘画，在生命的最后关头，客死江西青龙浦寒冷的冬月一条小船上的时候，学生问他有什么遗言，他面带微笑说："此心光明，亦复何言？"顷之，瞑目而逝。其境其情，来去潇洒，何等的超然放达？难道这就没有孔子面对惨淡的人生，乐以忘忧，亲自作曲、弹奏《龟山操》《陬操》《猗兰操》时的心态与风采？

二 从知行合一的角度看孔子与王阳明的关系

王阳明志在圣贤的对象，我们肯定不能把孔子排除在外。王阳明对孔子的尊重是无以复加的。这在《王阳明全集》中有大量的证据。下面，笔者从知行合一这一理论特定的视域，来分析王阳明对孔子的继承与发展。诚如前文笔者所言，王阳明知行合一的哲学体系，植根于孔子的忠恕之道。他的"知"，就是对孔子之"忠"的继承与发展，他的"行"，就是对孔子之"恕"的提升与超越。他的知行合一思想，最后的境界就是"天地万物一体之仁"。这是把孔子的"忠恕之道"真正地一以贯之。他把孔子"虽有周亲，不如仁人"（《论语·尧曰》）的境界推向了极致。其实这也是大而化之的说法。请看笔者下面的尽可能详细的分析。

王阳明的知行合一思想，最大的贡献是把传统文化中的知行关系为主体的认识论提升转化为道德修养论。这是一种道德的工夫，人学的践履。但是究其实，理论的源头，是孔子和孟子。孔子说："下学而上达，知我者其天乎。"就是说，我的不为人知的良知之心，落实在行动之中，直接面对天的圣洁。而且通过人生的道德践履，自足圆满而内在超越，上达天的圣洁。这是一种信仰，是一种精神，更是一种挺立于天地之间的人格力量。它不仅要有一种不畏严寒、不畏打击的心，而且要有坚定不移的执行力。如果不是心灵的自足圆满，何以可能呢？所以，后来孟子就进而说："行有不慊于心，则馁矣。"（《孟子·公孙丑上》）孟子的观点，虽然讲的是养浩然之气，但是，知行合一的观点，呼之欲出。

笔者认为，在王阳明那里，知行合一是一种道德实践的必需，更是人之所以为人的必需。但是它的最终源头，是孔子的忠恕之道，一以贯之。无论如何，王阳明的"知行合一"思想始终是离不开孔子的忠恕思想的：

$$忠 \rightarrow 恕$$
$$\downarrow \qquad \downarrow$$
$$知 \rightarrow 行$$

正由于王阳明的"心即理"的理论导向是直接指向道德修养层面的，因此，他的知行合一思想，相对于此前的相关理论来讲，就不再是一个认识论，而是地地道道的道德实践、道德修养论。这是王阳明的重大创造。知，是良知；行，是致良知。只有在行动上致良知之后，良知的认知才能成为真正的可能。这是阳明知行合一之说的根本意思。在王阳明看来，知而不行，把知与行隔开，把知与行看成彼此悬隔的两回事，主要是我们每一个人的成见、偏见、偏执、私心、利欲、障蔽在作祟。

而且，由于王阳明的知行合一思想受到了孔子"下学而上达"的直接启迪，是心即理、良知的性情体现，因此，在这里，"知"与"行"，就不再是对等的因果关系、逻辑关系，而是一个知与行同时并存的精神实体。王阳明说："知之真切笃实处，即是行；行之明觉精察处，即是知，知行工夫本不可离。只为后世学者分作两截用功，失却知行本体，故有合一并进之说。"①二者之间是混沌的，不分彼此的。阳明多次讲到了"知行本体""知行之体""知行本段"，它是生命的道德、良知显发，也是生命的本体。

"行"离开了"知"就是"冥行"，"知"离开了"行"就是"妄想"（《答友人丙戌》）②。阳明说："某尝说知是行的主意，行是知的工夫；知是行之始，行是知之成。若会得时，只说一个知，已自有行在；只说一个行，已自有知在。"③在传统的知行观之中，"知"属于主观意识，"行"属于客观行动。但是，

---

① 王守仁：《王阳明全集》（上），吴光、钱明、董平、姚延福编校，上海古籍出版社 2012 年版，第 37 页。

② 同上书，第 176 页。

③ 同上书，第 4 页。

王阳明仿佛混淆了知与行的界限。其实，这正是王阳明的高妙之处。因为他的目的正是彻底地摧毁"知"与"行"之间的壁障，彻底贯彻"致良知"的践履工夫。所以，在王阳明的思想体系中，知与行完全合一，良知与工夫完全合一。完全不能分离，成为人的本体。

从知行合一思想的结构层面来讲，有"浅深难易之殊"，分为三个层次。王阳明的表述是这样的：

> 问："圣人生知安行，是自然的，如何有甚工夫？"先生曰："知行二字即是工夫，但有浅深难易之殊耳。良知原是精精明明的。如欲孝亲，生知安行的，只是依此良知，实落尽孝而已；学知利行者，只是时时省觉，务要依此良知尽孝而已；至于困知勉行者，蔽锢已深，虽要依此良知去孝，又为私欲所阻，是以不能，必须加人一己百、人十己千之功，方能依此良知以尽其孝。圣人虽是生知安行，然其心不敢自是，肯做困知勉行的工夫。困知勉行的，却要思量做生知安行的事，怎生成得！"①

这段文字的核心，是王阳明在强调，面对良知，我们必须要有真真切切的道德践履。良知是一个只在人生的道德实践中才能够实现的境界。如果离开了人之所以为人的道德实践，离开了人的道德践履，良知的境界是不可能实现的。可就是有一些人，明明"蔽锢已深"，各种私欲的成见、偏僻、阻碍已经很多，云遮雾

---

① 王守仁：《王阳明全集》（上），吴光、钱明、董平、姚延福编校，上海古籍出版社2012年版，第97—98页。

挡、愁云惨淡了，但是还在梦想着不付出一点点努力，就能够达到"圣人的生知安行"。这怎么可能呢？

王阳明在这里提出了"知行合一"的三个层次。也就是说，生知安行、学知利行和困知勉行。笔者以为，这段文字理所当然来自《论语》的启示：

孔子曰："禄之去公室，五世矣。政逮于大夫，四世矣。故夫三桓之子孙，微矣。"（《论语·季氏》）

孔子曰："益者三友，损者三友。友直，友谅，友多闻，益矣。友便辟，友善柔，友便佞，损矣。"（《论语·季氏》）

孔子曰："益者三乐，损者三乐。乐节礼乐，乐道人之善，乐多贤友，益矣。乐骄乐，乐佚游，乐宴乐，损矣。"（《论语·季氏》）

孔子曰："侍于君子有三愆：言未及之而言谓之躁，言及之而不言谓之隐，未见颜色而言谓之瞽。"（《论语·季氏》）

孔子曰："君子有三戒：少之时，血气未定，戒之在色；及其壮也，血气方刚，戒之在斗；及其老也，血气既衰，戒之在得。"（《论语·季氏》）

孔子曰："君子有三畏：畏天命，畏大人，畏圣人之言。小人不知天命而不畏也，狎大人，侮圣人之言。"（《论语·季氏》）

孔子曰："生而知之者，上也；学而知之者，次也；困而学之，又其次也。困而不学，民斯为下矣！"（《论语·季氏》）

　　之所以有此长引，是因为这是一个理论体系。在笔者看来，这是王阳明知行合一理论的根源。深入研究《论语》，我们会发现，《季氏》的这段文字非常老辣。经《论语·季氏》的编纂者这么一编排，意思就十分深远了。笔者当然知道，《论语》的行文都是零条，各章之间未必有深入的内在联系，此为古训。但是，《季氏》的第一章讲的是"季氏将伐颛臾"，"谋动干戈于邦内"，是祸起萧墙之内。第二章讲的是礼乐征伐自天子出，"天下有道，则政不在大夫"，这在孔子，当然是有具体所指的。孔子的意思是，礼乐征伐自诸侯出，则会天下大乱。接下来，就是"禄之去公室"章。这一章只是没有挑明，孔子的意思是，这些鲁国的执政者由于没有按照规定的礼制行事，已经是一代不如一代，快要断子绝孙了，是非常令人恐怖的表述，是典型的反面教材。然后就是一连串的"三"："三友""三乐""三愆""三戒""三畏"（其实这就是我们人生方方面面道德践履，在王阳明那里就是道德实践、践履的"工夫"），最后都落实在"学"字上面："生而知之者，上也；学而知之者，次也；困而学之，又其次也。困而不学，民斯为下矣！"这才是孔子真正的意图。笔者在此以为，孔子讲学的思路可能也就是这样的。《论语》编纂者的灵感只能是来源于孔子。这么大的篇幅，编纂者们肯定依循了孔子的逻辑。这是七十子，以及七十子后学师承的结果，这么大的篇幅，他们断断不会自作主张。我们可以想见，王阳明置身于贵州修文县的崇山峻岭之中，每天躺在阴湿的洞穴之中，他是怎么涵泳《论语》的呢？

　　历来，在中国古代哲学家那里，人们都非常重视《论语》的上述表述。《礼记·中庸》的作者对这些文字的理解也是有深刻领悟的。否则，他就不会在《中庸》中有如此深入、细密的发挥：

> 子曰："或生而知之，或学而知之，或困而知之，及其知之，一也；或安而行之，或利而行之，或勉强而行之，及其成功，一也。"
>
> 博学之，审问之，慎思之，明辨之，笃行之。有弗学，学之弗能，弗措也；有弗问，问之弗知，弗措也；有弗思，思之弗得，弗措也；有弗辨，辨之弗明，弗措也，有弗行，行之弗笃，弗措也。人一能之己百之，人十能之己千之。果能此道矣，虽愚必明，虽柔必强。（《礼记·中庸》）

在对孔子"生而知之者，上也；学而知之者，次也；困而学之，又其次也。困而不学，民斯为下矣"思想的理解上，《中庸》的作者有两个重大的发展。第一个发展，是他改变了《论语·季氏》"上也""次也""又其次也"的上中下三级划分，提出了只要我们认真学习，最后，对我们每一个人的"知"来说，都是一样的。第二个发展，是把孔子的"知"，彻底地提升到了"行"："安而行之、利而行之、勉强而行之"。应该说，在中国哲学之认识论史上，这是一个重大的飞跃。因为它打破了人与人之间在"知"与"行"之外的一切人为的阻隔。提出了在"知"与"行"的面前人人平等的重要思想。更重要的是，《中庸》把"知"与"行"结合起来了，甚至开始了"博学、审问之、慎思、明辨、笃行"一以贯之，融为一体的理论导向。应该说，这就是一个知行合一的雏形体系。

这段文字被王阳明在其文集中反复地引证，绝非偶然。也就是说，王阳明对孔子的思想，对《中庸》的"博学、审问、慎思、明辨、笃行"心领神会。"必须加人一己百、人十己千之功，方能依此良知以尽其孝"①，良知的呈现，必须是努力践履的结果。因此，这样的思路，使得王阳明"知行合一"的理论结构，始终没有离开孔子的框架：

> 或生而知之→或安而行之。
> 或学而知之→或利而行之。
> 或困而知之→或勉强而行之。

《中庸》的"及其知之，一也。及其成功，一也"，是圣人之心没有放弃任何努力的个体的体现。天道酬勤，只要我们努力，就不可能没有收获。这正是王阳明知行合一思想的归宿。

说一千道一万，孔子的道德实践工夫，修身践履工夫，在《论语》中无所不在："弟子入则孝，出则弟，谨而信，泛爱众，而亲仁。行有余力，则以学文。"（《论语·学而》）应该说，这种表述，放在《学而》篇显赫的位置，自有作者的深意。他是在暗示，孔子学说的最大特点就是实践性、践履性。其实，王阳明的哲学思想虽然博大精深，"心即理""良知""致良知""知行合一"，但是究其实，它的核心和基础，与孔子完全相通。因为离开了"实践性"和"践履性"之后，王阳明这个理论思想体系的基础就没有了。

当然，王阳明的"知行合一"理论对孔子的道德实践论、践履论同时也具有重大的发展。第一，王阳明的知行合一论，是

---

① 王守仁：《王阳明全集》（上），吴光、钱明、董平、姚延福编校，上海古籍出版社2012年版，第98页。

对明代中后期整个社会（特别是官场）阳奉阴违、口是心非的一个重大批判，是对明代世风日下的挽救。可惜有明一代，终究没有真正地接纳阳明学，否则，就不会死得那么惨。第二，王阳明的"知行合一"思想，在理论形态上更加精致。他对由孔子而来的三个层次的划分与细密论述，具有立足于《中庸》的巨大超拔力。在理论的形态、内容、表述上和对孔子相关思想的超越上，都有了划时代的重大突破。第三，王阳明的知行合一之最大的贡献，并不仅仅是"致良知"的"致"。长期以来，中国的阳明学研究，始终只是停留在这一个层面上。这是诚为可惜的（这是受到了中国专制体制的压制所致）。笔者的意思是，王阳明"知行合一"的最核心部分，是为"志在圣贤"而付出的行动。知行合一的理论指向，始终都是志在圣贤。时时刻刻知行合一，向知行合一看齐，不以孔子的是非为是非，我们每一个人都应该有自己的独立思想，并且努力地去做一个顶天立地的人。这是王阳明十二岁的夙愿最后的落实，也正是王阳明心学的核心精华。如果我们当代中国人真正理解了在"心即理""致良知"整个理论体系中的"知行合一"，并且能够把这种独特的理论落实于生活实际，那么，我们每一个人都将生活得有价值，有追求，有理想，中华民族的伟大复兴，就不是没有可能了。

论王阳明的"校之以计而索其情"

薛侃云：王阳明"具文武之全才，阐圣贤之绝学"[①]，诚非虚言。在《王阳明全集》第三十二卷中，王阳明关于《孙子兵法》的读后感篇幅虽然不大，但是，相关的文字却充分体现了一代心学大师传承绝学，文武兼备，"放之则弥六合，卷之则退藏于密"的深刻工夫。本文根据吴光、钱明、董平、姚延福编校出版的《王阳明全集》中，王阳明在阅读《武经七书》时撰写的《孙子兵法》的评语，结合王阳明创造的具体战例，对其"校之以计而索其情"的思想进行深度的剖析。很明显，王阳明的这一重要的军事思想，是在战争中彻底贯彻知行合一理念的重要实践。这对我们立足于王阳明知行合一理论，借鉴他的思维方式和行为方式，尤其是他的军事思想，具有十分独特的现实意义。

一　阳明心学具有鲜明的针对性

相对于其他中国古代兵法而言，王阳明的军事思想最大的特

---

① 王守仁：《世德纪·附录》，《王阳明全集》（下）卷三十九，吴光、钱明、董平、姚延福编校，上海古籍出版社 2012 年版，第 1240 页（下面的引文与此相同，不再注明出版社）。

点在于它的时代性。王阳明所置身的时代，与他所阅读的《武经七书》的作者们所置身的时代已经大不相同。他所置身的时代有些什么特点呢？笔者以为，第一，长期大一统的集权专制，明朝正在走向僵化。官僚阶层已经成了社会的特权阶层，不但是社会权力与财富的既得利益者，而且不思进取，尸位素餐，明哲保身。各地的匪患长期得不到解决，贵州、云南、新疆、内蒙古、广西地区的少数民族人民与中央政府、汉族官僚的矛盾正是有力的证据。第二，严重的财政危机以及大量的土地兼并，已经使大明王朝不堪重负。庞大的军费开支（主要是对外作战，对付南倭北虏）、中央皇亲国戚奢侈糜烂、骄奢淫逸的生活以及各个层级官僚阶层的腐朽贪婪和巧取豪夺，急遽地吞噬着社会的创造力和向心力。第三，社会矛盾已经严重激化。这不仅仅是宦官专权，锦衣卫横行，最高层的权力已经极度腐败，而且底层老百姓对大明王朝正在失去信心。浙江、福建、广东、广西、荆襄、四川、河北、江西，到处都有不同程度的农民起义。这正说明了中期以后的大明王朝正在快速步入风雨飘摇的时代。

这就是王阳明"心即理""知行合一""致良知"哲学思想体系应运而生的社会现实基础。阳明曰："吾心之良知，即所谓天理也。致吾心良知之天理于事事物物，则事事物物皆得其理矣。致吾心之良知者，致知也。事事物物皆得其理者，格物也。是合心与理而为一者也。"①在这里，"心"就是良知之心。"理"就是道，就是贯通天渊的天理。这个良知之天理，推而极之，就是落实在"事事物物"之中的"止于至善"。王阳明又说："虚

---

① 王阳明：《答顾东桥书》，《王阳明全集》（上）卷二《语录二》，第39—40页。

灵不昧，众理具而万事出。心外无理，心外无事。"①就是说，我的良知之心，是我一切认知的依据，因为它就是天渊，就是太虚，含括世界的一切。万物皆备于我。这一点良知伸发开去，那就是天地万物一体之仁，就是面对天下苍生。阳明先生始终把他的"天理"理论与《论语》《孟子》《大学》《中庸》等先秦儒家元典结合在一起来阐述，其用意非常明确。从一个宏大的背景来看，王阳明的天理、良知理论，就是针对明朝官场满口仁义道德，满怀私欲膨胀的现实，提供的一道济世的良药。

在这个基础之上，王阳明提出了知行合一的理论。我们知道，在大明王朝，士大夫都是要阅读经典，通过各种考试，步步高升，最后平步青云，以此获得永久性功名利禄的。鉴于明朝官场知行不能统一的情况，王阳明指出："'致知'之必在于行，而不行之不可以为'致知'也明矣。"②也就是说，当时的明代官场，科举考试已经完全沦落为一种谋取高官厚禄的手段，知与行，已经完全脱节。作为传统经典的儒家先秦典籍已经成为摆设。在这样的历史时刻，王阳明提出知行合一的思想应该是非常尖锐的，在当时应该是振聋发聩的。王阳明屡立战功，但是他却一而再，再而三地告假回家养病，其根本原因在于他已经看到了明朝官场的险恶。龙场一难，使他在时间和空间上，对明朝的官场有了一个痛定思痛的反思空间。但是他并没有放弃对世道人心的拯救。上述类似的表述，在《王阳明全集》中是很多的：

> 知之真切笃实处，即是行；行之明觉精察处，即是知，

---

① 《王阳明全集》（上），第13页。
② 同上书，第44页。

知行工夫本不可离。只为后世学者分作两截用功，失却知行本体，故有合一并进之说。真知即所以为行，不行不足谓之知。①

爱曰："如今人尽有知得父当孝、兄当弟者，却不能孝、不能弟，便是知与行分明是两件。"先生曰："此已被私欲隔断，不是知行的本体了。未有知而不行者。知而不行，只是未知。"②

王阳明指出："人心是天、渊。心之本体无所不该，原是一个天，只为私欲障碍，则天之本体失了。心之理无穷尽，原是一个渊，只为私欲窒塞，则渊之本体失了。如今念念致良知，将此障碍窒塞一齐去尽，则本体已复，便是天、渊了。"③

王阳明的意思是，只有真正的"行"本身才能说明"知"的"真切笃实"；"行"的"明觉精察"才能说明是"真切笃实"的"知"。"知"与"行"的工夫完全不能分开。所以，真知就是行，不行，就不足以称为知。这在明代中后期，当然是有极为明显的针对性的。人们之所以满口仁义道德，满肚子私欲膨胀，是因为人之所以为人的天理良知已经被他的"私欲障碍"所"隔断"，长年累月，近墨者黑，耳濡目染，最后，良知丧尽而不自知。因此，王阳明认为，只有"念念致良知，将此障碍窒塞一齐去尽，则本体已复"，才能够复归到良知与天理的境界。

---

① 《王阳明全集》（上），第37页。
② 同上书，第3页。
③ 同上书，第84页。

也只有在良知之天理的涵照下，人们才能够有正确的判断与人生的道路，才能够建功立业，扬名于后世。世道人心也才能够真正被拯救过来。在读到《孙子兵法·地形》时，阳明的评语是：

> 今之用兵者，只为求名避罪一个念头先横胸臆，所以地形在目而不知趋避，敌情我献而不为觉察，若果"进不求名，退不避罪"，单留一片报国丹心，将苟利国家，生死以之，又何愁不能"计险阨远近"而"料敌制胜"乎？①

这是大家十分熟悉的在大一统官僚机制下，既得利益者（掌权者）并没有真正的保家卫国、为国家开疆拓土的功业之心。他们的心中只有"求名避罪"这一私利之心在作祟。结果就是屡屡坐失战机，"地形在目而不知趋避，敌情我献而不为觉察"。这些将领完全没有了《孙子兵法》"进不求名，退不避罪"的将领精神，没有建功立业的抱负，没有报效祖国的丹心，满怀狐疑私利，自然就不可能"计险阨远近"而"料敌制胜"了。这里所谓的"报国丹心"就是穿越了私蔽之心的"赤子之心"，这种人之善性，表现在保家卫国上，就是"报国丹心"。这当然也是王阳明心学的直接运用。在王阳明的思想体系和人生事功中，越是除去了私蔽之心的人，就越是能够对世界进行深沉厚重的思考，进而就能够"计险阨远近"而"料敌制胜"。

---

① 《王阳明全集》（下），第977页。

二 阳明的军事思想是其知行
合一理论的高度体现

王阳明的"校之以计而索其情",在《王阳明全集》第三十二卷《补录》对《孙子兵法》的十三章的十三条评语中,就有六次用到了这一判断,这足以说明王阳明对这一重要的军事思想的高度重视。"校三以计而索其情"是其知行合一思想运用在军事实践上的光辉典范,值得我们深入讨论。王阳明是文武全才,因而他的兵法思想虽然句句都是在讨论战争,但是在笔者看来,它们却始终是或隐或显,有着深远的政治背景,始终都没有脱离知行合一思想的底蕴。王阳明的军事思想最大的特点就在于他对国家的形势,对军事战略、战术以及相关的各种战法等各个方面具有深沉厚重的思考。他把知行合一的思维方法,彻底贯彻在军事行动中了。

在第一次提到《孙子兵法》"校之以计而索其情"的时候,王阳明认为,战争的胜利并非全部倚靠"阴谋取胜"。这是作为政治家的王阳明从"校之以计而索其情"一句体会出来的最根本的深层含义。他说:"不知阴非我能谋人不见,人目不能窥见我谋也,盖有握算于未战者矣。"①这是只有胸怀天下苍生的政治家才能说得出来的话。王阳明的意思是,战胜攻取,只能是以治为胜;只有在道、天、地、将、法等各个方面都全面发展的国家才能具有战胜攻取的实力。政治的实力最终决定军事的实力。当大战在即,一切都为时已晚。只有防患于未然,在战争远远还没

① 《王阳明全集》(下),第975页。

有来临的时候，我们就应该着手进行国家各个方面的建设准备工作。"握算于未战"，就是《孙子兵法》"夫战胜攻取，而不修其功者凶，命曰费留"，就是"先为不可胜"。战争的一切"神明妙用""因利制权""不可先传"，都在于我们长期持久的"先为不可胜""致人而不致于人"。因为只有这样，我们才有"校之以计而索其情"的基础与资本。也就是说，"校之以计而索其情"的前提是我们的国家已经具有相当的实力，在"以治为胜"方面我们已经做了大量的工作。否则弱国无外交，你怎么"校之以计而索其情"都是没有用的。

在对《孙子兵法》的十三条评语中王阳明第二次提到"校之以计而索其情"，说的是"不欲久战于外以疲民耗国"。[①]战争的目的是救民于水火，因此，作为将军，我们作战的时间不能太长，不能"疲民耗国"。王阳明的意思是："要非临战而非速胜也，须知有个先着在。"[②]也就是说，按照《孙子兵法》的思想，我们打仗，人人都希望"拙速""兵贵神速"。但是怎么"拙速""兵贵神速"呢？关键是要"校之以计而索其情"，带兵打仗的将军要有远见卓识，要提前准备好"先着"。未战而势已张，不战而气已吞，摧枯拉朽，兵贵神速，都在一个"拙"字上。在智与愚，巧与拙的辩证关系中，王阳明看到了《孙子兵法》"故善战人之势，如转圆石于千仞之山"（《势》）的根源，在于脚踏实地地"以治为胜"。"拙"，就是死工夫，硬工夫，就是踏踏实实，以正治国。道、天、地、将、法，都在这一"拙"字上显示出了深邃的神韵。也就是说，我们准备得越充分，正式开战之后，就越是得心应手。战争是你死我活的较量，但是对于

---

① 《王阳明全集》（下），第976页。
② 同上。

一位真正的军事家来说，他的心中根本的情怀应该是天下苍生，是他良知的一念显发，是他天地万物一体之仁思想的体现。如此一来，在《孙子兵法》那里，"校之以计而索其情"仿佛只是一个战术上的命题，但是在王阳明那里，确实具有更加明确的家国情怀。王阳明心中的家国情怀是大明王朝的国家稳定和老百姓的安居乐业。在这样的时代，任何战争都必须以保护人民的正常生活为前提。这是政治家的眼光。

王阳明第三次提到"校之以计而索其情"是针对"辅周则国必强"①来说的。用《孙子兵法》的话来讲，就是一个"全"字。王阳明的意思是，战争是凶险的，是不得已而为之的事情，因此，《孙子兵法》的"未战""拙速""不战，屈人兵"，都是在想方设法避免战争，甚至战争的最高要求是必以"全"争于天下。"全国""全军""全旅""全卒""全伍"，这是最高的境界。王阳明之所以在这里非常强调这个"全"字，在笔者看来，是因为王阳明的战争思想追求的是政局的稳定和广大黎民百姓的安居乐业。所以，作为心学大师的王阳明，特别重视《孙子兵法》"上兵伐谋，其次伐交，其次伐兵，其下攻城"的思想。"攻城之战为不得已"，这是政治家超越战争本身，做出的深沉厚重思考。由于战争是可能给我们的国家带来灭顶之灾的国之大事，因此，我军主将，就必须对敌我双方有非常深入的研究，这就是要深入地"校之以计而索其情"，竭尽全力，寻求到的"制胜之道"。这种制胜之道的获得，根本上来讲，是"辅周则国必强"。也就是说，关键在主帅。一将无能，祸及三军。主帅不仅要有深入、缜密的发现问题、分析问题、研究问题和解决问题的

---

① 《王阳明全集》（下），第976页。

能力，而且更重要的是，要有一颗面对国家稳定、天下黎民苍生的心。战争的主帅，首先要有一颗仁慈的心，其次才有可能真正战胜攻取，打死仗、打硬仗、打胜仗。但是，一切战争的最高境界，就是不打仗。就是在"全国""全军""全旅""全卒""全伍"的基础上，不战而屈人之兵。"辅周则国必强"，这是一条看不见而又无处不在的，衡量将军赤胆忠心和作战水平的根本法则。安国全军，全部倚赖于将军的"辅周"。这是对将军整体素质的全面要求，看似简单，其实非常困难。

王阳明第四次用到"校之以计而索其情"的时候，指的是"能知虚实者，乃能避实击虚，因敌取胜"①。战胜攻取，其实就是一个虚实。只有在大量、全面获取敌人情报的前提下，"校之以计而索其情"，才有可能真正掌握敌我双方的虚实，避实而击虚。因此，我们所要做的事情，就是要创造一切条件来迷惑敌人："'形兵之极，至于无形'，微乎神乎，此乃其所以'致人而不致于人'者乎!"②这其实就是王阳明军事思想的极致。在平定宁王之乱的时候，王阳明把这一点发挥到了极致。首先打南昌而不打安庆的朱宸濠，就是避实而击虚，彻底掌握了战争的主动权。以迅速占领南昌城的形式，围魏救赵，把朱宸濠拖回了南昌，使他进攻南京或直捣北京成为不可能。紧接着，王阳明选择了鄱阳湖，而不是在南昌城与宸濠决战，这是创造性继承与发挥了孙膑围魏救赵的军事思想。但是，这种选择，在王阳明，则是完全根据当时的实际情况，在万分危急的时刻，做出了不得已的抉择。这就是王阳明"校之以计而索其情"的特殊效果。"形兵

---

① 《王阳明全集》（下），第 976 页。

② 同上。

之极，至于无形"，利用鄱阳湖"水"与"火"天造地设的先决条件，致人而不致于人，抢占了战争的先机。真可谓"微乎微乎，至于无形。神乎神乎，至于无声。是为敌之司命"。

王阳明第五次用到"校之以计而索其情"，指的是战争的主帅要"善战不战"，要"不争胜争"。这里的"善战不战""不争胜争"，就是"上兵伐谋"，就是"不战而屈人之兵"。就是以我方最小的代价，赢得最大的胜利。深入研究《孙子兵法》的"以治""以静""无要""无击""勿向""勿逆"，无不都是以这样的战争境界为目标的。因为敌我双方都是你死我活的对决，因此，当敌我双方都绞尽脑汁、争取战争主动权的时候，那就只有真正的高手才能在军争之中，寓不争之妙："以迂为直，以患为利"，"分合为变"，"悬权而动"，①而必申之以避锐击惰。这当然是《孙子兵法》最精深的用兵之妙，被王阳明彻底参透。王阳明认为真正的"校之以计而索其情"，"匪直能以不争胜争，抑亦能不即危，故无失利"。王阳明要的是全胜。战争的结果是非常残酷的，因此，我们输不起，也就是"不即危"，"无失利"。②最大限度地保护我们的实力，上兵伐谋，善战不战，杀人于无形，才是最高的兵法。至此，我们发现王阳明在军事思想领域把他的心学智慧发挥到了极致。

王阳明第六次用到"校之以计而索其情"，指的是"用间是制胜的第一妙法"。③王阳明的意思是，"间"有两种。一种是我方有意安排的，另一种则是利用敌人的间谍因势利导而形成的。

---

① 《王阳明全集》（下），第976—977页。
② 同上书，第977页。
③ 同上书，第978页。阳明引梅林语。

在敌我双方你死我活，竭尽全力封锁一切消息，同时又制造假消息的时候，间谍就成了我们唯一的耳目。因此，在王阳明看来，战争的根本是"知彼知己"，就是要竭尽全力地了解敌人的动向。因为只有这样，"校之以计而索其情"才能够成为可能。通过间谍了解敌情，是取得战争胜利的"第一妙法"。王阳明认为《孙子兵法》把《用间篇》放在全文的最后，具有深远的意义。只要我们掌握了用间的手法，不论敌人是多么的强大，我们也可以"无不可破，横行直撞，直游刃有余了"。笔者以为，王阳明好像还有更深的意思："梅林曰：用间是制胜第一妙法，故孙子作十三篇，以此结之。其寓意远矣，有志当世者，不可不留心焉。"①这里隐含着国家的治理，也是不可以离开间谍的手段的。所以，从军事学的角度来看，王阳明首先是一位政治家，然后才是军事家。这正是王阳明的眼光、胸怀，以及他的军事思想与众不同的地方。

总之，王阳明的"校之以计而索其情"的思想，是其知行合一思想在军事上的创造性运用。这个思想在运用的过程中离不开致良知。这个致良知，就是"报国丹心"，就是"进不求名，退不避罪"的大无畏精神。江西剿匪任务完成之后，王阳明平定朱宸濠的战争，就是一腔热血，"进不求名，退不避罪"的完美体现。这场战争，其实对王阳明来讲非常凶险。因为它只能胜利，不能有任何闪失。但是，双方军事实力悬殊，如果完全按理性分析，王阳明的胜算实在是非常小。而且，即便是打赢了战场战争，王阳明也未必就能够得到脑满肠肥、钩心斗角、无所事事而沽名钓誉的满朝文武的理解。但是，王阳明一片丹心报国，根

---

① 《王阳明全集》（下），第978页。阳明引梅林语。

本没有计较任何得失。这个战例不仅创下了以少胜多的典范，而且也创造了"围魏救赵"，在运动中战胜敌人的典范。同时，这个战例全方位地凸显了王阳明的报国丹心，树立了"进不求名，退不避罪"的人格楷模，是满朝文武和我们当今学习的榜样。这场战争之所以能够取得全胜，完全是王阳明深入地运用了"校之以计而索其情"的军事思想，把知行合一理论发挥到极致的结果。

值得特别强调的是，王阳明深度剖析《孙子兵法》"校之以计而索其情"的思维方式，用以指导自己的军事思想，这说明了王阳明军事思想十分重视实际的运用价值。王阳明在战争中信奉的是"进不求名，退不避罪"，唯有一颗丹心的报国之"诚"，因此，他的军事思想不带任何空想的成分，完全是从实战的角度来展开。正是从这一点上来说，王阳明在一定程度上推崇《吴起兵法》，批评《孙子兵法》的"著书成名"，是十分英明的真知灼见："吴子握机揣情，确有成画，俱实实可见之行事，故始用于鲁而破齐，纵入于魏而破秦，晚入于楚而楚伯。身试之，颇有成效。彼《孙子兵法》较吴岂不深远，而实用则难言矣。想孙子特有意于著书成名，而吴子第就行事言之，故其效如此。"[1]实在是独具慧眼、入木三分。在这里，滴水见太阳的光辉。我们真切地看到了，王阳明百战百胜的战争效果，没有丝毫的偶然。在经历了百死千难、千锤百炼之后，王阳明对人生、对政治、对社会、对战争，洞若观火。这就是他实事求是，不带任何幻想，克敌制胜的根本原因。

---

[1] 《王阳明全集》（下），第978页。

王阳明家训思想研究

  王阳明的家训思想属于阳明心学整体思想的一个组成部分。王阳明的家训思想，现在一般认为主要体现在《示宪儿》的"三字经"中："幼儿曹，听教诲：勤读书，要孝弟；学谦恭，循礼义；节饮食，戒游戏；毋说谎，毋贪利；毋任情，毋斗气；毋责人，但自治。能下人，是有志；能容人，是大器。凡做人，在心地；心地好，是良士；心地恶，是凶类。譬树果，心是蒂；蒂若坏，果必坠。吾教汝，全在是。汝谛听，勿轻弃！"①毫无疑问这是重要的家训文献。但是笔者以为，研究王阳明的家训，还必须把王阳明的家信也要纳入进来，尤其应该从王阳明的整体人生和整个心学思想出发，从他成长的家风家教中寻找资源，结合阳明教育学生、倡导乡约的教育思想，系统、深入、全面地讨论问题，才能够看到王阳明家训思想的全貌，才能抓住问题的实质和重点。

一　王阳明能够成长为一代大儒的原因

  王阳明的六祖叫王纲，文武全才，与刘伯温是朋友。七十岁

---

  ①　王守仁：《王阳明全集》（中）卷二十，吴光、钱明、董平、姚延福编校，上海古籍出版社 2012 年版，第 625 页（下面的引文与此相同，不再注名出版社）。

时担任兵部郎中。曾祖父王世杰，号槐里子，著有《易春秋说》《周礼考证》和《槐里杂稿》。祖父王天叙，也是一位特殊人物：

> 先生名伦，字天叙，以字行。性爱竹，所居轩外环植之，日啸咏其间。视纷华势利，泊如也。客有造竹所者，辄指告之曰："此吾直谅多闻之友，何可一日相舍耶？"学者因称曰竹轩先生。
>
> 早承厥考槐里先生庭训，德业凤成。甫冠，浙东西大家争延聘为子弟师。凡及门经指授者，德业率多可观。槐里先生蚤世，环堵萧然，所遗惟书史数箧。先生每启箧，辄挥涕曰："此吾先世之所殖也。我后人不殖，则将落矣。"乃穷年口诵心惟，于书无所不读，而尤好观《仪礼》、《左氏传》、司马迁《史》。雅善鼓琴，每风月清朗，则焚香操弄数曲。弄罢，复歌以诗词，而使子弟和之。识者谓其胸次洒落，方之陶靖节、林和靖，无不及焉。
>
> ……
>
> 先生容貌环伟，细目美髯。与人交际，和乐之气蔼然可掬。而对门人弟子，则矩范严肃，凛乎不可犯。为文章好简古而厌浮靡，赋诗援笔立就，若不介意，而亦未尝逸于法律之外。所著有《竹轩稿》及《江湖杂稿》若干卷，藏于家。[1]

这段文字很重要。因为这从这段文字中，走出了一位状元和

---

[1] 王守仁：《竹轩先生传》，《王阳明全集》（下）卷三十八，第1142—1143页。

一位新建伯。这段文字给了我们很多信息。第一，自古以来，王家就有良好的家风家教："早承厥考槐里先生庭训，德业夙成"，这非常重要。这一点，影响了王华，更影响了其子王阳明的成长。没有良好的家风，王阳明要成为一代伟大的思想家和军事家，这是不可能的。第二，王天叙爱好大自然，喜欢竹子，淡泊名利。后来王阳明在贵州龙场修筑的君子亭四周就种植了大量的竹子，并且用四个字概括竹子的品格：德、操、时、容。这是有深远的意味的。闲雅淡泊，以俭养德，其实是王阳明人生取得重大成功的根本原因。第三，曾祖父槐里子给王天叙遗留下来很多书籍。这对状元与新建伯的诞生与成长，创造了不可或缺的条件。至关重要的是，从王世杰到王天叙在物质上都不是很宽裕："环堵萧然"，全部的遗产只有几箱子书籍。尤其是王天叙刚好又特别喜欢读书："穷年口诵心惟，于书无所不读。"志趣、胸襟、境界，固然重要，而一定的先决条件也是十分重要的。最为重要的是，王天叙不是腐儒，他是有见识，有传承，有多种著述的思想者。他的著述成为传家之宝。没有这种传统，王华就不可能考取状元，王阳明更不可能考取进士。第四，王天叙是一个极有艺术修养的人："雅善鼓琴，每风月清朗，则焚香操弄数曲。"后来王阳明在龙场也弹琴，在他的诗文中存在大量弹琴的内容。王阳明像孔子、司马徽、诸葛亮、庞统一样，也是一代琴家。琴者，禁也。上下与天地同和。王阳明征战沙场，屡建奇功，其实与古琴有深刻的联系。不仅如此，王阳明同时也是书法家，画家，他会唱歌，尤其写得一手好文章，王阳明至少是有明一代最有名的文章高手之一。这些都与王阳明的祖父与父亲奠定的雄厚基础密不可分。第五，王天叙的职业是教书："甫冠，浙东西大家争延聘为子弟师。凡及门经指授者，德业率多可观。"而且教学的效果还很好。这一点刚好又被王阳明彻底传承了下来。王阳明人生自以为最为得意的地方，正在于自己集天下英才而教育之。① 作为教育家的王阳明，其实是作为一代思想家、军事学家为基础的，因此，这个教育家完全不同寻常。王天叙"容貌环伟，细目美髯。与人交际，和乐之气蔼然可掬。而对门人弟子，则矩范严肃，凛乎不可犯"，这是一位老师的形象，这对后来成为教育家的王阳明的影响同样是非常重要的。这使人自然而然想起王阳明《教条示龙场诸生》："立志、勤学、改过、责善。"② 我们从这些教学原则中，可以体会出王阳明与他的祖父王天叙有着来自灵魂深处的传承关系。第六，至关重要的是，这段文字的最后有这样的话："所著有《竹轩稿》及《江湖杂稿》若干卷，藏于家。"《竹轩稿》与《江湖杂稿》也许不是什么名著，但是，王天叙并没有急于拿着自己的手稿去出版，为自己在这个浮躁的世界上沽名钓誉。笔者的意思是，这是一个殷实的、有底蕴的、有传承的家族。这些著作，毫无疑问，对王阳明的影响是十分深远的。

在这个家庭里，王阳明首先享受到的是王家世世代代诗书传家的家风。王阳明十岁就能够写出相当不错的诗歌，这无论如何都是在书香门第耳濡目染的结果。王阳明一生最大的特点，第一，就是能够写一手好文章。他的文章深情厚谊，入木三分，如果不是这样的家庭熏陶，这是不可想象的事情。而且，王阳明的

---

① 《赣州书示四侄正思等》载："读书讲学，此最吾所宿好，今虽干戈扰攘中，四方有来学者，吾未尝拒之。所恨牢落尘网，未能脱身而归。今幸盗贼稍平，以塞责求退，归卧林间，携尔曹朝夕切磋砥砺，吾何乐如之！"［《王阳明全集》（中）卷二十六，第815—816页］

② 王守仁：《教条示龙场诸生》，《王阳明全集》（中）卷二十六，第804页。

文章与诗歌创作，都直接受到了竹轩先生的影响："为文章好简古而厌浮靡，赋诗援笔立就，若不介意，而亦未尝逸于法律之外。"王阳明的诗风文风，确实是相去不远。第二，王阳明在这个家庭里感受到的是一个极富光荣历史的家族，所以，"立志"成了王阳明长期以来一直思考的问题。为什么要立志？这是书香门第的脸面和慧命传承。这个问题，时时刻刻摆在王阳明的面前。尤其是"学做圣贤"的志向在他心中扎根的时候，他家族的优势就越发显示出来了。第三，王阳明在家里由于受到祖父的隔代庇护，所以，在思想上生活得相当自由。他少年时代豪侠任性的一面就是在这样一种环境下培养起来的。王阳明的父亲王华虽然在关键时刻总是给王阳明至关重要的提点和教育，但是在通常的生活中，是基本不管他的，任其自由。以至于王阳明在自己结婚的当天居然跑到铁柱宫去了一整夜不回归，让新娘独守空房，这不是一般人能够做得出来的。中国古代的父亲，往往易子而教。这是从孔子以来的传统，它的真正好处，不仅仅在于使父子保持良好的关系，而且还在于让孩子生活得自由自在，没有真正的血亲压力。第四，王阳明的祖父与父亲十岁就带王阳明进京生活，笔者认为，这是刻意培养。因为这样一来，王阳明的眼界就此打开。王阳明后来广交朋友，尤其是与前后七子都有深入的交往，为他日后阅读各种书籍的时候深刻理解力，都有直接的影响。王阳明的少年时代，是他意气风发、充满自由的时期。我们从王阳明十一岁的时候留给我们的两首诗歌中，看到了他性情浏亮、思想健康、想象丰富、充满遐想的人生："山近月远觉月小，便道此山大于月。若人有眼大如天，还见山小月更阔。""金山一点大如拳，打破维扬水底天。醉倚妙高台上月，玉箫吹彻洞龙眠。"视野开阔，视角转换，奇特高妙，简直就有心学的方式路径。这充分说明了竹轩公与张华教育孩子的成功。第五，仔细斟酌王阳明的人生，笔者深以为，成就王阳明一生的根本动力，是他的孝道：

> 近得书闻老父稍失调，心极忧苦。老年之人，只宜以宴乐戏游为事，一切家务皆当屏置，亦望时时以此开劝，家门之幸也。至祝至祝！事稍定，即当先报归期。①

这种类似的文字，在《王阳明全集》中经常见到。王阳明十分思念家中的父老与亲人。又如，王阳明完全没有想到他会被贬谪到贵州龙场。在龙场，他念念不忘的是他的老家："蛮烟喜过青杨瘴，乡思愁经芳杜洲。山在夜郎家万里，五云天北是神州。"（《居夷诗·罗旧驿》）"尺素屡题还屡掷，衡南哪有雁飞回？"（《居夷诗·兴隆卫书壁》）"此日天涯伤逐客，何年江上却还家？"（《居夷诗·晓霁用前韵抒怀》之一）"乘兴最堪风雪夜，小舟何日返山阴？"（《居夷诗·雪夜》）"奔走连年家尚远，空余魂梦到柴门。"（《居夷诗·再经武云观书林玉玑道士壁》）他仿佛被整个世界抛弃了，强烈而沉痛的思乡情怀深深地埋藏于《居夷诗》的字里行间。对自己的遭遇，他其实还是可以超越的，但是真正让他念念不忘，而且觉得刻骨铭心的，是自己的亲人："采蕨西山下，扳援陟崔嵬。游子望乡国，泪下心如摧。浮云塞长空，颓阳不可回。南归断舟楫，北望多风埃。已矣供子职，勿更贻亲哀！"（《居夷诗·采蕨》）设身处地，我们可以通过阳明的文字，感受到阳明当时置身龙场，孤苦无助的悲催心

---

① 王守仁：《又与克彰太叔》，《王阳明全集》（中）卷二十六，第816页。

情。更看到了王阳明自己没有尽到孝心而十分痛苦。这就是他的孝道。儒家经典《孝经·开宗明义》第一章，借孔子的口写道："夫孝，德之本也，教之所由生也。复坐，吾语汝。身体发肤，受之父母，不敢毁伤，孝之始也。立身行道，扬名于后世，以显父母，孝之终也。夫孝，始于事亲，忠于事君，终于立身。《大雅》云：'无念尔祖，聿修厥德。'"这里所谓的"立身行道"，就是一个人的事业。王阳明无时无刻不专注于他的"道"："溪石何落落，溪水何冷冷。坐石弄溪水，欣然濯我缨。溪水清见底，照我白发生。年华若流水，一去无回停。悠悠百年内，吾道终何成！"（《居夷诗·溪水》）把"孝"与"道"结合在一起（"立身行道，扬名于后世，以显父母，孝之终也"），这是王阳明拳拳服膺，念念于道，最后成功的根本原因。

不过，王阳明的成功，还有一个重要的因素，这就是他的理论对手的成就。谁是他的理论对手呢？朱熹。自从王阳明碰到娄一斋以后，就开始追求圣贤境界。圣贤可学而至，念兹在兹。他真正潜心研究了朱熹的著作。然后去格了七天竹子，预期的效果没有达到，还因此而大病了一场。接下来，生命无形的大手把他抬了起来，使他成为国家公务员，然后让他遭遇宦官刘瑾。一连串的人生灾难，把他推向了贵州龙场。置身贵州西北万山丛棘中，蛇虺魍魉，蛊毒瘴疠，野兽作伴，举目无亲，投告无门。王阳明仰望寰宇，试问苍天："圣人处此，更有何道？"[1]孔子、孟子、老子、庄子和禅宗的思想在他心中交融，历史的烟云在云贵高原的青山绿水之间飘摇，陆九渊与朱熹鹅湖论辩的故事，始终都在耳际回响。艰难困苦的生存环境、自食其力的生活方式，老

---

[1]　《年谱一》，《王阳明全集》（下）卷三十三，第1007页。

稚来视的贵州少数民族情感，云贵高原清新爽目的山山水水都在激发王阳明心中的梦想。"忽中夜大悟格物致知之旨，寤寐中若有人语之者，不觉呼跃，从者皆惊。始知圣人之道，吾性自足，向之求理于事物者误也。乃以默记《五经》之言证之，莫不吻合，因著《五经臆说》。"①王阳明因此而转换了角色，超越了朱熹。理论的对手虽然与家风家教没有直接的关系，但是，它来自心中的追求与超越。这同样是家风家教在他心中激发出来的人生动力导致的结果。

二　阳明"立志说"浅析

王阳明家训的核心内容，是他的"立志说"。这是由王阳明心学思想决定的必然结果。在《王阳明全集》中，"立志"一词被王阳明反复运用，经常给自己的学生谈起。这是《王阳明全集》的关键词。从家训的角度来讲，王阳明的"立志说"主要体现在他给他的弟弟王守文撰写的《示弟立志说》一文中。在后来与王正宪的思想交流中，王阳明还让王正宪去王守文那里抄录该信，反复诵读，牢记于心。这当然是一篇重要的家训著作。顾名思义，这篇文章特别强调在做人的过程中，在学习的过程中，"立志"是最重要、最根本的立足点。

阳明多次讲到过立志。在《王阳明全集》中，"立志"与他的心即理、致良知相一致，相关的论述俯拾即是：

　　问立志。先生曰："只念念要存天理，即是立志。能不

①　《年谱一》，《王阳明全集》（下）卷三十三，第 1007 页。

忘乎此，久则自然心中凝聚，犹道家所谓结圣胎也。此天理之念常存，驯至于美大圣神，亦只从此一念存养扩充去耳。"①

又曰："立志用功，如种树然。方其根芽，犹未有干；及其有干，尚未有枝；枝而后叶，叶而后花实。初种根时，只管栽培灌溉，勿作枝想，勿作叶想，勿作花想，勿作实想。悬想何益！但不忘栽培之功，怕没有枝叶花实？"②

唐诩问："立志是常存个善念，要为善去恶否？"曰："善念存时，即是天理。此念即善，更思何善？此念非恶，更去何恶？此念如树之根芽，立志者长立此善念而已。'从心所欲，不踰矩'，只是志到熟处。"③

（先生曰：）"种树者必培其根，种德者必养其心。欲树之长，必于始生时删其繁枝；欲德之盛，必于始学时去夫外好。如外好诗文，则精神日渐漏泄在诗文上去；凡百外好皆然。"又曰："我此论学是无中生有的工夫，诸公须要信得及只是立志。学者一念为善之志，如树之种，但勿助勿忘，只管培植将去，自然日夜滋长，生气日完，枝叶日茂。树初生时，便抽繁枝，亦须刊落。然后根干能大。初学时亦然。故立志贵专一。"④

大抵吾人为学紧要大头脑，只是立志，所谓困忘之病，亦只是志欠真切。⑤

---

① 王守仁：《传习录·语录一》，《王阳明全集》（上）卷一，第10页。
② 同上书，第13页。
③ 同上书，第17页。
④ 同上书，第29页。
⑤ 王守仁：《答周道通书》，《王阳明全集》（上）卷二，第50页。

何廷仁、黄正之、李候璧、汝中、德洪侍坐，先生顾而言曰："汝辈学问不得长进，只是未立志。"侯璧起而对曰："琪亦愿立志。"先生曰："难说不立，未是必为圣人之志耳。"对曰："顾立必为圣人之志。"先生曰："你真有圣人之志，良知上更无不尽。良知上留得些子别念挂带，便非必为圣人之志矣。"洪初闻时，心若未服，听说到此，不觉悚汗。①

立志之说，已近烦渎，然为知己言，竟亦不能舍是也。志于道德者，功名不足以累其心；志于功名者，富贵不足以累其心。但近世所谓道德，功名而已；所谓功名，富贵而已。②

书来，意思甚恳切，足慰远怀。持此不解，即吾立志之说矣。"源泉混混，不舍昼夜，盈科而后进。放乎四海，有本者如是。"立志者，其本也。有志而无成者矣，未有无志而能有成者也。贤弟勉之！色养之暇，怡怡切切，可想而知，交修罔怠，庶吾望之不孤矣。地方稍平，退休有日；预想山间讲习之乐，不觉先已欣然。③

夫恶念者，习气也；善念者，本性也；本性为习气所汩者，由于志之不立也。故凡学者为习所移，气所胜，则惟务痛惩其志。久则志亦渐立。志立而习气渐消。学本于立志，志立而学问之功已过半矣。此守仁迩来所新得者，愿毋轻掷。④

---

① 王守仁：《传习录下》，《王阳明全集》（上）卷三，第 91 页。
② 王守仁：《与黄诚甫》，《王阳明全集》（上）卷四，第 139 页。
③ 王守仁：《寄薛尚谦》，《王阳明全集》（上）卷四，第 145 页。
④ 王守仁：《与克彰太叔》，《王阳明全集》（中）卷二十六，第 812 页。

　　呜呼！此身可以为尧、舜，参天地，而自期若此，不亦可哀也乎？故区区于友朋中，每以立志为说。亦知往往有厌其烦者，然卒不能舍是而别有所先。诚以学不立志，如植木无根，生意将无从发端矣。自古及今，有志而无成者则有之，未有无志而能有成者也。远别无以为赠，复申其立志之说。贤者不以为迂，庶勤勤执谦枉问之盛心为不虚矣。①

　　之所以有此多引，主要是王阳明对这个问题不厌其烦，对很多知己的朋友学生反复提及。笔者为了交代他在家训中也强调这一点，则不能不从他的哲学根源上、从他的教育体系上厘清这个问题。整合上面的表述，笔者有下面几个方面的心得：

　　第一，立志，就是"念念要存天理"，就像道家的结圣胎，凝聚于心中；像种树的根，植根于深沃的土壤之中，风吹沙打不迷。"志于道德者，功名不足以累其心；志于功名者，富贵不足以累其心。"②阳明甚至说："后世大患，尤在无志。"③没有立志的人，是断断不能成就自己的价值和幸福人生的。

　　第二，立志，就是立圣人之志，就是为人之本，因此，贵在专一。只要真正具备了这种高远的志向，那么，"良知上更无不尽"，没有任何"些子别念挂带"，通体透明。果真如此，便无往而不胜了。

　　第三，进德修业，关键在于立志。只要灌溉肥沃，真切立志，则干、枝、花、叶、果，不愁不枝繁叶茂。一切的事业，都

① 王守仁：《寄张世文》，《王阳明全集》（下）卷二十七，第827页。
② 王守仁：《示弟立志说》，《王阳明全集》（上），第219页。
③ 同上书，第220页。

是从"立志"上扩充去。因此，只要立志了，事业就成功了一半。

第四，我们事业的不成功都是由没有真切立志而导致的。没有真切立志的原因，则为"习气所移"。这里的习气，就是指我们的喜怒哀悲之气，就是我们为外界所牵引的邪气，更是不良的人生习惯。只有不断地铲除这些习气，立志才有可能。

第五，立志与功名的获得，完全是不同的两个概念。立志者，不一定能够获得功名；没有立志者，一定不能获得真正的功名。立志者的功名，就是进德修业，就是善信美大圣神，与功名并非完全一样。只有功名成为我们的人生修炼道场，这个功名才能够成为有价值的存在。

在王阳明的家训中，全面阐述"立志"思想的文献，集中体现在他给他的弟弟王守文撰写的《示弟立志说》一封信中。后来在给正宪的信件中，阳明也提及此信，可见这封信的重要。这封信的内容，可以概括为以下几个方面：

第一，人所以为人、为学，都必须要"立志"。不立志，则"犹不种其根而徒事培拥灌溉，劳苦无成矣。世之所以因循苟且，随俗习非，而卒归于污下者，凡以志之弗立也"①。所以，人如果不立志，是绝对不可能成就我们的"学"的。在阳明看来，"立志"是人之所以为人的标志。

第二，所谓立志，就是要"求为圣人之志"。就是追求"纯乎天理而无人欲之私"的性情境界。当然，这是一个追求的方向，并不是说我们一定要成为孔子、孟子，而是要向他们学习。反过来讲，如果我们不向孔子、孟子学习，那我们学什么呢？所

---

① 王守仁：《示弟立志说》，《王阳明全集》（上），第219页。

以，立志是必需的。阳明指出："源不浚则流息，根不植则木枯，命不续则人死，志不立则气昏。是以君子之学，无时无处而不以立志为事。"①没有立志的人，则精气神全无，不堪设想。

第三，"务去人欲而存天理"，有它自己的方法。这个方法就是"必先诸正觉，考之古训"，就是要拜师学习，要努力把"古训"搞清楚。"言之而听之不审，犹不听也；听之而思之不慎，犹不思也；是则虽曰师之，独不师也。"②务必要彻底弄清楚，而且不能够停息。所以，对我们每一个人来讲，学习都是必需的。

第四，在学习的过程中，要尊师重教。要以"尊崇笃信"之心面对老师，务必除去"轻忽慢易"之意。只有这样，才能够专心致志，才能够学到我们一并该学习到的东西。阳明引用了《礼记·学记》的话："师严，然后道尊，道尊，然后民知敬学。"在这样的状态下，"正目而视之，无他见也；倾耳而听之，无他闻也。如猫捕鼠，如鸡覆卵，精神心思凝聚融结，而不复知有其他，然后此志常立，神气精明，义理昭著"③。这是十分精到的表达。

第五，考之训诂，就是依据古代的四书五经，通过古代圣贤撰写的经典学习，去人欲而存天理。攻读圣贤经典，就像饥者之于食，病者之于药，暗者之于灯，跛者之于杖。这是人之所以为人的精神食粮，完全不可或缺。

第六，立志，是一件非常不容易的事情，有一个漫长的过

---

① 王守仁：《示弟立志说》，《王阳明全集》（上），第219页。
② 同上。
③ 同上书，第220页。

程。私欲，在不断地萌生，时时刻刻在拷问着我们的天理，在拷问着我们"立志"的程度。人生一世，"盖无一息而非立志责志之时，无一事而非立志责志之地。故责志之功，其于去人欲，有如烈火之燎毛，太阳一出，而魍魉潜消也"①。所以，志没有立起来，则一切人欲之私随时搅扰我们，志一立起来，则"魍魉潜消"。

这些文字的表述，虽然与其在《传习录》等文献中的思想是完全一致的，但是，它们更加具体，更加生动，更加深入人心。家训的意味明显加强了。在"立志"的具体操作上，王阳明在龙场讲学时为他的学生所撰写的《教条示龙场诸生》，② 与前文异曲同工，更富于系统性、操作性：

> 诸生相从，于此甚盛。恐无能为助也，以四事相规，聊以答诸生之意。一曰立志；二曰勤学；三曰改过；四曰责善。其慎听毋忽！

立　志

志不立，天下无可成之事，虽百工技艺，未有不本于志者。今学者旷废隳惰，玩岁愒时，而百无所成，皆由于志之未立耳。故立志而圣，则圣矣；立志而贤，则贤矣；志不立，如无舵之舟，无衔之马，漂荡奔逸，终亦何所底乎？昔人有言，使为善而父母怒之，兄弟怨之，宗族乡党贱恶之，如此而不为善可也；为善则父母爱之，兄弟悦之，宗族乡党

---

① 王守仁：《示弟立志说》，《王阳明全集》（上），第220页。
② 王守仁：《教条示龙场诸生》，《王阳明全集》（中），第804—805页。

敬信之，何苦而不为善为君子？使为恶而父母爱之，兄弟悦
之，宗族乡党敬信之，如此而为恶可也；为恶则父母怒之，
兄弟怨之，宗族乡党贱恶之，何苦而必为恶为小人？诸生念
此，亦可以知所立志矣。

勤　学

已立志为君子，自当从事于学。凡学之不勤，必其志之
尚未笃也。从吾游者，不以聪慧警捷为高，而以勤确谦抑为
上。诸生试观侪辈之中，苟有虚而为盈，无而为有，讳己之
不能，忌人之有善，自矜自是，大言欺人者，使其人资禀虽
甚超迈，侪辈之中，有弗疾恶之者乎？有弗鄙贱之者乎？彼
固将以欺人，人果遂为所欺，有弗窃笑之者乎？苟有谦默自
持，无能自处，笃志力行，勤学好问；称人之善，而咎己之
失，从人之长，而明己之短，忠信乐易，表里一致者，使其
人资禀虽甚鲁钝，侪辈之中，有弗称慕之者乎？彼固以无能
自处，而不求上人，人果遂以彼为无能，有弗敬尚之者乎？
诸生观此，亦可以知所从事于学矣。

改　过

夫过者，自大贤所不免，然不害其卒为大贤者，为其能
改也。故不贵于无过，而贵于能改过。诸生自思平日亦有缺
于廉耻忠信之行者乎？亦有薄于孝友之道，陷于狡诈偷刻之
习者乎？诸生殆不至于此。不幸或有之，皆其不知而误蹈，
素无师友之讲习规饬也。诸生试内省，万一有近于是者，固
亦不可以不痛自悔咎。然亦不当以此自歉，遂馁于改过从善
之心。但能一旦脱然洗涤旧染，虽昔为寇盗，今日不害为君

子矣。若曰吾昔已如此，今虽改过而从善，将人不信我，且无赎于前过，反怀羞涩疑沮，而甘心于污浊终焉，则吾亦绝望尔矣。

责　善

责善，朋友之道，然须忠告而善道之，悉其忠爱，致其婉曲，使彼闻之而可从，绎之而可改，有所感而无所怒，乃为善耳。若先暴白其过恶，痛毁极诋，使无所容，彼将发其愧耻愤恨之心，虽欲降以相从，而势有所不能，是激之而使为恶矣。故凡讦人之短，攻发人之阴私以沽直者，皆不可以言责善。虽然，我以是而施于人不可也，人以是而加诸我，凡攻我之失者皆我师也，安可以不乐受而心感之乎？某于道未有所得，其学卤莽耳。谬为诸生相从于此。每终夜以思，恶且未免，况于过乎？人谓事师无犯无隐，而遂谓师无可谏，非也。谏师之道，直不至于犯，而婉不至于隐耳。使吾而是也，因得以明其是；吾而非也，因得以去其非；盖教学相长也。诸生责善，当自吾始。

相对于《示弟立志说》来讲，《教条示龙场诸生》其实还没有前者深刻。但是，《教条示龙场诸生》条分缕析，更便于学生照章执行。《教条示龙场诸生》首先强调了"立志"的重要，如舟之舵，马之衔，至关重要。然后，提出了谦默自持，笃志力行，勤学好问的好学精神，尤其是提出了"不以聪慧警捷为高，而以勤确谦抑为上"的重要观点。也就是说，在王阳明看来，"立志"，必须以"勤学"为基础，为前提。不勤学的人，肯定不可能立志。"旷废隳惰，玩岁愒时，而百无所成"，当然是不"勤学"的结果。所谓"勤学",在阳明看来,其实就是改过从善。人不可能不犯错误,但是,只要勇于改正错误,"能一旦脱然洗涤旧染,虽昔为寇盗,今日不害为君子矣",阳明身上没有顽固的道学气,能够真正面对真正的人性。放下屠刀,立地成佛。一方面,英雄不问出处;另一方面,即使是寇盗,只要"洗涤旧染",依然不损害他成为一位君子。阳明的心胸是极其慈悲、恻怛、诚恳的。尤其难能可贵的是,阳明提出了师生之间、学友之间彼此切磋砥砺、与人为善的"责善"原则。阳明指出,学友之间,不能够揭人隐私,"痛毁极诋,使无所容",而是要"悉其忠爱,致其婉曲,使彼闻之而可从,绎之而可改,有所感而无所怒",与人为善。阳明的教诲既针砭了明朝的世风,又与儒家先圣"以文会友,以友辅仁"(《论语·颜渊》)的教诲相一致。

在《颁行社学教条》中,阳明要求在乡约教育中,"各官仍要不时劝励敦勉,令各教读务遵本院原定教条尽心训导,视童蒙如己子,以启迪为家事,不但训饬其子弟,亦复化喻其父兄;不但勤劳于诗礼章句之间,尤在致力于德行心术之本;务使礼让日新,风俗日美,庶不负有司作兴之意,与士民趋向之心,而凡教授于兹土者,亦永有光矣"①,对童蒙的教育,应该像对待自己的孩子一样。启迪家事,移风易俗,化喻父兄,训饬子弟,诗礼章句,德行心术,都要教授。所以,《教条示龙场诸生》虽然不是家训,但是,同样展现了阳明的教学方法与教学原则,与他的家训思想和乡村教化互为表里,对我们理解王阳明家训思想中"立志"思想的执行、贯彻套路,具有很大的帮助与启迪。

---

① 王守仁:《颁行社学教条》,《王阳明全集》(中),第517页。

三　王阳明教育王正宪的内容

王阳明的一生要么异地为官，交游讲学，要么戎马倥偬，漳赣闽粤，真正直接面对孩子教育的时间并不多。但是，王阳明依然非常关心他的孩子的成长。不过，王正宪这个孩子让王阳明确实很不省心。①王阳明经常直接或者间接去信教育正宪。正宪的教育，王阳明是委托自己的得意弟子冀元亨、魏廷豹、钱德洪、王汝中等人帮忙的。这几位都是阳明最得意的弟子，学问也是好生了得。从这个豪华阵容来看，阳明对正宪的期望还是很高的。但是，后来可能是正宪让他有失所望，②阳明对正宪的期待似有所变化："正宪读书，一切举业功名等事皆非所望，但惟教之以孝弟而已。"③

王阳明的家书、家训，是我们研究王阳明家训思想的主要内容。他的《示宪儿》的"三字经"，当然是十分重要的内容。阳明写道："幼儿曹，听教诲：勤读书，要孝弟；学谦恭，循礼义；节饮食，戒游戏；毋说谎，毋贪利；毋任情，毋斗气；毋责人，但自治。能下人，是有志；能容人，是大器。凡做人，在心

---

①　《年谱一》载："正宪字仲肃，季叔易直先生兖之孙，西林守信之第五子也。先生年四十四，与诸弟守俭、守文、守章俱未举子，故龙山公为先生择守信子正宪立之，时年八龄。"[《年谱一》，《王阳明全集》（下）卷三十三，第1014—1015页。]

②　王阳明在给钱德洪、王汝中的信中写道："正宪尤极懒惰，若不痛加针砭，其病未易能去。父子兄弟之间，情既迫切，责善反难，其任乃在师友之间。"（《与钱德洪王汝中》，《王阳明全集》（上）卷六，《文录三》，第189页）

③　王守仁：《又与克彰太叔》，《王阳明全集》（中）卷二十六，《续编一》，第817页。

地；心地好，是良士；心地恶，是凶类。譬树果，心是蒂；蒂若坏，果必坠。吾教汝，全在是。汝谛听，勿轻弃!"①这段三字经，可以分疏成以下至少十个方面的内容：

第一，读书要与孝悌美德的修养相结合。

第二，为人谦虚，依循礼仪。

第三，为人严谨，节制饮食。

第四，不要游戏，不要玩物丧志。

第五，为人诚实，不要撒谎，不要贪图钱财。

第六，不要任情使性。

第七，凡是发生矛盾，首先都要从自己身上找原因。

第八，真诚地谦恭做人，磨炼砥砺，树立人生志向。

第九，为人要宽厚，不要尖刻刁钻，才能成就自己的事业。

第十，为人处世，最重要的事情是心地善良。

这些内容，总的来讲，与中国古代其他的家训没有什么根本性的区别。下面，笔者根据阳明的各种家书，总结出阳明依具体情况教育王正宪而表达出来的独特内容。

首先，我们看到在上面的三字经中，阳明首先提出了"勤读书，要孝弟"。把读书与孝弟，放在一切教育的前面，这是很有特色的。阳明十分重视"孝弟"，当然也十分注重读书。"读书"与"孝弟"互相激发，这是古代家训里面比较少见的思路。一般来讲，古代家训往往是说"耕读传家""诗书传家""唯读唯耕"，用"读书"与"孝弟"相互激发，这是王阳明的贡献。这一特殊的表述，可能与王阳明的心学是有直接关系的。综观《王阳明全集》，王阳明是十分注重孝弟的。在其《训蒙大意示

① 王守仁：《王阳明全集》（中）卷二十，第625页。

教读刘伯颂等》一文中，王阳明写道：

> 今教童子，惟当以孝弟忠信礼义廉耻为专务。其栽培涵
> 养之方，则宜诱之歌诗以发其志意，导之习礼以肃其威仪，
> 讽之读书以开其知觉。今人往往以歌诗习礼为不切时务，此
> 皆末俗庸鄙之见，乌足以知古人立教之意哉！①

对孩子的一切教育，务必以孝弟为当务之急。这里的表述很明
显，孝弟，是一切的根基与核心。其他的教育都是围绕着这一核
心目的而进行的。上文所引阳明曰："正宪读书，一切举业功名
等事皆非所望，但惟教之以孝弟而已。"（《又与克彰太叔》）固
然，文中有对正宪的失望之忧，但是，"惟教之以孝弟而已"一
句，则是把一切家训的核心都点出来了，因为这是做人的最后底
线。

第二，王阳明的家训与众不同处，在于他把他的心学与家训
结合起来了。其实，不论是强调立志，还是强调孝弟，都是与
"心学"有关的。所以，阳明的家训其实万变不离其宗，还是讲
"致良知"：

> 汝近来学业所进吾不知，汝自量度而行，吾不阻汝，亦
> 不强汝也。德洪、汝中及诸直谅高明，凡肯勉汝以德义，规
> 汝以过失者，汝宜时时亲就。汝若能如鱼之于水，不能须臾
> 而离，则不及人不为忧矣。吾平生讲学，只是"致良知"

---

① 王守仁：《训蒙大意示教读刘伯颂等》，《王阳明全集》（上）卷二，第76
页。

三字。仁，人心也；良知之诚爱恻怛处，便是仁，无诚爱恻怛之心，亦无良知可致矣。汝于此处，宜加猛省。家中凡事不暇一一细及，汝果能敬守训戒，吾亦不必一一细及也。①

在这段文字中，阳明已经说得很清楚。你的学问现在怎么样，你自己看着办；有钱德洪、王汝中们在你的身边，你可以如鱼之于水，时时亲就；如果最后成绩不好，实在上不去，不如别人，也不足为虑，不要担忧；关键问题是"致良知"，这才是最重要的。王阳明在这里讲的"致良知"有一些什么内容呢？

什么是"良知"？在阳明的家训之中，"良知"应该有特别的意义。首先，孝弟，就是"诚爱恻怛"之"仁"。当然，"诚爱恻怛"的核心，就是"孝弟"。孝弟的核心，当然就是"仁"。用《论语》的话来讲，就是"君子务本，本立而道生。孝弟也者，其为仁之本与！"（《论语·学而》）孝弟，就是"仁"的根本。其次，"致良知"的前提就是"诚爱恻怛"，否则就没有良知可"致"了。所以，换句话来讲，致良知的前提，就是加强修养，尤其是以"孝弟"为核心。最后，在这方面必须"猛省"——加强自我反省，时时警醒，勇于忏悔。

第三，王阳明对王正宪的教诲，特别强调为人的谦逊、低调，一定要克服心中的"傲"气。后来，阳明甚至不再要求正宪的科举考试，很有可能是阳明自己后来看到了官场实在是太险恶了，已经让他心灰意冷。他真的不希望正宪再次经历他自己所经历的那一幕幕已经或者正在经历的政治险境。阳明的要求实在

---

① 王守仁：《寄正宪男手墨二卷·又》，《王阳明全集》（中）卷二十六，第818页。

是很特殊：

> 家中凡百安心，不宜为人摇惑，但当严缉家众，扫除门庭，清静俭朴以自守，谦虚卑下以待人，尽其在我而已，此外无庸虑也。正宪辈狂稚，望以此意晓谕之。①
>
> 只要戒饬家人，大小俱要谦谨小心。②
>
> 今人病痛，大段只是傲。千罪百恶，皆从傲上来。傲则自高自是，不肯屈下人。故为子而傲，必不能孝；为弟而傲，必不能弟；为臣而傲，必不能忠。象之不仁，丹朱之不肖，皆只是一"傲"字，便结果了一生，做个极恶大罪的人，更无解救得处。汝曹为学，先要除此病根，方才有地步可进。"傲"之反为"谦"。"谦"字便是对症之药。非但是外貌卑逊，须是中心恭敬，撝节退让，常见自己不是，真能虚己受人。故为子而谦，斯能孝；为弟而谦，斯能弟；为臣而谦，斯能忠。尧舜之圣，只是谦到至诚处，便是允恭克让，温恭允塞也。汝曹勉之敬之，其毋若伯鲁之简哉！③

阳明把这件事情看得非常严重。否则怎么可能用了"不宜为人摇惑，但当严缉家众"一语？由此可见，阳明所面临的官场十分的险恶。从家训的角度上来讲，我们看到了什么呢？

首先，阳明说，克服心中的"傲"，关键是要做好子之"孝"，弟之"悌"，臣之"忠"。这依然是以孝悌为中心，才能

---

① 王守仁：《又与克彰太叔》，《王阳明全集》（中）卷二十六，第816页。
② 王守仁：《寄正宪男手墨二卷·又》，《王阳明全集》（中）卷二十六，第820页。
③ 王守仁：《书正宪扇》，《王阳明全集》（上）卷八，第235—236页。

够克服自己丹朱之不肖。只要心中有了一个"傲",不仅仅是有己无人,不仅仅是不能涵化异己,自己不能成就事业,就连基本的修身都不再可能了。

其次,只有克服心中之"傲",我们心中的"谦"才能随之而来。"非但是外貌卑逊,须是中心恭敬,撙节退让,常见自己不是,真能虚己受人。故为子而谦,斯能孝;为弟而谦,斯能弟;为臣而谦,斯能忠。尧舜之圣,只是谦到至诚处,便是允恭克让,温恭允塞也。"站在王阳明的角度,设身处地地想,阳明心中的苦楚,实在是很深。

最后,关于家庭生活,阳明提出了"清静俭朴以自守,谦虚卑下以待人"的观点。这在中国古代家训中,不能算作新颖。但是,在阳明的思想世界里,却有独特的意思。"清静俭朴以自守"指的是生活方式,也是思维习惯,更是包荒涵弘、凝聚精气神的至善法宝。子曰:"易简之善配至德"(《周易·系辞传》),此之谓也。"谦虚卑下以待人",这是处世自保的手段,更是涵摄万物的姿态。这里有以黑守白,以柔克刚,以静制动的意思。在中国古代的家训中,这种以静制动的内容,以帝王家训、名臣家训为多,《钱氏家训》《曾国藩家训》就有相关内容。一般来讲,这应该是中国官场特别的副产品。